感谢中国人民大学公共治理研究院

和西湖教育基金会对本书出版的资助

高等教育筹资译丛

为卓越而来
——大学校长与全方位筹款行动

〔美〕迈克尔·J.沃思　著

杨维东　刘旻昊　译

哈尔滨工程大学出版社
Harbin Engineering University Press

黑版贸登字 08-2021-015 号

Leading the Campaign: The President and Fundraising in Higher Education 2nd Edition By Rowman & Littlefield Publishers, Inc
Copyright©2017 By Michael Worth
Published by agreement with the Rowman & Littlefield Publishing Group through the Chinese Connection Agency, a division of BeijingXinGuangCanLan ShuKan Distribution Company Ltd., a.k.a Sino-Star.
Simplified Chinese edition copyright©2021 Harbin Engineering University Press

图书在版编目 (CIP) 数据

为卓越而来：大学校长与全方位筹款行动 / (美)
迈克尔·沃思 (Michael Worth) 著；杨维东，刘旻昊译 .
—哈尔滨：哈尔滨工程大学出版社，2021.8
（高等教育筹资译丛）
书名原文：Leading the Campaign: The President
and Fundraising in Higher Education 2nd Edition
ISBN 978-7-5661-3033-4

Ⅰ.①为… Ⅱ.①迈… ②杨… ③刘… Ⅲ.①高等教
育－集资－研究－美国 Ⅳ.① G649.712

中国版本图书馆 CIP 数据核字 (2021) 第 072995 号

为卓越而来——大学校长与全方位筹款行动
WEI ZHUOYUE ER LAI——DAXUE XIAOZHANG YU QUANFANGWEI CHOUKUAN XINGDONG

选题策划	邹德萍
责任编辑	王俊一　王雨石
封面设计	李海波

出版发行	哈尔滨工程大学出版社
社　　址	哈尔滨市南岗区南通大街 145 号
邮政编码	150001
发行电话	0451-82519328
传　　真	0451-82519699
经　　销	新华书店
印　　刷	哈尔滨市石桥印务有限公司
开　　本	787 mm×960 mm　1/16
印　　张	15.25
字　　数	257 千字
版　　次	2021 年 8 月第 1 版
印　　次	2021 年 8 月第 1 次印刷
定　　价	98.00 元

http://www.hrbeupress.com
E-mail：heupress@hrbeu.edu.cn

为理想而行

施一公

过去两百年，大学在科技进步与人类文明的发展中起到了举足轻重的作用。可以说，剑桥和牛津两所古老但至今仍然辉煌的大学成为英国强盛的重要标志之一，而德国和日本在19世纪后半叶的崛起也与其现代大学的创办不无密切关系。与所有其他大国不同，美国作为世界上唯一的移民铸就的大国，在过去三百年持续创建了一大批世界顶尖的私立大学、优秀的公立大学和卓越的文理学院。凭借着这些一流大学，美国从20世纪中叶开始全面引领世界范围内的高等教育、核心科技、人才培养，在人类文明进程中起到了巨大的作用。

美国众多私立大学的创办往往得益于企业家的慷慨襄助。例如，1876年，银行家霍普金斯资助创办了约翰斯·霍普金斯大学，成为美国历史上第一所研究型大学；1890年，石油大王洛克菲勒资助创办了芝加哥大学；1885年，铁路大王斯坦福资助创办了斯坦福大学；1900年，钢铁大王卡内基创办了卡内基技术学校，也就是在计算机领域享有盛誉的卡内基梅隆大学的前身。这些大学的实力不断增强，在创建几十年、上百年后力量不断呈现，为美国持续领先世界打下了必要的基础。

美国私立大学的发展，在很大程度上也得益于独特的捐赠文化，尤其是顶尖的私立研究型大学，常常拥有极为丰厚的校友基金，也常常会收到校友们和企业家的大笔捐赠。比如，约翰斯·霍普金斯大学的校友、著名的企业家布隆伯格在向母校捐赠总值高达15亿美元后，于2018年11月宣布再次一次性捐赠18亿美元，这也创造了美国历史上最大的单笔捐赠纪录。值得一提的是，布隆伯格希望这笔捐赠作为长久解决贫困家庭孩子入读约翰斯·霍普金斯大学问题的学费和助学金。

在中国近现代史上，也不乏慈善推动大学创建之范例。1919 年成立的私立南开大学，办学之初，创办人严修不仅自己慷慨解囊，还同校长张伯苓一起四处奔走募捐，依靠民国军政大员和企业家的捐赠才得以创校，随后得到美国洛克菲勒基金会和以袁述之、卢木斋、陈芝琴等为代表的一批富有教育情怀的民族企业家的大力支持，才得以顺利发展。2009 年，腾讯主要创办人之一、腾讯公益慈善基金会发起人兼荣誉理事长陈一丹向武汉学院首期注资 20 亿元，成为举办人，也开启了国内非营利性民办公益大学的先河。

2018 年 10 月成立的西湖大学，作为新中国历史上第一所社会力量举办、国家重点支持的非营利性的新型高等学校，其由西湖教育基金会举办，开创了国内社会力量兴办高等教育之先河，是高等教育改革发展的一次大胆尝试。西湖教育基金会面向全社会筹集善款，截至目前已经拥有来自中国 30 个省、市、自治区和世界各地超过 2 万个（家）捐赠人和捐赠企业，产生了近 50 个创始捐赠人；2020 年 7 月，河南籍企业家秦英林向西湖教育基金会一次性捐赠价值 8 亿元人民币的股票，创造了中国历史上对大学单笔捐赠实到金额的纪录。

西湖教育基金会的经费支持，保证了西湖大学灵活的办学机制和国际化的办学模式。学校按照"高起点、小而精、研究型"的办学定位，积极探索适合中国国情的新型现代大学治理制度、激励创新的科技评价标准，以及富有社会责任感的拔尖创新人才培养模式。短短两年，西湖大学已经积聚了一批世界一流的科学家，开始在自由探索、协同合作、思辨包容的氛围里培养富有社会责任感的优秀青年学生，在校师生员工已经达到 1 500 人。西湖大学剑指世界一流，希望在十年、二十年后成为一所能够充分体现中国人智慧的顶尖大学，推动人类文明进步。

从中外历史上的个体捐助大学创办，到慈善基金会作为筹资主体支持办学，在世界范围内已经经历了长期的探索和积累，但面向社会募捐筹款并非易事。由于历史和文化因素，中国的企业家具有自己独特的价值观和慈善观。虽然已经有一批充满大爱、对教育倾力付出的企业家，但毕竟捐赠文化还未普遍形成，社会大众对企业捐赠和企业家捐赠的看法也不尽相同，有些企业家对于捐赠本身也常常疑虑重重。因此，募捐过程中常常会面临诸多挑战和困难。年轻的西湖大学因校友力量的缺失，在学校筹款方面承受了巨大压力。但同时，西湖大学作为新中国历史上第一所社会力量举办的新型大学，承载着几代中国人科教兴邦的梦想，因此，任何一所大学的毕业生都可以成为西湖大学的捐赠人和荣誉校友，成为一个个筑梦者，这也是西湖大学最为与众不同的特点和优势。

在募捐过程中，我们同样需要一些指导，手边这本由沃思教授撰写的《为卓越而来——大学校长与全方位筹款行动》一书，正是这样一本很好的了解大学募捐规律的读物。本书的译者之一杨维东先生，长期致力于高校多元化筹资相关研究，在高校基金会行业发展方面也做了许多开创性工作。另外一位译者刘旻昊女士，从2016年开始担任西湖教育基金会理事长并兼执行秘书长，协助我开展西湖大学的筹款工作。旻昊在四川长大，高中就去了英国，本科、博士均毕业于帝国理工学院。原本可以在科研或管理岗位上顺利发展的她，受西湖大学理念的影响，义无反顾地投入向社会募集善款这一事业中来。她一直坚守、维护基金会与生俱来的两种品质，即教育工作的探路精神和公益事业的创新理念，并将自己因海外求学而打开的国际视野与国内传统办学模式、筹款形式不断整合、内化。因为西湖教育基金会的成立在国内尚属首例，旻昊见证并推动了很多个第一次尝试，经历且创造了很多从无到有的探索。

坦言之，西湖大学从我和同道的脑海里一颗希望的种子，到现在深植于杭州这片沃土，汲取来自社会各界的雨露、阳光、恩泽，舒展出嫩绿的枝丫，这样的速度与温暖，超过了我们的预期。尽管如此，作为中国首个尝试由社会力量举办的大学，它仍然面临着许多压力与挑战。我们希望，教育理念、科学精神、人文情怀和捐赠担当进一步深入社会大众心灵；我们希望，能探索出一条与公立大学互为补充的、建设世界一流新型研究型大学的新路，并且可以将这条新路拓展和推广；我们深知，在这条道路上建立完善的大学筹款体系的重要性和特殊意义。一个梦、一群人、一起走，前路或许多艰，但有社会各界强大的支持，我们既不寂寞，更无所畏惧！

为理想而行！

2020.11

译　者　序

　　身处高等教育圈的人，不管是不是直接从事筹资或高校基金会管理工作，都或多或少地关注过美国大学筹款的新闻与逸事，那些由大学校长领衔，成系统、成规模、品牌化运作的筹款活动，动辄几十亿美金进账，让人印象深刻，偶尔也有中国人越洋向美国大学捐赠，这越发吸引国人的眼球。在上一轮筹款活动以 96 亿美元收官后，预计 2021 年前后，哈佛大学将会发起新一轮的筹款活动，只不过受到疫情影响，筹款的主题、目标与形式或许都会发生重大变化。从哈佛大学筹款行动的规律性来说，如果不是受到疫情影响，新的筹款行动今年就应启动，按本书作者对筹款行动阶段性的定义，现在应该处在酝酿阶段。不仅是美国的一流大学，公立背景的英国顶尖高校也早已发起了类似的筹款活动，剑桥大学将新一轮筹款活动的目标设定为 20 亿英镑，日前已经完成了 16 亿英镑。事实上，早在 21 世纪初，看起来刻板保守、中规中矩的英国大学，就通过此种形式开始了多元化筹资的探索。

　　那么这种筹款规模如此之大、对大学发展的影响如此深远的筹款活动，到底是什么概念？具有哪些特征？它和以往以大额捐赠为目标的常规筹款活动有哪些区别？哪些又是能够为我所用，运用到处在"双一流"建设进程中的我国高校呢？尽管"高校筹资联盟"公众号平台间或推送过此类信息，但过于碎片化，不够系统。2018—2019 年访谈美国高校筹资实践期间，对这一主题偶有涉及，不过大多也是从某个侧面或某个环节展开的，仍然不够全面。在遇到这本书之前，对这个问题的认知也不系统不全面，与大家一样还停留在"看热闹"阶段。目前缺少一本详细介绍美国大学全方位筹款行动的读物，帮助大家实现从"看热闹"到"看门道"的转变。

一个偶然的机会，无意中看到了乔治华盛顿大学沃思教授所著的《为卓越而来——大学校长与全方位筹款行动》一书，可以说这是一本内容丰富的大学募捐读本，也是一本难得的筹款行动实务操作指南。通过这本书，读者不仅可以了解这种特殊类型筹款活动的相关情况，还能够获取美国大学筹款策略与筹款技巧的一些信息。此后，利用赴华盛顿参访 CASE 总部的机会，在乔治·华盛顿大学拜访了沃思教授，并表达了拟将其译成中文的想法，他欣然应允。

在这里有必要对本书作者进行一个相对深入的介绍，通过这些介绍，读者就会知道这本书为何能够如此具有实操性、如此接地气了。迈克尔·J. 沃思现为乔治·华盛顿大学特伦斯堡公共政策与公共管理学院（Trachtenberg School of Public Policy and Public Administration）教授，他讲授与非营利组织治理和慈善筹款相关的研究生课程。此外，沃思教授在乔治·华盛顿大学（George Washington University）担任专司筹款的发展与校友事务副校长长达 18 年，此前他还在马里兰大学（University of Maryland）担任筹资主管。作为乔治·华盛顿大学副校长，他策划并主导了两次全方位筹款行动，具有丰富的筹款实务经验，本书所举的部分案例就是来源于他在这一阶段的筹款实践。此外，他从副校长职位卸任后，还成立了专门为高校筹款提供服务，并以他的名字命名的咨询公司。可以说，他是一位跨越筹款、学术与咨询领域的三栖人物，这在美国大学筹款领域也是很少见的，大部分美国大学的筹款副校长或是乐享天伦，回归家庭，如密歇根大学前副校长杰瑞·梅（Jerry May）；或是发挥余热，以顾问身份受聘于某个筹款公司，投身于教育筹款咨询事业，如哈佛大学前副校长塔玛拉·罗杰斯（Tamara Rogers）。转至学术路径的不多，自己发起成立咨询公司的更是寥寥。

因此，本书作者的这一特殊身份，使得本书并非纯粹的学术出版物，而是更多地体现了作者多年来对筹款实践的思考，实操性强、实践性突出。因此，与之相比，《高等教育筹资译丛》的第一本译著，由哥伦比亚大学教授诺厄·德雷兹内所著的《筹款与大学发展》一书，则是从学术视角出发，关注的问题也多是相对宏观的高等教育慈善与捐赠动机问题。选择这两本书进行翻译的初衷是从不同角度引导读者更全面地了解美国大学筹资现象，进而有选择地借鉴。

再来看书名的翻译过程，本书原版书名为 *Leading the Campaign: The*

President and Fundraising in Higher Education，其中 campaign 是"comprehensive fundraising campaign"的简写，有学者将"fundraising campaign"译作筹款运动，问题在于：一是运动二字在国人心中有特定含义，容易引发歧义；二是目前国内高校的筹款实践已经开始采用筹款行动的概念了，因此本文将其译作筹款行动，"comprehensive"的翻译要麻烦一些，有学者称其为大额或大宗，然而大额或大宗筹款对应的概况叫"capital fundraising"，同时"comprehensive fundraising"是涵盖"capital fundraising"的，其中也包括年度筹款等形式。按照字面意思，还曾拟称之为"全面筹款行动"或"综合筹款行动"，但总觉得略显单薄，不足以体现"comprehensive"的真实内涵。最终我们尝试以"全方位筹款行动"来命名这一概念，尽可能地体现筹款行动多元、多维、多向的特征。筹款概念的变化，本身也反映了美国大学筹资历程的变迁。

根据我们的理解，"全方位筹款行动"其中的全方位，具体体现在以下几个方面：一是筹款项目多元。全方位筹款行动（comprehensive fundraising）包括了大额捐赠、年度捐赠、计划捐赠（遗嘱等），是一种筹款"组合拳"。二是筹款主体众多。不同于单一的发展事务部或是院系筹资，全方位筹款行动涵盖了学校、学院、研究中心、体育馆、图书馆等筹款主体，同时包括学生社团筹款、校友等志愿团队筹款等。三是致力于挖掘潜在捐赠者的各种捐赠可能。不同于过去的侧重于某个捐赠者的单项捐赠，或是大额或是年度捐赠，全方位筹款行动倾向于引导捐赠者以组合形式支持学校发展，如同时设计年度捐赠、留本基金项目，甚至遗嘱捐赠等计划捐赠项目，相应地，捐赠管理与捐赠人服务也以组合形式体现。如某位筹款顾问所说，这形成了一站式捐赠服务模式。四是目标多元，不仅仅关注筹资本身，而是与大学品牌、与公共关系等事务捆绑在一起，本书中会多次出现相关表述。总体来说，"全方位筹款行动"是美国大学筹资模式的一种迭代与升级，也是他们面对越发复杂的筹资环境做出的适应性改变，事实证明，全方位筹款行动这一模式收到了预期的效果，越来越多的私立与公立大学采用这种方式筹资募款，提升品牌形象。

"全方位筹款行动"与我国高校目前采用的筹资模式相比，形式多有不同，规模更是有着较大差异。整体来看，我国高校还处在提升多元化筹资水平的起步阶段，正在探索大学筹资从"校庆式"筹款转向多维度支撑学校战略发展的综合式筹款。然而，在这一进程中，作为筹资主体的大学基金会，在校内的运作模式尚不清晰，地位有待提升。

当前，在我国经济发展遇到的不确定因素日渐增多，高等教育财政投入增速放缓的情况下，吸纳更多的社会资金支持高等教育事业可持续发展，进一步提高高校多元化筹资水平，对于走向高等教育强国的中国大学而言，无疑是一个重大考验。2020 年上半年的新冠肺炎，更是使我们的经济受到了较大影响。本书作者在序言中说，"很难预测这本书到达读者手中时，经济形势又会发生哪些变化，经济形势会对大学筹款有着深刻影响"，不曾想这句话以一种特殊的方式预测到了中国高等教育筹资领域，后续的大学筹资之路会更加艰辛。

2020 年全国教育工作会议首次提出，要坚定不移落实教育优先发展战略地位，千方百计筹好经费。这一表述体现了有关部门在新形势下，对高校多元化筹资问题认识的不断深化。与此同时，各高校也在结合自身特点，不断探索多元化筹资工作。2019 年 4 月，清华大学率先启动了名为"更好的清华"的筹款行动，开启了国内高校以这一形式筹资募款的先河。未来几年，还会有多所知名高校推出自己的筹款行动。

从 20 世纪 90 年代迄今，我国大学基金会事业几近而立，对所在学校的支撑作用越来越明显，但仍缺少明确的中长期发展规划，顶层设计计划亟待制订。在多元化筹资过程中，应借鉴他国的有益经验，这方面美国大学，特别是美国公立大学有很多经验值得借鉴。不过，筹资模式不能简单复制美国大学，毕竟高等教育发展模式不同、筹资历史不同，简单模仿势必会导致"水土不服"。不过，一方面，我们要积极探索自身的大学基金会发展模式，更多地倡导基金会柔性管理；另一方面，我们也应保有开放与学习的心态，至少知道哪些能够借鉴，哪些不能借鉴，不能借鉴的原因是什么，这也能够减少不同维度、不同发展阶段的盲目对比。应该说，这本书就是一本能够帮助读者深入了解美国大学筹资的有益读物，大学基金会管理层能够从中或多或少地得到一些启发，开卷有益。

就我个人而言，翻译的过程是漫长且极其费时的，有时半天时间翻译也不过一到两页，8 点到 11 点半，14 点到 17 点，时间一晃就过去了，有时有点恍惚感。要做到忠于原著，首先要充分理解作者的原意是什么，并且要尽可能地用中文体现出这些意思。此外，书中有很多实务性的大学筹款术语，即便译者访学期间对美国大学筹资有过点滴了解，但很多词语翻译起来仍感觉并不一定能够完全体现原意，只能做到最大限度地契合，因此书中会有许多瑕疵，也请读者指正。本书中文版是合作的产物，翻译工作是我与西湖教育基金会理事长刘旻昊女士共同完成的，我负责原作序言、致谢，第一、四、五、七、九章及结语部分的翻译工作，刘旻昊女士负责第二、三、六、八章的翻译工作，对全书我进行了逐字逐句的修改与完善，并进行了最终的统稿。全书翻译的主体工作完成于新冠病毒肆虐的2020年1、2月间，其间大学基金会在凝聚人心、动员校友筹集防疫物资方面发挥了重要作用，在此向他们致敬。

这本书能够出版，首先感谢原作者迈克尔·J.沃思教授的许可，同时也感谢哈尔滨工程大学出版社张玲社长与邹德萍编辑在翻译过程中提供的诸多支持，中国人民大学江诗琪同学、闫彦明同学也参与了部分表格录入与整理工作，向他们一并致谢，同时也特别感谢西湖大学校长施一公教授为本书撰写序言——为理想而行。

再次说明，虽然尽心竭力去翻译，但因译者水平有限，书中定有不少疏漏与错误之处，尚祈读者不吝指正。

杨维东

2020.07

序　言

本书的第一版是作为美国教育委员会（American Council on Education）所资助的系列丛书之一于2010年出版的。新版本的主题与第一版相同，只是修订和更新了其中的一些内容，特别是在数据和案例方面。同时本书还加入了一些对当前大学筹款最新趋势的分析，如日益重要的社交媒体与在线捐赠。与第一版一样，本书将依然聚焦高等教育领域，但其中的部分原则性内容也会适用于其他类型的非营利组织。

第一版写作之时恰逢严重的经济衰退席卷美国，但目前美国经济的增长势头十分强劲。然而，很难预测这本书到达读者手中时，经济形势又会发生哪些变化，不可否认，经济形势会对大学筹款有深刻影响。但正如第一章所说的，历史证明，作为筹款形式的一种，一个世纪以来筹款行动经历了大萧条与经济衰退、战争和其他危机。筹款行动根植于人类的价值观和人性基础之上，并不会轻易地随着经济周期的波动而频繁变化。几十年来，尽管筹款行动的形式与方法在不断地演进，但还是存在一些客观的规律性内容，这些规律被证明在特定情况下是行之有效的。本书正是聚焦于这些基本的核心原则，同时我们也认为，这些原则也需要随着未来现实的变化而做出适当调整。

一些人认为，当今的企业界人士对捐赠有着不同的理解与认知，他们不会像过去的捐赠者那样对筹款行动产生兴趣。其他人也认为，互联网改变了一切，由其催生的众筹等募款手段让传统的筹款行动显得有些过时。本书将对这些问题进行回应，同时认为筹款行动的基本原则依然适用，并且借助于新的技术手段，依然能够在筹款过程中发挥重要作用。

本书中的大部分内容代表了筹款实务界人士的观点，他们针对筹款行动的思考为我们提供了丰富的素材。同样，书中也摘录了一些学术界的观点，有些与筹款人的观点一致，有些则观点迥异。这本书也在很多问题上融汇了我个人的一些见解，其中的有些观点也并不是所有人都认同的。我是两本学术教材的作者，这些书在相关课程上得到了广泛应用。但这本书并不想走学术路线，而是希望为大学校长和其他在高等教育领域从事筹款的实务界人士提供一些实践性指导。

尽管书中引用了一些我作为筹资者和咨询者的案例来说明某些特定问题，但本书并不是一本我个人的专业自传。我在这一领域工作了四十余年，首次筹款起始于特殊环境下的一段不同寻常的经历。直到今天，这段生动的经历依然能够给我们带来些许启示，我利用这个机会对它进行回顾。

1971年秋天，我刚刚结束了研究生阶段的学习，尝试在校内找到一份工作。除了一辆车之外，我并没有其他的投资或固定资产，因此我并没有意识到整体经济形势的情况。现在来看，那时的经济状况真是糟糕。当时的经济正处于萧条阶段，学校里的教职岗位也数量有限。我本科母校是威尔克斯学院（现威尔克斯大学），它坐落在宾夕法尼亚州的威尔克斯-巴里。在找工作过程中，我偶然间遇到了本科阶段就认识的母校校长弗朗西斯·J.米其里尼（Francis J.Michelini），他给了我一个难得的半全职工作机会，工作职责是作为他的助手处理一些行政及校董会相关的事务，同时承担一部分本科生经济学课程的教学任务。

我接受了邀请，并且于1971年9月开始工作。那一年是愉快并且十分充实的，对我这个刚步入职场的年轻人来说是一段难得的学习经历。我第一次近距离体验高等教育的行政管理体系，也第一次从事大学理事会相关工作，上学期间我并没有意识到理事会的存在。1972年6月以前，一切都是十分顺遂的。但是，6月间，飓风艾格尼丝（其后降级为热带风暴）从南向北席卷了美国东海岸并带来了暴雨灾害，其后它在纽约州北部地区停留多日，向萨斯奎哈纳河支流倾泻了大量雨水。

不久，萨斯奎哈纳河水位涨到了40英尺，达到了历史同期最高水位，1972年6月23日，保护市区的防洪堤垮塌，顺流而下的洪水冲毁了城市的基础设施，中断了城市交通，淹没了很多建筑的屋顶，这其中也包括位于市区中心附近河岸边的威尔克斯大学的58栋建筑。

洪水逼近前我被国民警卫队从家中疏散到安全地带，很多天后我才得以返回校园。教职工们已经在清理被洪水完全冲毁了的校园，所到之处触目惊心。起重机正在将受损的大钢琴从演艺中心屋顶的豁口中吊运出来，挖掘机正在从刚落成的图书馆里运送残留的书籍，体育馆里的木质地板也正在被清理到空地当中，校园里到处是厚厚的淤泥，水泵从地下室抽水的声音不绝于耳。

我见到了弗朗西斯校长，他穿着牛仔裤和雨鞋正在不停地给工作中的员工们打气。他对我说，"如果我们在9月无法开学，我们就会关门大吉。学生们不会再回来，教授们也会另谋高就"，说话时已经是7月中旬了。他继续说道："初步预计的损失在两千万美元左右，这远远超出了我们学校的财务能力。"你要知道这还是1972年两千万美元的概念。尽管资金来源尚未可知，校长还是与有关机构签订了工程合同，启动了校园恢复项目。不管怎样，我们要想办法筹措到这笔经费，这关乎到学校的存亡。

事实上，这些工作与我日常的行政事务没有多大关系，特别是在电话和电力系统都处于中断状态的情况下，同时暑假我也没有了教学任务。当时学校的发展事务部规模非常小，仅有一名叫汤姆·凯利的筹款主任。校长建议我加入发展事务部，与汤姆一起好好思考一下，从哪里能筹措到捐赠资金来挽救学校。校长说："我要待在这里统筹重建工作，但同时也要开拓新的资金来源。"因此，我们就在行政楼顶楼开始办公，想方设法地拯救这所我们刚刚毕业不久的大学。

在接下来的几周，我们通过电话、信件等形式与基金会、公司、校友及其他人联系，我们还多次往返纽约和费城，向社会各界展示学校受损的照片，谋求他们对重建校园的支持。我们收获了不少同情与支持，但也有不少人处在观望状态，他们会问，校园不及时重建又会怎样？学生们9月不返回学校而转到其他大学就读又会怎样？如果你们只是筹集到了重建所需的部分款项，学校会破产吗？这些都是很好的问题，但我们还是有着充分的说服力，很有信心能够筹集到至少几百万美元的重建费用。

宾夕法尼亚州原州长威廉·斯克兰顿（William Scranton）在匹兹堡热情地接待了我们，他是学院的老朋友，斯克兰顿市也是以其家族的名字命名的。他回忆起几位乐善好施的热心人，他们在威廉任职州长期间曾资助过当地的高等教育，他相信这些人依然会向一所受到重创的大学伸出援手，事实证明威廉的判断是正确的，他们的确给予了学院很大帮助。学院的其他朋友及理事同样资助了学院的重建工作。通过努力，我们在9月初筹集到了几百万美元的善款。学校的重建以惊人的速度进行着，但我们还需更多的资金来支持整个重建工作。

1972年9月9日，时任美国总统的理查德·尼克松搭乘直升机来到学校，亲手将联邦政府支票交到校长手上，这笔资金足以支付重建经费的缺口部分。原来，除了筹集捐赠，校长也在通过其他渠道募集资金，他还联系了宾夕法尼亚州的国会议员丹尼尔·J.弗洛德 (Daniel J.Flood)，他当时任职众议院拨款委员会委员。

学校于当年9月得以正式开学，学生们顺利返校，大学得以存活下来，而我也以大学筹款人的身份开启了新的职业生涯。其后我相继到很多大学从事筹款工作，先是以发展与公共公关主任的身份在德萨尔斯大学 (DeSales University) 工作了4年，在马里兰大学（University of Maryland）工作了7年，接着以发展与校友事务副校长的身份在乔治·华盛顿大学（George Washington University）工作了18年，最后在学校获得了教职身份并且成立了一家筹款咨询公司。当时的筹款主任汤姆·凯利后来的职业发展也很顺利，他先是成为了商学院院长，其后又成为纽约州立大学宾汉姆顿分校 (Binghamton University) 的筹款副校长，他在那里还从事一些教学任务。

很明显，我在高等教育领域筹款的这段经历丝毫不具有典型性。尽管数年后墨西哥湾区的一些大学同样受到了卡特里娜飓风的袭击，但很少有大学像1972年的威尔克斯学院那样遭遇严重的灾害危机。那时的筹款努力并不是筹款行动，因为它并不符合筹款行动的若干标准，我们将在后续章节对这些标准进行详细介绍。但是，尽管不具有典型性，我的筹款初体验使我在后续工作中受益良多，这些经验教训如稍加整理，还能适用于更加通用的筹款环境，为后来的大学筹款人提供参考。

首先，真正的需求才能打动捐赠人。只有在人们认为一件事很有必要且很急迫的情况下，他们才会采取行动。我们在为重建筹款时总是会向潜在捐赠人展示受灾照片，讲述受灾故事，但这些是不可复制的，为了筹款而人为地制造危机是不可取的。但可以肯定的是，人们会更加倾向于向那些有形的、紧急的需求提供捐赠，而不是那些假设的、普通或平淡的筹款事项。高等教育机构很难遇到类似的紧急情况，但筹款事由一定要真实可及，这样才能取得成功。正如本书的后续章节讨论的，太多的筹款行动过于乏味单调，无法创造让捐赠人兴奋的冲动，也没有让他们感觉到事情的紧迫性。

其次，通过那次校园重建筹款经历，我感觉到捐赠者要确保他们的资金能够被用于可达成的目标上。筹款的理由要可信，目标要具备可行性。如果威尔克斯学院无法如期完成重建任务，那么他们的捐赠款将会付诸东流，这种可能性有时会使某些捐赠人犹豫不决。即便在常规筹款环境下，捐赠者也会更关注真实可及的目标，对过于夸夸其谈的项目则会采取观望态度。如果人们对项目的完成充满信心，那么大多会慷慨解囊，但一般情况下不会单独支持某个不切实际的筹款项目。这一点在1972年如此，现在依然适用，原因在于越来越多的人视捐赠为一种投资，他们要看到捐赠项目既合乎情理又并非天方夜谭。

再次，通过这场由危机引发的筹款活动，我发现大学的朋友们至关重要，特别是那些有影响力的能提供帮助的人。没有前州长和其他理事、朋友的介入，我们不可能从纽约州其他地方的众多慈善家那里筹集到善款。没有州众议员的帮助，我们也不太可能获得联邦资金的支持。仅凭借我们几个人的真诚与说服力，不足以敲开众多捐赠者的大门；缺少众多朋友的长期支持，单单依靠我们自己的努力与感召，不足以完成重建所需的筹款任务。

最后，大学校长等管理层的领导是至关重要的。在那段艰难的日子里，我从母校校长弗朗西斯那里学到了很多宝贵的东西。当面对着外界对学校恢复与生存的质疑时，他总是能够向外界展示其坚定的信心、达观的态度与终能实现重建的决心。在面对自身房屋与财产损失，未来生活存在不确定因素时，教职员工们总是能够受到校长自信心的感染，一起面对诸多挑战。创造一个令人鼓舞且富有自信的环境，是校长领导筹款行动的前提条件，这适用于1972年威尔克斯学院遇到危机的情况，也同样适用于常规的大学筹款环境。

我在职业生涯中先后遇到了六位校长，在我从事筹款咨询工作后遇到的校长则更多。我坚信，在筹款过程中最富成效的校长，正是那些大学当中最富远见并且敢于担当的领导者。

在接下来的章节中，我提炼了一些经过时间考验的筹款与筹款行动原则，并且希望这些内容对筹款相关的每个人都有用，如筹款人和志愿者领导者，但本书更侧重于向大学校长们传递这些信息，毕竟他们在筹款行动中担当着领导角色，其中阐述的若干关键决策权最后也将归于校长。大学筹款的责任注定属于校长们，而不是其他人。筹款的方法可以学习，其他人也可以协助校长弥补在筹款方面的专业不足，但自信且富远见的领导只能出自大学校长，而这正是成功筹款不可或缺的关键所在。

很难预测此书付梓之时美国和世界经济会是怎样的情况，或许我们会经历持续的经济增长，届时慈善供给会相对充沛，大学全方位筹款行动的目标金额也会水涨船高，或者我们会遭遇经济衰退，筹款行动会停滞不前或是延长筹款周期，即便不是现在，这样的情况注定会在以后某个时间发生。然而，大学是一类耐久性较强的组织，即便在经济萧条、战争或其他灾难时期，对大学的支持也会持续增长。大学在这个易变的世界中显得从容不迫，它们的这种适应性经历了时间的考验。即便在战火连天、生灵涂炭之时，大学也能够生存下来且越发繁荣。一个多世纪以来，筹款行动逐渐成长为大学的一种重要战略手段，可以预见的是在今后的几十年里，这种手段还将发挥越来越重要的作用。

致　　谢

　　在此感谢美国教育委员会（ACE）对本书 2010 年第一版的资助，也感谢罗曼和利特尔菲尔德（Rowman & Littlefield）出版社提出再版的建议。我所知道的所有关于筹款的知识，都是源于与我共事多年的那些专业人士，包括早期指导我的那些前辈，也包括那些在我作为发展与公共公关主任、发展与校友事务副校长期间，与我分享他们筹款心得的同事。现在，作为筹款领域的咨询者，我同样从客户身上学到许多东西，也许这些不亚于我给予他们的建议，在此一并感谢他们所有人。还要感谢玛丽亚（Mariah Brother），她是我在乔治·华盛顿大学 2015—2016 学年的研究生助理，感谢她为这个项目做出的贡献。

迈克尔·J. 沃思

Contents 目　　录

第一章　全方位筹款行动

　　1641年威廉·希本（William Hibbens）、休·彼得（Hugh Peter）、托马斯·韦【1】
尔德（Thomas Weld）三人从美国出发前往英国，他们此行的使命是为马
萨诸塞州一所新兴教育机构筹集办学资金。为此，他们专门制作了名为"新
英格兰的首个果实"的筹款手册，它也被视为历史上第一份筹款资料。他
们宣称筹款资金将被用于教化未开化的印第安人，这在当时对富足的英格
兰人来说很有吸引力。他们的筹款努力产生了很多意想不到的结果，正如
历史学者斯科特·卡特里普（Scott Cutlip）观察到的，韦尔德留在了英格兰，
一直都没有返回美国。彼得也以另外一种方式永远地留在了英格兰，他因
违反英国法律而被处以绞刑。三人中只有希本于一年后返回了马萨诸塞州，
为哈佛学院筹集到了 500 英镑。卡特里普认为，这就是早期筹款者的回报
（Cutlip，1965，p.4）。

　　时至今日，大学管理者们依然认为筹款是一项艰巨的任务，筹款过程
中尽管不会再被绞死，但半路夭折的风险依然存在。此后，尽管筹款依然
是艺术与科学的混合体，但在三人的早期筹款探索以后，筹款正在朝着更
加系统化、专业化的方向发展。当代的筹款活动大多经过精心策划，筹款
过程中组织周密且全员参与，总之，筹款活动在此后的一百多年间经过了

不断的发展与优化。

本书将聚焦于基础性的筹款规律，而不是手把手地教你如何开展筹款。更准确地说，本书的重点在于关注筹款行动所需的战略决策和领导力问题。大学理事们、从事资源拓展事务的专业人士，以及其他关注大学长远发展的人，可能会对这一主题感兴趣。不过，正如在导言中所说的，本书将突出校长在筹款方面的领导责任，因为他们在大学筹款过程中极为关键，对整个大学的可持续发展来说也是灵魂人物。

【2】　对当今大学的校长来说，能否成功地全方位领导筹款行动，这在一定程度上决定了其后续的职业发展。不管是公立还是私立大学，考察校长候选人过往的筹款经历，已经是大学遴选校长的先决条件之一，考察院长和其他学术领导人时也会关注这一方面。2012 年的一项调查显示，占用校长时间最多的活动包括筹款、预算、社区关系和战略规划。有趣的是，校长们普遍反映在刚接手工作时，筹款是他们感觉准备最不充分的领域（Cook，2012）。希望本书所讨论的校长筹款责任的问题，能够对校长履职尽责有所帮助。

一般情况下，校长的平均任期为七年左右（美国教育委员会，2012），而典型的全方位筹款行动恰好也是历时七至八年，二者在时间上高度重合。成功策划并完成一项全方位筹款行动，是体现大学校长治理能力、彰显业绩的重要方面。全方位筹款行动也不仅仅体现为筹集到的捐赠款项，它往往全方位反映了一所大学的社会声誉、整体形象与大学品牌。全方位筹款行动中创立的主题与目标会体现大学校长的战略视野与关注点。因此，全方位筹款行动已经成为拓展大学资源、推动大学可持续发展的首要战略。

从乞丐到资源拓展战略

很多人在谈到某所大学的筹款行动时，依然称之为"大额筹款行动"。这一概念对我们来说非常熟悉，原因在于很多学校的大额资金项目本身就是筹款的重要组成部分，因此这种提法也无可厚非。但当今的筹款行动大多是全面且具有全方位性的，既体现了大额资金项目，又涵盖了捐赠基金、年度捐赠及用于当期项目的定向捐赠。大多数筹款活动会以全方位筹款行动为依托，形成伞状的筹款模式，在特定时间段全方位体现各种用途的捐赠或捐赠承诺。美国大学是如何形成这种筹款模式的？或者说高等教育的筹款脉络是怎样的？这是个值得思考的话题。接下来我们将了解一下全方位筹款行动的概念是如何随着高等教育、财富模式、经济与社会的变化而逐渐演变的。

以如今的标准来看，美国早期的高等教育筹款实践要简单得多。当时的筹款活动大多是在教堂里进行的，如帮着筹备晚餐、传递餐盘、组织义卖会或是撰写筹款信等（Cutlip，1965，p.7）。的确，早期的学院大多依附于资助其运转的教会，校长们本身就是传教士，筹款活动也体现着宗教色彩。当时，为大学筹款的理由往往是宣扬基督教文化，或是为年轻人成为牧师提供培训 (Cutlip, 1965, p. 3)。

尽管如此，还是能够从早期的大学筹款活动中找寻到一些组织化筹款【3】的萌芽。如吉尔伯特·托马斯（Gilbert Thomas）在为费城长老会教堂筹款时，经常引用本杰明·富兰克林（Benjamin Franklin）的观点，这些筹款原则依然适用于如今的筹款行动：

> 首先，建议你先去接触那些你确信能够支持你的潜在捐赠者；接下来要向不确信是否捐赠的那部分人去筹款，向他们展示已有的捐赠者名单，最后不要忽略那些你曾经认为注定不会捐赠的人，因为你可能错误地判断了他们。（Cutlip，1965，p.6）

尽管富兰克林对筹款方式有着深刻的认识，20世纪以前的筹款活动整体上是筹款人与捐赠人之间的个人交易，更多体现的是艺术而不是科学。筹款方式的变革始于20世纪的第一个十年间，发生于高等教育以外的筹款领域。

历史性的大额筹款行动

1902 年，基督教青年会 (Young Men's Christian Association, YMCA) 首席执行官莱曼·L. 皮尔斯（Lyman L. Pierce）为了在华盛顿建造一座新的建筑，发起了总额为 30 万美元的筹款行动。不过截至 1905 年，他仅筹集到了 8 万美元，筹款行动暂时搁置。其后，皮尔斯向芝加哥基督教青年会负责人查尔斯·沃德（Charles Ward）求助，沃德在筹款领域经验丰富，享有盛誉。他的到来为此项筹款行动带来了巨大活力，筹款目标如期完成。正如卡特里普（1965，p.44）所说的，沃德与皮尔斯的合作形成了当代筹款行动的新模式：精心组织、有力的宣传、经验丰富的组织者、激励形成的团队良性竞争、妥善的记录、巨大的筹款目标及有限的筹款期限等。

沃德采用的筹款流程随后形成了广为人知的沃德筹款法，其中的很多内容还在当今的筹款行动中得到应用，只不过被以后的实践者进行了改良与重新定义。沃德的贡献不仅体现为筹款方法上的创新，还引入了一些新的筹款理念，即在评价一个筹款人时，筹款过程中的系统化手段与技术远胜于个人魅力（Cutlip，1965，p.9）。沃德筹款法聚焦过程管理，并将人类心理学和社会学理论引入筹款过程，而不是过去简单的乞讨式筹款。

【4】　　鉴于沃德在基督教青年会项目上的成功经验，匹斯堡大学聘用其管理目标为 300 万美元的筹款行动，这也标志着沃德筹款法被引入了高等教育领域。其后，沃德同匹斯堡大学筹款团队的工作人员开办了自己的筹款咨询公司，使沃德筹款法在后续的几十年间拓展至全美高校，应用于各种大学筹款行动之中。

的确，直到 20 世纪 60 年代中期，大部分筹款行动都是依托于类似的筹款咨询公司进行的，这些筹款顾问在特定时间扎根于学校，指导大学校长和志愿者推动筹款进程，目标达成后再移师其他大学。这是早期大学筹款人的典型生活方式。同时，这也形成了人们对高校筹资人的一种固有印象，这一群体处在大学与社会关联的边界上，并没有真正融入高校圈子，至今还有人持有这样的观点。

从 20 世纪 60 年代中期开始，在接下来的五十年里，各所大学逐渐开始任命全职的专业筹款人来管理筹款项目与筹款行动，不再采用外界筹资咨询机构派驻方式筹款。如今，即便是小规模的高校也会组建数十人规模的筹款或拓展团队，大规模的研究型大学则会配备由发展或拓展事务副校长分管的数百人的专业筹款团队，发展事务副校长同时也是全方位筹款行动的主要负责人。

各种专业性行业协会，如教育拓展与支持委员会（Council for Advancement and Support of Education, CASE）会给遍布世界各地的会员们提供丰富的培训项目。越来越多的高校开设了筹款相关专业课程，也有许多知名的大学研究中心从事慈善问题研究。尽管聘请外部咨询公司在筹款行动期间驻扎服务的大学越来越少，但筹款顾问依然在很多大学筹款过程中发挥着重要作用，我们在后续将会讨论这一问题。

尽管有着不同的使用范围，历史渊源也各不相同，但今天筹款、发展、拓展这几个概念并没有严格的定义，往往被交叉使用着。从最简单的定义来看，筹款意味着谋求捐赠的努力。发展的概念源于20世纪20年代，范围更为广义，它反映了理念的变化。从这个角度来说，培育与捐赠者的良好关系成为了实现大学长远发展的持续性过程，它事关大学的战略发展，而不仅仅是筹款这么简单。

与偶尔的由外部咨询机构推动的大额筹款行动不同，持续性地培育与捐赠者的良好关系，就需要一个全职的、立足于学校的专业发展事务团队。CASE于1974年调查发现，大学拓展或者发展的概念，已经作为一种伞状结构被广泛采用，在体现发展事务职能的同时，也包括了大学沟通与营销，校友关系的概念，有的大学还涵盖了外部关系的职能。

从大额筹款到全方位筹款 　　　　　　　　　　　　　【5】

20世纪70年代以前，大部分的高校筹款行动都是以大额筹款的形式开展的，这也是学者所说的"具有历史意义"的大额筹款行动，因为这一模式已经在当前高等教育界显得过时了（Dove，2000，p.16）。不过，需要说明的是，现在还有一些教育界以外的非营利组织依然采用这一形式的筹款方式，因此相对于"具有历史意义"的称谓，称之为"传统的筹款方法"可能更贴切一些。由沃德及其同事们开创的这一筹款形式，在较短时间内关注于具体的筹款项目，大多是为校园基础建设项目筹措经费，一般来说，十年间开展一到两次。

一般来说，传统筹款行动会在特定时间段里（一般三年左右）汇聚大学所有的筹款资源，同时也会针对特定项目，向所有的潜在捐赠者发出支持倡议。由于大多数大学在十年内会发起一到两次筹款行动，很明显，有些支持者会不止一次地向大学捐赠。

校友年度捐赠基金设立于 19 世纪，很多基金在 20 世纪成为了持续性项目。然而，在之前传统大额筹款行动时期，年度捐赠基金项目或是在大额筹款阶段暂停，或是继续作为一个独立的、低调开展的项目。大额筹款成为了大学的首要任务，所有的关注点都被放在了它上面，所有的捐赠者都被要求视如己出地支持筹款行动。当然这种模式也存在相当多的缺点。

首先，捐赠者可能仅是简单地将年度捐赠转至大额筹款行动中，换句话说，就是将大学的捐赠款从一个口袋换到另外一个口袋；其次，当原来的年度捐赠者以分期支付的形式向筹款行动兑现完成时，如何确保他们还能重新进行年度性捐赠是个问题，引导人们重新开始年度捐赠是一件十分困难的事。此外，当筹款行动暂停年度性捐赠时，大学与年轻捐赠者的沟通渠道也将会受到影响，这些人是未来筹款行动潜在的大额捐赠者。

可行的解决方案是将年度捐赠整合进筹款行动中，鼓励捐赠者将大额捐赠与年度捐赠合并为一个单一的多年捐赠承诺。筹款行动这时的目标将会更为全面地反映筹款周期内的各种资金需求。

【6】 20 世纪 70 年代，计划捐赠的概念悄然出现，遗产捐赠、年金捐赠等形式也随之兴起，这些形式的捐赠成了捐赠基金的重要来源。但直到 1969 年税制改革法案通过后，这些捐赠形式才逐渐在大学筹资中兴起。这一法案明确了一系列的捐赠形式，包括慈善余额信托、慈善优先信托、共享收入基金等。尽管后续经历了一系列修订，法案中计划捐赠部分还是保留了下来。这一法案的通过标志着高等教育筹款进入了新的时代，针对计划捐赠的营销与策划越来越普遍。

从 20 世纪 70 年代开始，各所大学开始拓展筹款行动的范围，将大额捐赠、计划捐赠及年度捐赠整合进一个体系，这被称为全方位筹款行动。这种转变一直持续至 21 世纪初期，目前大部分高校的筹款行动都是全方位性的。

与大额筹款行动一样，全方位筹款行动致力于寻求大学所有支持者的捐助。然而，全方位筹款行动并不仅仅聚焦某个单一的筹款项目，而是形成细分的差异化营销策划，针对捐赠者的兴趣与能力开展筹款工作。

不仅仅是捐赠项目范围的扩大，全方位筹款行动的时间周期也在这几十年间得到了拓展。传统的筹款行动通常会包括 1 到 3 年的筹款实践，还可能包括后续 3 到 5 年的时间以使承诺的捐赠逐步兑现。由于大部分筹款项目是为校园建筑工程设立的，因此是否能在较短时间内兑现捐赠承诺十分重要。这就是当时为什么美国大学不太愿意采用计划捐赠方式筹款的原因，因为这些捐赠不可能集中支付建设所需的经费。进入 21 世纪以来，全方位筹款行动的周期延展至 7 年甚至更长，其中会包括很多的年度捐赠，同时也为识别、培育潜在的大额及计划捐赠者提供了更多的时间，以更好地实现大学在大额资金或是捐赠基金管理方面的目标。

2012 年前后，平均的全方位筹款行动周期是 7 年左右，有些高校的时间还会更长。部分大学在正式启动全方位筹款行动以前，还会花费几年时间预先与大额捐赠者沟通。更有意思的是，2012 年科罗拉多大学宣布了目标为 15 亿美元的筹款行动，这一项目并没有设置明确的结束日期（Meyers，2012）。据迈尔斯观察，如今的筹款行动更加趋于全方位化，目标更加宏大，同时呈现出机制灵活、以捐赠者为中心等特征。不过 CASE 建议，连同筹款前期准备阶段在内，筹款行动周期不宜超过 8 年，第二章我们将详细论述这一问题。

有一点要说明的是，所谓全方位筹款行动，并不像以前一样在筹款进 【7】
入尾声时形成一笔整体性资金，而是以捐赠资金组合的形式出现，包括了年度捐赠资金及已经兑现的项目捐赠资金，同时也包括了将在后续年度兑现的捐赠款项。因此应对捐赠资金类别进行必要说明，以免在筹款过程中不切实际地期待一些意外的惊喜。因此，CASE 建议在筹款行动开始的时候，针对当期捐赠与递延捐赠分别设立筹款目标，在追踪筹款进度时也进行适当的区分（CASE，2009，p.84）。

除了全方位筹款行动，大学依然会通过专项或聚焦性筹款项目的形式获取外界捐赠。正如它们的定义一样，这些筹款活动旨在实现具体的用途或完成具体的项目，例如修建一个新的楼宇，设立一个讲席教授或奖学金，或是创立一个新的学院。这一筹款方式不同于传统的筹款行动，因为它们的筹款范围锁定在对这一项目感兴趣的部分人群，而不是大学整体的支持者。这一部分人可能是某个学院或是项目的校友群体。同时，这些项目并没有包括全校范围内的优先发展事项，一般来说也不包括年度捐赠，因此它们并不是全方位筹款行动的概念。

全方位筹款行动的基本原则

在肯特·道夫（Kent Dove，2000）所著的经典之作中，他给出了全方位筹款行动的定义：在特定的时间段内，针对特定目标或项目而开展的有组织、密集的筹款活动，以期募集超额的捐赠或捐赠承诺。这一定义被广泛引用。然而，为了更好地理解全方位筹款行动的基本原则，有必要对这一定义进行进一步的解读，其中很多内容也反映了捐赠者心理及社会领域的一些内在规律。

1. 全方位筹款行动会设定明确的筹款目标与截止日期

正如我们在历次危机和自然灾害中看到的那样，人们往往会在紧急状态下伸出援手，也会在压力面前采取行动，他们知道不这么做的话后果很严重。这是人性的特点，也可能是美国人的典型特征之一，直到需求明确且紧迫的情况下才会行动起来。大学期间学生们大多在论文截止日期的前夜才会提交给导师，直到4月15日午夜，很多人才会完成税务申报表。设立目标和截止日期，会让人们在短时间内紧张地开展工作并付出格外的努力。尽管我们刚才提到的科罗拉多大学并没有明确筹款行动的截止时间，【8】但总体上来说，明确一个截止日期是全方位筹款行动的显著特征。不过，将原有截止日期适当延长，设立一个新的截止日期，这在大学筹款实践中并不少见。例如，康奈尔大学原来的筹款行动计划在2011年结束，但为了学校一百五十周年校庆的需要，筹款的截止日期被延期至2015年。同时，筹款目标也由40亿美元提高至47.5亿美元，此外，这次筹款行动也被重新命名为"今日康奈尔（Cornell Now）"（Roberts，2011）。

如前所述，截止期限创造了一种筹款过程的紧迫感。尽管高等教育机构的财务需求也很重要，但大多体现为一种长期的目标，是一种智力方面的投资。尽管很多人关心、关注高等教育，但与真正的紧急情况相比，大学的财务需求显得并不迫切。举例来说，为年轻学子提供奖学金能够帮助他们获得受教育的机会，为社会培育未来的领导者，这的确是非常重要的，但这毕竟不如美国广播公司镜头里那些食不果腹的儿童，或是台风过后无家可归的人更容易打动人。大学可能代表了一种公益机会，但并不被认为是慈善对象。

同样，大学筹款也不具有政治竞选那种天然的紧迫感。源于政治筹款的在线筹款方法，目前已经应用到了高等教育筹款行动中，这一话题将在后续章节进行讨论。在线筹款方法旨在创造紧迫感，例如众筹方式通常会设置截止期限，有些（取决于网站）甚至规定，捐赠承诺归集以前，筹款目标要提前达到。当然，政治性筹款与公益性筹款有着相当大的差别，其中政治性筹款会在竞选日结束，这个天然的截止期限并不由筹款机构决定，这些机构当然希望筹款活动永续下去。

对大学来说，宣布筹款行动的目标和截止日期有如下了一把赌注，关乎大学和校长的声誉。失败的风险激励着大家采取行动，营造兴奋的整体氛围，同时也让筹款行动，以及筹款行动致力于推动的重大学术创新更加显性。将大学的学术目标及其所需的财务资源公之于众，会向外界展示筹款努力的重要性，将筹款放在了大学发展的整体情境之中，潜在捐赠者根据这些情况也会做出相应的支持决定。

没有既定筹款目标的筹款努力，例如希望筹集到尽可能多的捐赠，或是达到目标后继续筹款，这些都不是真正的全方位筹款行动，它们更像是一个筹款项目。只在大学内部设立筹款目标和期限，也许会对内部人员产生一定的激励效果，但他们并没有影响到潜在捐赠者的所思所想，这更像是营销方面的创意，而不是筹款行动。筹款行动应该设定一个让外界知晓【9】的具体筹款目标及截止期限，以吸引社会关注，同时在每个不同的时间节点上激励所有的参与者，以确保筹款取得成功。

2. 全方位筹款行动聚焦于大学整体发展战略之下的具体用途

人们捐赠资金用来满足重要的需求，或是寻求让人心动的机会，而不仅是因为他们被要求这么做。简单的"捐赠"或"请您捐赠"，并不是一个有吸引力的筹款理由，它不足以打动捐赠者。人们通常会对具体的目标做出反应，泛泛的募捐项目并不会收到良好的效果。人们会关注高尚的创意，但同时也希望看到推动这一创意落实的具体行动。

全方位筹款行动首要任务的定义可能会较为宏观，但这是大学整体战略和筹款计划的重要组成部分，应在筹款行动开始时对此进行明确。向外界解读筹款目标，明确目标的达成将会如何推动大学实现既定的远景规划与使命。筹款行动所募集的款项，将会用于使命之下的具体项目。换句话说，筹款行动是为了推动大学发展，而不仅仅是筹集资金。

3. 全方位筹款行动会对潜在捐赠者分级并采取不同的筹资方法

财富与收入分配的不均衡是美国社会的典型特点，事实上，这也是所有社会的显著特征。大多数人会知道自己在经济等级中所处的位置，同时具有一种潜在的公平意识，他们希望在自己对社会做出与自身经济地位相称贡献的同时，其他人也会这么做。尽管这带有一定的理想主义色彩，尽其所能并与其地位相称的想法，是捐赠过程中很多人做出决策的依据。

在认识社会现实的基础上，筹款行动采用的是对应捐赠原则，从而与捐赠者的经济地位相称。换句话说，筹款者会根据潜在捐赠人的经济能力制订方案。但这并不表明捐赠者只是被简单地要求尽其所能地支持大学发展，这并不是筹款行动，而是收集资金。在筹款行动中，通过对最富实力的潜在捐赠者财务能力与兴趣的分析与评估，大学会向他们展示特定的项目以获取特定的资金支持。

一个普遍的误解是，筹款可以依据乘法原则进行，例如，如果能从1 000名捐赠者身上每人筹集1 000美元，100万美元的筹款目标就可以实现。这种筹款思维方式并没有考虑到财务能力不均衡分布的现实情况，也【10】忽略了捐赠者在所在社区中对自己经济地位的基本认识。筹备全方位筹款行动，首先要识别出哪些人是潜在的大额捐赠者，进而根据他们的财务状况进行分类，由此决定向他们筹款的先后顺序。

4. 全方位筹款行动遵循了顺序筹款原则

再次强调，大多数人会做那些他们认为是公平的事，也会做一些别人期望他们做的事。同时，他们会采取观望态度，观察别人的行动并做出后续判断。相应地，筹款过程中也要规划好流程，先从最有能力的大额捐赠者，以及与大学关系最密切的支持者这两类人开始筹款，他们被认为与大学发展休戚与共。

这种筹款方法有时也被称为"从上至下，从里到外"筹款法，通常也会被称为顺序筹款法，这一概念由具有传奇般经历的筹款咨询师乔治·布雷克利（George Brakeley Jr.）提出（McGoldrick and Robell，2002，p.141）。按照这一原则，大学理事（或是其附属基金会的理事）及最具经济实力且与大学关系密切的潜在捐赠者，应是第一拨的筹款对象。遵循从内到外原则，教职工应在筹款行动早期被发动起来，尽管他们并不是最具捐赠实力的捐赠者，但他们是大学这一大家庭中的核心成员。"从上至下，从里到外"筹款法有利于分解筹款行动整体筹款目标，以帮助大学尽可能多地筹集社会捐赠。

无差异化地面向整个支持者群体的筹款方式并不能被定义为全方位筹款行动，充其量可以算是某个筹款项目的募捐。这一模式并没有为潜在捐赠者量身定制相应的参与方案，因而筹款效果不可能最大化。

筹款过程中，筹款顺序会在执行过程中产生偏差，容易功亏一篑。筹款早期的某些不恰当的制度设计为后续筹款埋下了隐患。比如，有位筹款界的同人有次遇到了一个棘手的问题向我征求意见，他们学校有个富有的理事，曾经也是学校的大额捐赠者，不过学校在选择筹款委员会主席时犯了一个错误，在没有搞清楚自己想得到什么之前，学校就贸然采取行动。校长邀请其担任筹款委员会主席，他接受了这一邀请。但随后他对校长说，在筹款行动开始时，他仅能够象征性地给大学捐赠一些资金。

他解释说，他已经向另外一个机构承诺了一笔巨额捐赠，相应地，他要在后续几年里陆续兑现这些资金。由于受到股市波动的影响，他的财富有所缩水，所以他说目前不太可能再追加新的大额捐赠。他还说道："我会承诺一笔小额捐赠，同时随着筹款行动的进行，再择机追加大额捐赠，此外，我还关注那些比我更具实力的群体，我会帮助学校向他们筹集大额捐赠。"

正如我那个同事所理解的，这形成了尴尬的局面。校长在选择筹款委【11】员会主席时犯了一个严重的错误，目前的主席也在没有充分理解这一职位责任的情况下贸然应允。当他向别人筹款时，别人也不会比他那象征性资金捐赠得多，同时，对他捐赠态度的质疑，也会给不同阶段的筹款工作带来不良影响。

处于顶端的潜在捐赠者或者是筹款委员会成员，能够通过自身的捐赠带动捐赠金字塔下方的其他大学支持者，反过来说，如果没有及时或充分地做出反应，就会影响整个筹款进程。我给那位筹款同事及大学校长的建议是，找个适当时机与筹款委员会主席进行一次坦诚的交流。谈话的结果要么是请他现在就做出与这一职位相称的捐赠，要么是以某种体面的方式另外邀请一位筹款委员会主席对他进行替换。

与顺序筹款原则相一致，筹款行动同时也是分阶段推进的，比如在面对社会大众正式展开筹款行动以前，一般要先确保处在顶端的潜在捐赠者或筹款委员会成员做出相应的捐赠承诺。过早地展开筹款行动会存在一定的风险，筹款额可能会低于预期。因此，对大学管理层来说，筹款过程中遵循一定的原则很有必要。

5. 全方位筹款行动需要有组织地动员志愿者群体

人们大多会向自己参与的组织或项目提供支持。同时，人们会效仿自己仰慕或尊敬的榜样，此外，他们还希望能够接触到被视为成功或是富有的人，而不愿意与那些名不见经传的人打交道。他们并不关心那些明显的利己主义者的判断，而是通过分析那些相对超脱群体的观点，来检验自己的判断。

政治竞选过程中，那些候选人十分注重拉拢在社区中备受尊敬的人，通过这些人获得更为广泛的支持。我们在日常生活中，也会关注某个新结交朋友的朋友圈，看看他的朋友都来自哪些群体。同时这也是消费者为什么十分关心过往消费者的评价，而不是听信销售代表或广告的原因。人性的这些特点在筹款和捐赠领域也是适用的，学术研究和实践经验都支持这一论述（Lindahl，2010，pp.85-105）。

【12】 筹款行动往往由知名的志愿者领衔，他们的声誉和信用提高了大学及其筹资目标的真实可靠性。他们的亲身参与，能够说明大学的重要性及全方位筹款行动的价值所在。同时，他们的参与也会带动那些仰慕他们、以他们为榜样、想与他们共事的人，通过捐赠或其他方式一同支持大学筹款行动。当然，这些志愿者还能够影响那些并不十分愿意与大学校长、院长或是筹资人员接触的人，游说他们向大学捐赠。

当然，全方位筹款行动过程中的许多捐赠款项来源于大学校长、其他学术专家和发展事务部工作人员的努力。事实上，当今的全方位筹款行动基本上是由筹款人员驱动的，这一点在发展事务人员规模庞大的研究型大学尤为如此。的确，为了实现筹资目标，筹款团队需要开展大量的工作，同时有些复杂的捐赠安排，也需要筹款人员不断增强自身专业性。大多数大学校长会在首席筹资官的协同下，开展捐赠者培育与筹款工作，因此某种情况下志愿者只是筹款委员会的挂名负责人，不过这种名义上的筹款志愿参与模式并不是一种理想状态。

大学校长备受尊敬，在社会上具有崇高的威望，大多数情况下，发展事务部高级官员，特别是筹款副校长同样被视为大学的重要角色。不过，当志愿筹款者凭借对大学的认同感做出捐赠，特别是当他们能够坦诚地向外界展示捐赠经历时，筹款的正当性就会大大增强，志愿筹款团队事实上起到了为全方位筹款行动背书的作用。他们的参与和亲身经历能够将筹款从简单的交易行为转换为一种参与或邀请。

从加入大学的筹款团队开始，这些筹款志愿者就为成功筹款付出努力，同时也分担了责任。这种责任具体体现在他们自己的捐赠上，同时也推动他们培育更多捐赠者并引导他们支持筹款行动。这种责任对大学扩大筹款覆盖面来说至关重要，同时坦率地说，在筹款行动开始后出现挫折与失败的情况下，这种责任分担也会减少相互的指责。

筹款行动志愿者领导团队大多是以组织化形式开展工作的，一般会由主席、副主席及筹款行动管理委员会组成（也会下设若干分支机构），委员会主席会关注不同的学术组织、捐赠者或特别的筹款目标。其他类型的筹款志愿组织会在本书第三章进行讨论。

6. 全方位筹款行动聚焦巨额和大额捐赠

尽管目前大部分筹款行动是全方位的，但从最终的捐赠效果看，大部分的筹款还是来源于巨额和大额捐赠。过去几十年间，筹款界流行的说法 【13】 是二八法则，也就是说 80% 的筹款额来源于 20% 的捐赠者。在 20 世纪 90 年代和 21 世纪最初的十年，很多筹款实践表明，二八法则已经演化成为一九法则，即 90% 的资金来源于 10% 的捐赠者。2010 年，CASE 的一些调查发现，这一趋势仍在朝着更为集中的方向发展，处在顶端的 10% 的捐赠者平均贡献了 93% 的捐赠资金（Meyers，2012）。

哈罗德·J.西摩（Harold J.Seymour, 1966) 曾提出筹款界的三三制法则，他认为大约三分之一的筹款额来源于处于顶部的十位捐赠者，另外的三分之一来源于接下来的 100 位捐赠者，最终的三分之一来源于除此之外的其他小额捐赠者群体。但是当今的筹款行动实践表明，捐赠资金来源更加聚集于顶部捐赠者，超过一半的捐赠往往源于屈指可数的捐赠人。这一点将在后续的第四章继续探讨。

总之，全方位筹款行动旨在引起理事及其他群体对大学发展的关注，但更多地还是要获得那些能够为大学或特定项目带来重大，甚至是变革性影响的巨额或大额捐赠。

今日筹款行动

20世纪90年代和21世纪最初十年里，经济和高等教育领域的变化进一步提升了全方位筹款行动的深度和广度。即便是在2007年经济危机以前，很多大学都已经面临着棘手的财政压力。州政府预算日益吃紧，同时州内其他公共需求也都在与高等教育机构竞争着州政府存量资金。近年来公立与私立大学的学费都在不断上涨，学生的学费负担也越来越重，美国家庭对学费上涨的容忍度已经到了极限，因此通过提高学费进行增收已经不太可行。此外，美国的人口特征也在不断发生变化，这意味着大学之间的生源竞争将会越来越激烈，相应的大学营销与品牌建设变得越发重要，全方位筹款行动除了筹款之外，还能发挥一定的宣传与推广作用，此时恰好能够派上用场。

一个世纪以来，尽管经历了若干次经济波动，但大学筹款行动的筹款目标仍实现了稳步增长，令人瞩目。1904—1905年哈佛大学的筹款行动为教职工薪酬募集了250万美元，接下来1919—1920年的筹款行动为哈佛捐赠基金筹集了1 400万美元。20世纪50年代后期，正如历史学者斯科特·卡特里普（1965，p.480)所说，哈佛大学累计筹措了令人难以相信的82 775 553美元。通过1987年发起的筹款行动，斯坦福大学率先突破了10亿美元筹资大关，1999年哈佛大学利用为期五年的全方位筹款行动筹集了23亿美元，首次跨越了20亿美元门槛。

【14】　　21世纪初期，高科技泡沫、"9·11"事件及经济衰退相继出现，但2005年前后市场逐步开始复苏，各所大学发起了筹资目标更为雄心勃勃的全方位筹款行动。2004年哥伦比亚大学开始筹备目标为40亿美元的筹款行动，到2006年正式对外发布时，筹款委员会成员等重点募捐对象已经

认捐了其中的 16 亿美元（Strout，2006a）。仅一个月后，斯坦福大学就对外公布了 43 亿美元的筹款行动，这也是当时高等教育界最大的一次全方位筹款行动 (Strout，2006b)。

2007 年 12 月，经济衰退袭击全球，由于其深度和广度史无前例，又被称为新一轮的"大萧条"，这为正在进行的，或是正在筹备的全方位筹款行动蒙上了阴影。然而，正如长期投资一样，在筹款过程中也应保持一种长期的定力。2009 年市场与经济开始复苏，更大规模的全方位筹款行动随之出现。2011 年，南加州大学宣布了为期七年的总额为 60 亿美元的筹款行动（Gordon，2011）。哈佛大学于 2013 年启动了新一轮的全方位筹款行动，此次设定的筹款目标为 65 亿美元（Powell，2013）。截至 2016 年，43% 的大学正处于筹款行动的某个阶段，不仅如此，筹款行动也成为了其他各类非营利组织募集资金的有效形式（Joslyn，2016）。

近年来，筹款领域最显著的趋势之一，就是公立大学在募集捐赠方面取得的突出成就。与过去主要依赖州政府财政拨款不同，当前公立大学正在与私立大学展开竞争，希望从公益慈善领域募集更多资金，以替代不断减少的政府资助，为完成大学使命提供更多的资金保障。加州大学洛杉矶分校曾创下了公立大学的筹款纪录，他们设置了十年期的筹款周期，旨在于 2006 年前筹到 30.5 亿美元。2013 年密歇根大学将筹款目标设定为 40 亿美元，打破了这一纪录。不过，加州大学洛杉矶分校在 2014 年启动了新一轮的全方位筹款行动，将目标定为 42 亿美元，重新夺回了第一的位置。

研究型大学数以十亿计的全方位筹款行动极大地吸引了媒体的注意，从高等教育领域其他机构的筹款实践来看，筹款行动这一形式已经日益普及。2013 年 CASE 进行的一项调查追踪了正在进行的 146 个全方位筹款行动，它们分别由研究型大学或是各种层次的学位授予机构，二年制社区大学或是学院发起。调查显示，筹款目标从 3.2 万美元到 45 亿美元不等，平均的筹款目标为 3 300 万美元，这一数额与 2011 年（这一调查每隔两年进行一次）相比有所降低。但这一变化并不是一种趋势，而是更多地反映了调查对象的综合性，毕竟研究型大学在其中所占的比例并不高（CASE，2013，p.6）。

从本质上看，大部分的筹款行动是全方位的。CASE 的上述调查显示，【15】91% 的受访对象倾向于将募集资金用于基本建设项目，80% 的学校准备用于扩大捐赠基金规模，73% 的学校准备将资金用于当期项目。不同类型的高等教育机构会有不同的捐赠资金使用方向。小规模的院校倾向于将资金用于基建项目，而不是捐赠基金或是当期使用，二年制学院则会将大部分捐赠款项用于扩大基金规模，而研究型大学则会将其重点投向当期项目，特别是科研项目（CASE，2013，p.26）。CASE 的报告说明，筹款行动已经成为了不同类型、不同规模高等教育机构拓展战略的重要组成部分。

此外，全方位筹款行动这一筹资形式在世界各地的高等教育机构当中也得到了广泛应用。CASE 于 1994 年在伦敦设立了欧洲办事处，于 2007 年在新加坡设立了亚太区办公室。截至 2016 年，CASE 的成员包括了来自 80 个国家和地区的超过 3 670 个机构会员。2004 年，剑桥大学为了纪念建校 800 周年，发起了具有里程碑意义的 10 亿英镑的筹款行动，让美国大学也刮目相看。自此，全方位筹款行动在世界各地的大学里习以为常，我们在后续章节里还会陆续引用这些大学的筹款案例。2015 年，CASE 任命了第十任总裁，她过去是澳大利亚墨尔本大学的资源拓展与筹资事务副校长。

全方位筹款行动的优势与劣势

发起一个全方位筹款行动能够为大学带来许多收益与机会。不过，也有些人质疑筹款行动是不是一个放之四海而皆准的有效战略手段，或者只是一个在 21 世纪显得过时的筹款工具。筹款行动的优势体现在以下几个方面：

- 筹备全方位筹款行动能够提供一个聚焦大学未来的机会，深入思考发展规划问题；
- 筹款行动激情化的营销方式能够扩大学校的影响力，引导学校的支持者以各种方式参与进来；
- 筹款行动形成的轰动效应，同时也推动了大学的对外沟通交流、营销、校友关系及品牌建设；
- 筹款过程中与大学关系最为紧密的捐赠者，会通过领导力捐赠带动更多的人关注筹款行动及大学发展；

·筹款行动能够为大学理事及（或是）附属基金会理事提供一个契机，让他们通过关注大学的财务状况并以捐赠形式来履行理事义务与责任，最终通过参与大学发展而获得一种满足感；

·筹款行动会对后续捐赠产生持续性的积极影响，在筹款行动完成后的几年时间里，年度捐赠及其他捐赠会不间断地注入大学。

马茨和伦迪（Marts&Lundy）筹款咨询公司曾经绘制了一张图，说明了全方位筹款行动的长期效应，见图1.1。底部的虚线说明了在没有通过筹款行动进行筹资的情况下，一所大学能够获得捐赠收入的趋势及轨迹，上部的曲线表明，在筹款行动的推动下，随着捐赠的兑现与承诺的落实，捐赠收入实现了显著的增长，形成了后筹款行动阶段的追加红利，这在非筹款行动模式下是难以实现的。

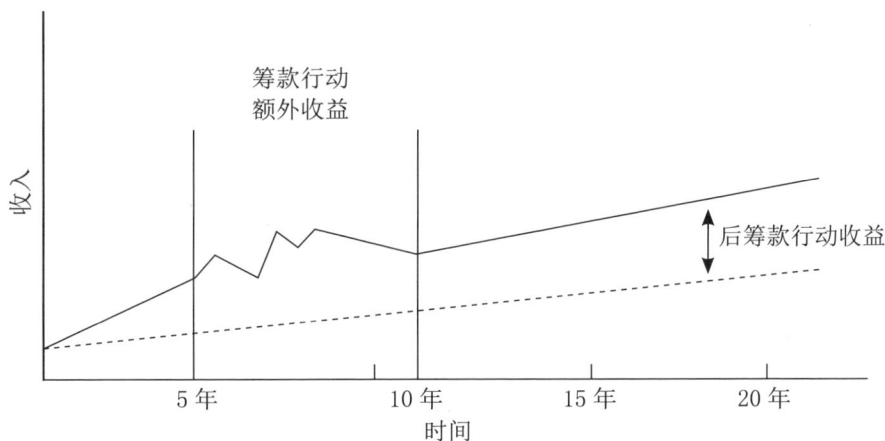

图 1.1 筹款行动长期效应

筹款行动后期，捐赠承诺逐步兑现，捐赠收入也随之下降，但随即开始了后筹款行动阶段的增长。但这一时期的增长明显低于筹款行动阶段的水平，主要的捐赠收益是以年度捐赠和资本支持形式出现的。换句话说，筹款行动能够将大学带入长期捐赠收益这一更高阶段。

然而，也有些人认为，全方位筹款行动已经过时，面对财富结构的变化、捐赠者态度的变化及高等教育的变革，这一模式有些难以适应新的环境。

他们的理由体现在以下几个方面：

全方位筹款行动模式所反映的捐赠假设有些过时。很多公司和基金会已经不再是筹款行动的主要支持者，而是通过战略慈善的概念，支持那些与自身目标和战略相符的诉求或组织。个人捐赠也在思维方式上类似于公司和基金会，同样采取战略或富于创业色彩的方式，愿意支持那些能够衡量短期影响力的筹款项目，而不是传统筹款行动中所包含的年度捐赠、捐赠基金或是基建项目。

【17】　　个人捐赠的时机大多取决于自己的现实状况而不是大学的时间表。年长的捐赠者会在他们退休或制订房产处置计划时考虑大额捐赠事宜，那时他们已经到了人生中可以自由支配财产的阶段。年轻的捐赠人可能会在抛售一项业务或获得一笔股市红利时，才会考虑捐赠问题。捐赠时机的差异再次说明，捐赠取决于捐赠者的情况，而不是大学的筹款行动时间表。根据筹款行动的优先战略人为地为公益慈善框定期限，可能不利于获得持续性捐赠，与其如此，不如致力于培育与捐赠者的长期关系，关注他们的兴趣点和捐赠能力，在适当的时间提出捐赠诉求，从而实现双赢。换句话说，有些人认为相对全方位筹款行动来说，持续性的大额筹款项目更契合当下的现实情况。

同时，有些人认为大学方面的情况也是处在不断的变动之中。在长达七年甚至更长的筹款周期中，大学发展战略可能会发生变化，新的项目或附属机构可能会在校园中萌生。院长或其他包括校长在内的大学领导，都可能发生工作变化，由此会带来新的、不同的关注点。经济形势的变化也会为筹款带来变数，这些变化会使捐赠基金、年度捐赠的重要性有所变化，奖学金、科学研究的优先程度也会产生相应的变化。新的校园拓展机会也可能在这些年出现，而这可能在当初设置筹款行动战略时并没有被考虑到。覆盖几乎十年的筹款战略可能在应对上述变化时显得并不十分灵活，要么就是过于宽泛从而显得平淡无奇。

在后一种情况下，筹款行动可能变成一种为了筹款而筹款的事情，大学倾向于接受那些并不是迫切需要的捐赠，还有可能接受那些与大学宗旨不符，甚至偏离大学使命的捐赠款项。从资金角度来看，全方位筹款行动最终可能会达到预期的目标，但这些捐赠既不是变革性的，也不是大学发展最迫切需要的资金。

最后，有学者指出，从一百多年前基于筹资模式不断演变而来的筹款行动形式，已经不再反映我们现在生活的这个社会。有些传统概念，如顺序筹款、等比筹款，以及其他一些筹款原则，已经不再适用于当今这个全球化、移动化且社交网络化的社会。在线捐赠形式能够让很多筹款项目和机构参与进来，赋予个人广泛的捐赠选择，捐赠过程也十分便利化，与大学所形成的长期关系显得并不像过去那么重要。

前面所述及的内容值得关注，全方位筹款行动这一形式并不是在任何时候都适用于任何大学。与此同时，全方位筹款行动模式本身也在不断完善，以应对上述提到的那些变化与批评。延长的筹款周期为发展与潜在捐赠者的良好关系提供了机会，其间也会对他们的捐赠能力进行追踪以获取最佳的筹款时机。筹款行动的综合定义也会适应一些计划捐赠者的状况，【18】包括了一些能够吸引企业界捐赠者的特定项目，也包括了一些适用年轻捐赠者的年度捐赠项目。频繁的筹款行动也营造了持续的筹款氛围，能够吸引那些同样处于发展状态的捐赠者。同时，大学也在筹款行动开展过程中，融入了更多新的技术手段。

此外，如今的全方位筹款行动并不仅仅是一种密集筹款的形式，它更像是一种组合工具，既能够为大学拓展更多的外部资源，又能够提高大学声誉，也能够对外界宣讲大学的使命与宗旨。筹款行动强调了大学的重要目标，同时基于共同价值观，为志愿者和捐赠者提供了一个与大学共同达成某个目标的机会，在这一过程中，共同体得以构建。

从最基础的层面来说，全方位筹款行动改变了对话的方式。有别于以往的"我们准备去拜访您聊一聊捐赠的事"，筹款行动以"我们希望拜访您，聊一下大学的未来"来开启与捐赠者的对话。筹款行动提供了对话的基础和框架，这种对话在能够带来直接物质资源的同时，也有助于与潜在捐赠人建立一种长期关系，加深双方的理解与互信。

全方位筹款行动中的校长职责

正如在本章前面提到的，不管是公立大学还是私立大学，不管大学规模大小，领导全方位筹款行动的责任毫无疑问地落到了校长身上。筹款的优先事项或用途大多体现了校长在任期间的战略意图。筹款行动能否圆满完成，已经成为了衡量校长执政水平的重要指标，也是校长能否按照既定目标推动大学发展的关键所在。然而，无论是从专业还是个人发展角度，全方位筹款行动都会给大学校长带来一些潜在的风险，附加一些额外的成本。

筹款行动需要高超的沟通技巧，否则可能引发人际关系的紧张局面。筹备筹款行动需要设置一些优先事项并将之公之于众。这就会不可避免地引发一些争议，因为有些特定项目或学院会被认为优先于其他项目或学院，后者的诉求、希望或被延后或被否决。至少有些校园项目负责人的自尊心会受到损伤，毕竟看起来他们的项目没有在筹款行动中受到他们认为的应有的对待。

在筹备及执行阶段，理事等志愿者会领导团队广泛参与到筹款行动当中，这注定提高了他们的参与意识，偶尔也会对筹款方案提出建议或意见，这在有些人看来有干预学校事务之嫌，特别是在一些学术事务方面。

【19】　　因为志愿领导团队在筹款过程中也分担了一些责任，他们将自身的声望与名誉系于筹款行动的成功，因此他们会高度融入筹款过程，并与校长、院长、筹款人员及其他大学领导者不断磨合。当他们发现筹款行动偏离既定轨道时，也会毫不犹豫地表达自己的观点。

尽管存在越来越多的例外情况，但大多数校长还是通过学术路径获得校长这一职位的。他们基于自己的特长和秉性选择了教学与研究事业，但校长这一职位要求他们在其他不同的方向上付出更大努力。当然，大学校长身上财务、管理及法律方面的压力，会挤占很多思考大学发展战略的时间，也会让校长们很少有时间与教职工开展沟通与交流。

全身心地投入全方位筹款行动，会让校长们更加远离自己的专业背景。筹款事务会占用校长相当多的时间，如频繁的出差、会议和其他社交活动。筹款行动要求校长在校外花费的时间要多于校内，也要求校长与更多的商界人士互动，而不是校内的教授或是学生。这就产生了一个微妙但真实存在的风险，那就是校长们会失去与他或她正在引领大学文化和核心价值观的接触，正如一位作者所说，他们正在经历"从心灵之旅到金钱之旅"的转变。如果这一点切实发生，可能会降低校长个人的幸福感，同时也会影响他或她治理学校的效果。

因此，校长要能够预测并能够妥善处理筹款参与过程中人际关系和个人工作重心等问题。前者可以通过一些制度设计来缓解，如充分宣讲筹款过程和战略观点以谋求共识，精心配置筹款团队工作人员，科学地策划与筹备，同时遵循本书提到的几点原则。后者可能需要在工作重心方面设置一些条件，同时做出一些艰难的抉择。

例如，当尼尔·鲁登斯汀（Neil Rudenstine）担任哈佛校长时，他创立了"个人时间分配公式"，使他能够投入至少一半的时间用于学术事务，同时规定用于筹款的时间不多于三分之一，确保他能够与大学校园的教学科研、人才培养等主流工作不脱节（Wilson，2007）。然而，面对筹款目标和日益临近的截止日期，面对首席筹资官的请求和筹款领导团队、理事，以及捐赠者们的期望，很多校长表示遵循这一公式十分困难。

下一章我们将概述筹款行动的基本阶段，并对每个阶段所需的关键决策及任务进行重点讲解。后续章节会陆续介绍筹款领导团队、计划，并详细介绍筹款执行的各个环节。

参考文献

American Council on Education (2012). *Leading Demographic Portrait of* 【20】 *College Presidents Reveals Ongoing Challenges in Diversity, Aging.* http://www. acenet. edu/news-room/Pages/ACPS-Release-2012.aspx (accessed January 6, 2016).

Cook, Bryan J. (2012). *The American College President Study: Key Findings and Takeaways*. American Council on Education, http://www.acenet. edu/the- presidency/columns-and-features/Pages/The-American- College-President-Study. aspx (accessed January 6, 2016).

Council for Advancement and Support of Education (2013). *CASE Campaign Report.* Washington, DC: Author.

—— (2009). *CASE Reporting Standards and Management Guidelines.* 4th edition. Washington, DC: Author.

Cutlip, Scott M. (1965). *Fund Raising in the United States: Its Role in American Philanthropy.* New Brunswick, NJ: Rutgers University Press.

Dove, Kent E. (2000). *Conducting a Successful Capital Campaign* (2nd edition). San Francisco: Jossey-Bass.

Gordon, Larry (2011). "USC to Seek Record-breaking Donation Total" [electronic version]. *Los Angeles Times*, August 28. http://articles.latimes.com/2011/aug/28/ local/la-me-usc-funds-20110828 (accessed January 6, 2016).

Joslyn, Heather (2016). "Capital Campaigns Increasingly Common, and They Work, Study Says" [electronic version]. *Chronicle of Philanthropy*, January 4. https://philanthropy.com/article/Capital-Campaigns-Increasingly/234789 (accessed January 8, 2016).

Lindahl, Wesley E. (2010). *Principles of Fundraising: Theory and Practice.* Sudbury, MA: Jones and Bartlett Publishers.

McGoldrick, William P., and Paul A. Robell (2002). "Campaigning in the New Century." In Michael J. Worth (Ed.), *New Strategies for Educational Fund Raising.* Westport, CT: American Council on Education and Praeger, pp. 135–152.

Meyers, Harriet S. (2012). "Upward Bound" [electronic version]. *Currents,* March. http://www.case.org (accessed January 6, 2016).

Powell, Alvin (2013). "Harvard Kicks Off Fundraising Effort" [electronic version]. *Harvard Gazette*, September 21. http://news.harvard.edu/gazette/story/2013/09/ harvard-kicks-off-fundraising-effort/ (accessed January 6, 2016).

Roberts, James (2011). "Skorton Announces 'Cornell Now' Campaign" [electronic version]. *Cornell Alumni Magazine*, October 21. http://cornellalumnimagazine. com/index.php?option=com_content&task=view&id=1201 (accessed January 8, 2016).

Seymour, Harold J. (1966). *Designs for Fund Raising.* New York: McGraw-Hill.

Strout, Erin (2006a). "Columbia U. Kicks Off $4-Billion Campaign" [electronic version]. *Chronicle of Higher Education*, October 13. http://chronicle.com/article/ Columbia-U-to-Kick-Off/118078 (accessed January 8, 2016).

——. (2006b). "Stanford Announces Biggest Campaign." *Chronicle of Higher Education* 53, no. 9 (October 20), p. A35.

University of California, Los Angeles (UCLA) (2014). *The Centennial Campaign for UCLA Launch* . http:// www.specialevents.ucla.edu/ productions/ centennial_ campaign_ launch.html (accessed January 11, 2016).

University of Michigan (2013). *U- Michigan Launches Victors for Michigan Campaign of $4 billion* . https:// leadersandbest.umich.edu/ page. aspx?pid=1021#sthash.3v1BXbCY.dpufhttps:// leadersandbest.umich.edu/ page. aspx?pid=1021 (accessed January 11, 2016).

Wilson , Charles (2007). "*Degree Requirements in Fund- Raising*" [electronic version] . *New York Times Magazine , September* 30. http:// www. nytimes.com/ 2007/ 09/ 30/ magazine/ 30wwln- charticle- wilson- t.html (accessed January 8, 2016).

第二章 筹款阶段：关键决策和重要任务

全方位筹款行动是分阶段进行的。因此，各阶段活动的有序开展，是确保整个全方位筹款行动成功的重要保障。一个严重的失误，尤其是在早期阶段的严重失误，可能会使整个行动失败，就像地基打得不牢会导致整幢楼倒塌一样。本章概述了一个典型的全方位筹款行动的各个阶段，总结了每个阶段需要完成的关键决策和任务，重点介绍了校长在筹款行动中的领导作用。

本书的其余部分，是根据以下所列出的各阶段行动展开的。第三章讨论了筹款行动团队，第四章和第五章详细讨论了行动的第一阶段（即行动之策划），第六章则讨论了第二阶段、第三阶段、第四阶段和第五阶段（行动之执行）。第七章重点讨论了校方与捐赠者的关系以及筹款的艺术。第八章继续讨论第六阶段（行动后的评价、规划和管理）。筹款行动的各个阶段都涉及沟通工作和具体任务，这些在各个章节中都适当地加以讨论。而第九章则讨论了其他一些关键问题。

不同的人会用不同的方式描述全方位筹款行动的各个阶段，使用的词汇也有所不同。但是他们的模式在基本内容上都是相同的，而且都体现本书第一章所讨论的、经过时间考验的那些原则。图 2.1 列出了本章所述的筹款行动主要阶段：

- ·第一阶段：规划
- ·第二阶段：酝酿（亦称安静期、蛰伏期、重点捐赠筹募期）
- ·第三阶段：启动（宣布）
- ·第四阶段：执行
- ·第五阶段：收官（包括庆功会）
- ·第六阶段：行动后的评估、规划和管理

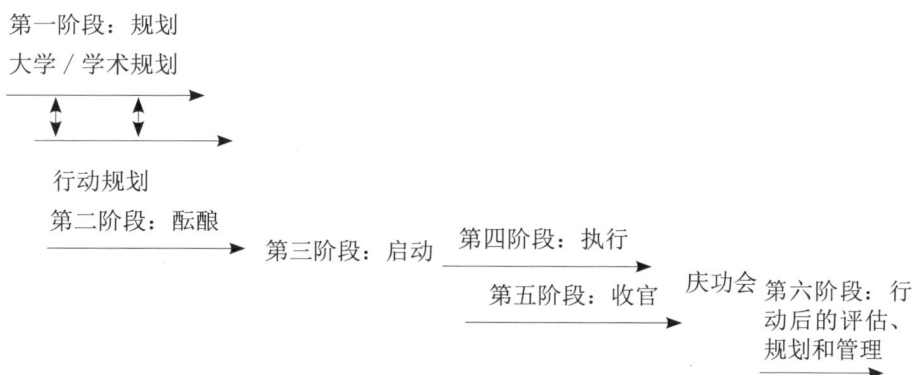

第一阶段：规划

大学 / 学术规划

行动规划

第二阶段：酝酿　　　第三阶段：启动　第四阶段：执行

第五阶段：收官　　庆功会　第六阶段：行动后的评估、规划和管理

图 2.1 筹款行动主要阶段

如图 2.1 所示，各个阶段之间有交叉重叠之处。例如，在大学整体规划（不管称之为战略规划还是其他什么）和筹款行动规划之间，并不总是有一个清晰的界限。筹款规划应在行动酝酿阶段开始之前，先送大学董事会（或是公立大学基金会理事会）审阅并批准，但是，规划不应随着行动开始而结束。

因为我们要根据经验和实际情况，在整个筹款过程中对规划进行调整。虽然筹款行动的酝酿阶段主要是以关键捐赠为目标募集捐款，但这并不意味着随着筹款行动的启动并进入执行阶段后，就不需要对潜在高净值捐款人进行挖掘。收官阶段实际上是执行阶段的一个组成部分，因此它们都是交叉重叠的。

当然，没有一种方法是万能的。正如建筑师们常说的，形式应该服务于使用。不同的学院或大学可能需要对这一基本模式做出调整，以适应自身的特殊情况。此外，财富、社会和沟通的变化，也让我们有必要对模型进行改进，以适应未来几十年的新情况。但是，基本模型所反映的，毕竟是相对不变的人性和心理学的基本原则。如果太多的创意偏离了这一基本模型，可能会导致筹款行动的失败，或者至少会让最终所筹得的款项少于本能筹到的数目。

第一阶段：规划阶段

【25】

行动的准备分两步进行。大学要进行规划，为未来发展确定学术方向、优先事项和实质性目标，并明确实现这些目标所需的资金。与此同时，发展办公室或基金会也会进行规划，详细拟定准备工作的各个步骤，让筹款行动万事俱备。如图2.1所示，这两个过程是同时进行、交互且相互迭代的。大学通过规划确定学术目标，进而确定筹款行动的优先事项和目标，而对筹款潜力的现实评估需要反映在大学的规划中。例如，一些大学的优先事项可能对捐助者有吸引力，因而可以通过筹款行动来募得资金，而另一些事项则可能需要其他办法来募集资金。

筹款行动的规划应该蕴含在大学整体的发展战略之中，即把筹款行动作为实现大学未来愿景的一个重要手段，而不应反其道而行之，通过筹款行动来推动大学规划。不过现实情况确实是在某些情况下，如果筹款行动策划得当，也能促进大学规划工作的开展。

大学战略规划

最成功的筹款行动，应当以深思熟虑的学术方向和目标，以及宏大的、整合的设想为基础，而不是由发展办公室汇集而成的一系列不连贯的捐赠意愿清单。《高等教育纪事报》上的一则逸事也证明了这一点。这则逸事说的是，一所大学向一位此前曾向其捐过款的人士募集 2500 万美元捐款，计划为其规模达数亿美元之巨的筹款行动画上圆满句号，可是却遭到了拒绝。但是，这位人士不久之后就向另一所医学院捐赠了 5000 万美元。前一所大学问他原因时，他回答道："你们希望我帮忙完成一项筹款行动，而他们则希望我帮忙促成一项治疗癌症的项目。"(Strout，2007，p.A21) 实质性的目标，可以转化为强有力的筹款理由，否则具体的筹款数目显得过于空洞。有效的筹款行动，应当是作为实现重要变革的一种手段，而不是作为目的本身。

制定规划，是大学校长需要做出的最为关键的决策之一。当然，对于大学应该如何制定规划，存在各种不同的意见。

在高等教育和商业领域，战略规划既有支持者也有批评者。管理学教授亨利·明茨伯格 (Henry Mintzberg) 在 1994 年出版了一本广泛引用的著作《战略规划的兴衰》。此书让他成为批评战略规划的领军人物。在书中他指出，战略规划过程过分强调理性分析，却不强调创造性或综合性；事实上，大学的战略规划常常成为一个冗长的文档，其中并没有包含多少具体的实用策略 (Chait，Ryan，and Taylor，2005，pp.56–57)。

理查德·查特、威廉·瑞恩和芭芭拉·泰勒（Richard Chait，William 【26】 Ryan，and Barbara Taylor）在 2005 年出版的《领导力治理》一书中进一步论述了战略规划。他们提出，"对战略规划的盲目推崇已经过时"。他们注意到，有太多的规划都是"梦想胜过现实"。也就是说，这些规划提出了宏伟的目标，却没有提出如何解决阻碍实现目标的现实因素。太多的规划都制定了具体的目标，但只提出一个如何实现目标的模糊策略。在制定一个战略规划时，它往往没有提出改变现有架构、人员和资源的主张。这样的规划，他们称之为"一厢情愿的规划"(p.58)。

查特和他的同事认为，有些规划往往反映了对未来预测的过度自信，而没有充分预测到不可预见的情况。最后，他们注意到，一些战略规划确实反映了首席执行官和高管的共识，而董事会的职责只是批准这些共识。他们写道：

在这个重要时刻，即当战略规划提交给董事会时，大学管理团队会要求理事们根据需要和要求提供资金支持，以执行一项以其他人意见为基础的战略。意识到这一点，一些理事会想：为什么董事会居然不参与规划工作；而首席执行官们则开始思考，为什么在董事会批准该规划之后，理事对筹款行动的热情迅速消退了 (Chait，Ryan，and Taylor，2005，p.59)。

查特和他的合著者并没有特别提到为筹款行动做前期准备的情况。但是，如果他们对董事会并未参与规划工作的观察大体上是正确的，那么这对筹款行动也会有影响。董事会并未参与规划的筹款行动，可能会让理事们觉得没必要去大力推动。

不过，马茨和伦迪 (Marts&Lundy) 筹款咨询公司对行动前开展战略规划的大学和没有进行战略规划的大学进行了一项对比研究。研究报告的作者得出结论，战略规划带来了重要的优势，事实上，"战略规划是对筹款运动的一种投资" (Thomsen，n.d.，p.5)。

参与该研究的有校长、主管筹款的副校长和最近完成筹款行动的发展事务部主任。该研究的对象涉及 104 所大学，其中 57% 进行了战略规划，47% 没有。不过，所有的回应者（包括那些没有规划的大学）都表示，【27】他们会建议在筹款行动之前进行战略规划。尽管如此，大多数没有参与战略规划的大学还是完成了他们的筹款目标，但他们反馈说，他们认为自己没有充分利用全部的机会，还存在一些筹款空间。研究参与者的评论表明，如果没有战略规划，"捐助者就不会那么积极地参与，同时校内相关人员的筹款主动性就不会得到充分激发，也就没有那么热情地与外部成员分享，人们也不清楚这项筹款行动如何与大学使命和愿景联系在一起"。(Thomsen，n.d.，p.6)。

那些开展战略规划的大学采取了各种各样的方法，其中 79% 的大学开展了面向全校的战略规划 (Thomsen，n.d.，p.9)。虽然不少校长指出，将整个大学纳入一项战略规划存在困难，但是许多校长还是列举了这种规划的好处。战略规划在校园内培养出一种强烈的主人翁意识，有利于把规划和关键信息相互联系起来形成案例陈述，并增进参与规划过程的外部成员对筹款行动优先事项的理解。规划还有助于建立慈善文化，增进首席筹资官和首席财务官之间的理解，打破各部门之间的隔阂 (Thomsen，n.d.， pp.9–11)。

本书未针对大学推荐任何特定的规划模型，但是从筹款的角度来看，一个包容性的规划能涵盖上面提到的各种优势。如果一个规划方案缺乏更广泛的主人翁意识，而仅由校长、首席筹资官或其他人提出，即便这个规划是完全正确的，甚至是出色的，它也可能只会让制定者激动不已，却缺乏一个成功筹款行动所必需的参与和支持。

筹款行动规划

大学在进行自身规划的同时，筹款行动规划和筹备工作也应同步进行，包括评估捐赠者的情况、加强对捐赠可能性的研究和评估、招聘和培训筹款行动所需的专业人员、制定筹款行动预算、确定并发动潜在志愿者领导人、强化与潜在捐赠者的沟通、制定筹款行动策略、起草行动口号、撰写行动计划、进行捐赠市场测试或者可行性研究。

根据筹备期的测试反应，筹款行动的初步目标及后续目标可以进一步调整。这为做好大学战略规划，改进筹款行动的优先事项、案例陈述和行动规划，创造了一个很好的反馈渠道。

筹款行动规划的书面文件可以长亦可以短，但与 CASE 的行动管理指【28】南相一致，它至少应该包含以下内容：

　·该大学需要解决的需求；

　·该大学的筹款行动方案，包括直接捐赠和捐赠承诺、不可撤销的延期捐赠和实物捐赠的相关政策；

　·特殊情况的筹款预案及措施；

　·捐赠基金或是基建项目等特定筹款项目的暂定目标，以及当年支出项目和年度基金收入的暂定目标；

　·对大学筹资潜力的客观分析；

　·筹款行动酝酿阶段的目的及持续时间；

　·行动执行阶段的持续时间 (CASE，2009，pp.82-83)。

本书第四章和第五章会对规划所包含的行动和决策部分进行更为详细的讨论。

第一章的探讨指出，开展一项筹款行动确实会让大学及其校长面临一些风险。不过也有一些规避措施，可以把失败的风险降到最低。首先，如果市场测试或可行性研究已经完成，此时就有机会修改筹款行动的工作目标，以确保它们与实际情况相符，而不是盲目乐观，或者毫无根据地过于谨慎。

第二个规避机制出现在第二阶段完成后，届时该大学最具潜力的捐赠人将以巨额捐赠的形式进行第一批捐赠，筹款行动正式启动。如果酝酿阶段进展顺利，那么筹款目标的宣布就可以按计划进行，甚至可以满怀信心地提高筹款目标。

如果最初的筹款结果令人失望，或者一些重点项目所获的支持比预期的少得多，这就为在筹款行动宣布之前做出修改提供了另一个机会，而大学的声誉及其校长的信誉也将受到考验。如果经济形势变得不利，可以延长酝酿期，以便在宣布行动开始的同时，筹集足够的关键性捐赠来建立信心，使最终目标更加可信。

从第一阶段到第二阶段的过渡，往往会带来一些风险，可能需要校长及其他领导人坚持既定的计划。许多人，包括教职员、院长、理事会成员【29】和其他志愿领导人在内，可能已经参与规划和讨论工作长达一两年了。有些人可能只是迫不及待地想要推进各项工作，及早宣布筹款行动开始。但过早宣布却违反了循序渐进的原则，并减少了捐赠人做出大额捐赠的动机，后续的正式发布也减少了轰动效应。此外，这么做还有可能使某些人抢先捐赠，可是所捐款项却很少，远不能与他们的捐赠能力相称。

这种情况有点类似于政治竞选的早期阶段，人们会通过候选人行为对其竞选意图进行各种猜测，因此，候选人对其竞选意图最好能够含糊其辞，推迟正式宣布，这样就能保持势头并吊起其他人的胃口，在正式宣布之前继续观望。这一过程也为候选人保留了在民意调查结果令人沮丧时退出的机会。在学院或大学的筹款行动中，在正式宣告筹款行动开始之前，同样要保持神秘感以吊起其他人的胃口。在这个过程中，可能需要校长来推行保密纪律。

第二阶段：酝酿阶段

第一章中我们讨论过，筹款行动要从上到下、由内而外进行。在行动的酝酿阶段，也就是说在筹款行动的目标正式宣布之前，这些捐赠大多来自处在筹款金字塔顶端的潜在捐赠人，以及那些筹款团队的内部核心人士，比如大学董事会或者公立大学附属基金会理事们。这些捐赠形成了首批关键性基金，即在行动启动时宣布的已经承诺的捐赠资金。

人们高度关注那些巨额捐赠者对筹款行动的态度。因此，与每一位潜在巨额捐赠人的沟通，要像一项独立的筹款行动一样去推动，精心策划并认真执行。筹集此类关键性捐赠资金可能需要两到三年甚至更长时间，需要耐心。

此类捐赠资金占到筹款总目标的多少比例合适，专家们有不同的看法。在过去的几十年里，一般掌握的比例是三分之一到一半。在 20 世纪 90 年代和 21 世纪初，许多筹款行动在启动时都达到了 40%、50%，或更高的目标，50% 成为了基准。2012 年，一些人甚至建议，大学在宣布筹款目标之前，应筹集到总金额 75% ~ 80% 的资金 (Meyers，2012)。

显然，这一时期筹的资金越多，就越有信心实现所宣布的筹款目标。不过，这个问题有点复杂。首先，这取决于筹款行动的总体目标结构。例如，【30】如果目标包括预期年度捐赠和时间跨度七年以上的筹款计划，那么在行动正式宣布之前事先筹到 40% ~ 50% 的款项，就是不现实的也是不必要的。不过，在整个行动过程中，推测现实合理的目标却是很重要的。另外，鉴于最近筹款行动所呈现的模式，至关重要的是，很大一部分筹款要及早实现，因为少数大额捐赠和董事会成员的提前捐赠，可能会占最终所筹款项的很大一部分。

CASE(2009) 在行动指南中提到了两种界定上述这种前期关键捐赠的方法，并提供了指导意见：

一种是只确认那些在酝酿阶段收到的特定目标筹款项目，而不是将在这一期间收到的所有款项计算在内。这种方法有助于确保筹款行动不偏离其重心，有助于确保最终筹款结果的实现。另一个方法是延伸酝酿阶段的筹款项目，把这个阶段收到的所有的捐赠和承诺都计算在内。如果采用后一种方法，则需向大学人员和志愿者解释，酝酿阶段的筹款金额是由筹款行动和筹款项目叠加而成的。(p.85)

第三阶段：启动

人们认为，正式宣布全方位筹款行动开始是筹款行动的一个独特阶段，因为它是酝酿阶段到执行阶段的过渡阶段。这一阶段是在过去几个月或几年来所做工作的高潮，标志着全方位筹款行动迎来了一个关键时刻。启动阶段通常是大学的一个历史性事件，有点类似于庆祝一个重要的周年纪念日。这是一个很好的讲述大学历史的机会，可以把注意力集中在大学的传统、优势和远景规划上。

大学一般会利用筹款行动启动的机会，举办一系列丰富多彩的校园活动。例如，2012年波士顿大学筹款行动的启动，就被形容为"这所大学的决定性时刻"。名为"庆祝波士顿大学"的这项行动是"学生和杰出校友的盛会，包括迷人的交响合唱及波士顿大学花样滑冰俱乐部令人惊叹的表演"(Seligson，2012)。

启动仪式通常会有名人校友参加。例如，波士顿大学启动仪式上的四位空中舞者，有三位就是校友，分别是Ringing Bros的首席执行官肯尼斯·菲尔德(Kenneth Feld)、巴纳姆（Barnum）和柏雷（Bailey）（Seligson，2012）。西北大学2014年募集了37.5亿美元，在启动仪式上播放了校友斯蒂芬·科尔伯特（Stephen Colbert）和塞斯·迈尔斯（Seth Meyers）的视频（Cubbage，2014）。而密苏里大学2015年的启动仪式上，则由校友谢丽尔·克罗（Sheryl Crow，2015）进行表演（Benner，2015）。英国的

【31】

巴斯大学（University of Bath）于 2015 年发起了一项目标为 6600 万英镑的筹款行动，在其启动仪式上，校长韦塞克斯（Wessex）公爵举办了一场晚宴（Gillespie，2015）。

举办启动仪式这种意在造势的行动，其目的不仅是要把注意力集中在筹款行动及其背后的优先事项上，而且为了让更多的人关注大学的战略优势和发展方向。启动仪式能够加深大学工作人员对筹款行动信息和主题的了解。筹款行动规划和酝酿阶段筹款目标预期管理的重要性已经介绍过。现在要说的是，在为筹款行动做宣传时，应该努力在两方面达到平衡：一方面，要让人们对雄心勃勃的筹款目标充满激情；另一方面，要让筹款目标保有一定的神秘感。如果达到了这一平衡，并且筹款行动的规划和酝酿阶段都已经很好地执行，那就可以宣布一个超过原有筹款目标，更具挑战性的新筹款目标了。

与令人印象深刻的巨额捐赠相结合，这种方式可以在筹款行动的开始阶段就营造出一种兴奋的氛围。然而，如果把人们的期望值调得过高，却宣布一个与初步目标相差无几的目标，就可能会显得虎头蛇尾。同时，设置一个低于前期目标的目标，很可能会令人失望，甚至可能在执行阶段一开始就产生一种失败感。具有讽刺意味的是，在后一种情况下，筹款目标可能会实现，但是却伴随着一种失望的感觉，而这一切都是因为沟通策略的失效。通常情况下，最好是筹款金额能够一路上扬，惊喜不断。

启动阶段应当宣布业已承诺的关键性捐赠，以及其中包括的若干巨额捐赠。理想的做法是：所宣布的这部分捐赠资金总额大到足以确保宣布的筹款目标是可以实现的，但又不能大到让人以为筹款行动基本上已经结束。无论是在筹款行动中，还是在后续的交流中，这些巨额款项的捐赠者都应得到公开赞赏与肯定。

启动全方位筹款行动同时也是一个机会，通过讲述受助学生的故事、教师科研工作的进展及项目推进，来说明巨额捐赠对筹款行动的影响，从而让行动目标变得切实可行且充满人文关怀。对这部分捐赠者的赞赏，以及校园内部人士（如教职员工和理事）捐赠的宣布，有助于提高筹款行动的可信度，使其成为全校性的一项工作，并形成示范效应，吸引更多人加入进来。

一些人确实认为，筹款行动的启动仪式变得过于复杂和昂贵，尤其是【32】

在经济不确定的时期。例如，一些人质疑密歇根大学在 2013 年花费 75 万美元举办一系列行动，来拉开其 40 亿美元筹款行动的序幕是否明智 (Soave，2013)。有理由认为，此类造势行动应该在策划时就加以适当的控制。但是，当计划周密、执行顺利、沟通有效时，启动仪式确实能提供一个难得的强有力的机会来调动情绪，让筹款行动更能深入人心，给大学带来的好处远远超过全方位筹款行动本身。如果组织得当，启动仪式就能像魔术一样，起到化腐朽为神奇的作用。

第四阶段：执行阶段

全方位筹款行动启动之后，就进入了执行阶段。如果是大学的筹款行动，这一执行阶段通常会持续 5 ~ 6 年。一些非营利组织的筹款行动，会把执行阶段细分为大额捐赠阶段或者特殊捐赠阶段（一般是启动阶段后即开始，持续几个月或几年时间），以及通用捐赠阶段，此时筹款行动面对所有的捐赠者展开。不过，大学的筹款行动通常不包括这种通用捐赠阶段，正在进行的年度捐赠基金则是一种载体，大多数没有能力进行大笔捐款的个人可以通过年度捐赠基金这一载体进行捐赠。

事实上，在今天的全方位筹款行动中，通用捐赠阶段这种说法已经变得不常用了。对于筹款行动的志愿者领导、校长，以及大部分的筹款人员来说，执行阶段确实会针对大额捐赠展开。整个筹款行动的重点，仍然是培养和招揽有能力对筹款目标做出重大承诺的捐赠者群体。

在启动阶段结束后，执行阶段随即开始，这意味着筹款行动进入了另一个充满风险的阶段，参与前期工作的每个人（包括志愿者领导、员工和校长），在某种程度上都因前期准备工作而感到疲惫，而且他们对捐赠者已经兑现的捐赠承诺也感到满意。结果，他们就有可能陷入一种松懈状态。事实上，一些作者，例如比尔·麦戈德里克（Bill McGoldrick）和保罗·罗贝尔（Paul Robell）就把"疲劳高原"定义为筹款行动的一个独特阶段，在启动阶段结束后就会马上发生 (McGoldrick and Robell，2002)。如果出现这样的松懈状态，就需要校长以强有力的领导力来维持筹款行动的势头，让每个人都把精力集中在未来数年密集的巨额款项筹集工作上。

潜在的巨额捐赠人包括基金会、公司或个人，但是基金会和公司捐赠【33】往往与个人捐赠者不同。他们的支持可能对实现整个筹款行动总体目标发挥着重要作用，特别是对于接受大量科研捐款的研究型大学，但是大多数全方位筹款行动聚焦来自个人捐助者的巨额捐款。因此执行阶段校长的大部分时间和精力都可能花在上述这些个人捐赠者身上。在此阶段，当筹款行动的重点为捐赠基金和基础设施项目时，来自个体的捐赠尤其值得重点关注。

巨额捐款的定义因大学而异，通常，10万美元或更多，且在5年承诺期内支付的就可称为巨额捐款。不过，对其他大学来说，这个数目也会上下浮动，具体取决于他们的筹资历史、潜在捐赠人数量及其他变量。在过去的25年里，"巨额捐款"一词已经进入筹款词汇表。例如，1993年由美国教育委员会出版的《教育筹款：原则与实践》一书中，还未收录这个词(Worth，1993)，但是，9年后由美国教育委员会出版的《教育筹款战略》(Worth，2002)一书，却有一个章节使用了这个词。

在第二本书中，篇章作者弗兰克·舒伯特（Frank Schubert）把巨额捐款定义为不仅是数额巨大的赠款（500万或1000万美元，甚至更多），而且是具有重大影响力的捐款，是"对机构发展具有极端重要意义的捐款"（Schubert，2002，p.105）。这有点像"变革性捐款"的概念——它具有如此重大的影响，以至于改变了大学的未来。我们在《高等教育纪事报》上，经常会看到此类的动辄数百万美元的捐赠。

按照惯例，很多大学都会将100万美元或更多的捐赠定义为首要或巨额捐赠。另一些人则简单地将最具潜力的大额捐款人界定为首要捐赠，会提请校长对这一群体给予特别对待，并且在较大规模的筹款团队中，美国大学会指定专人专注于这部分潜在首要捐赠人，以保持与他们的良好互动。

本书的第六章讨论了筹款行动的执行，对大额捐赠筹款过程进行了更为详细的讨论。大额款项的筹集是筹款行动执行阶段的核心行动，校长在其中扮演关键角色。执行阶段会进行密集的筹款活动，往往会牵涉校长过多精力。酝酿阶段显然是至关重要的，等待少数的几位关键捐赠人做出捐赠决定，足以让校长始终保持清醒。但是在筹款行动执行阶段，潜在捐赠者们已经充分地参与到了筹款行动当中，这意味着更多的出差和筹款活动——在此期间，校长可能筋疲力尽地躺在万豪酒店床上，然后在梦中回忆着从事教学工作时的闲暇与轻松！

【34】 第五阶段：收官阶段

收官阶段实际上只是执行阶段的最后几个月。这时，可能需要重新联络并拜访部分潜在捐款人，他们在筹款行动早期还没有准备好捐款。筹款行动最后期限的临近，可能会促使一些潜在捐赠人做出最后决定。对那些在筹款行动初期已经认捐过的捐赠者，大学筹款团队可能也有必要再次与他们沟通，以募集更多的款项。

在收官阶段，大学也可能会集中审视筹款行动开展过程中，有哪些目标尚未实现，例如某个建筑项目或捐赠基金。沟通和筹款工作应聚焦对这些具体项目感兴趣的捐赠者，也可以在特定区域进行筹款。当然，随着筹款行动进入最后一年，庆功会的筹备工作也需要着手进行，这也是筹款行动开展过程中的另一个重大活动。

庆功会通常都是一场大的活动，但规模并不一定要像启动阶段那么大。它的目的不仅仅是为此次全方位筹款行动画上句号，它还会是一个契机，回顾此阶段获得的重要捐款，感恩其对学院或大学的重要影响，表彰那些重要捐赠者和志愿团队领导人，并享受成功应对重大挑战带来的满足感。除了最后的答谢与庆祝活动，大多数筹款行动都会发布最后的总结报告，其他的筹款后续工作也同步进行，这些内容将在第九章中详细讨论。

第六阶段：行动后的评估、规划和管理

筹款行动取得成功后的庆祝阶段被视为筹款行动的组成部分，而且是一个重要的阶段。这是一个总结经验教训的契机，可以分析哪些筹款举措有效，哪些没有取得应有的效果。这个阶段能做的事还有很多，比如积极管理所筹款项，进一步培养大学与捐赠者之间的关系，继续推进与新捐赠者和志愿者之间的关系，他们可能会在未来的行动中成为志愿团队领导者。因此，这一"后筹款行动阶段"非常重要，尤其是捐赠项目管理部分，这部分内容也是本书第八章的重点。

现今，一项大规模的全方位筹款行动往往持续经年，包括广泛、复杂的目标和目的。正如前面所提到的，一项筹款行动实现其总体筹款目标司空见惯，但是，其中的某些特定目标却可能没有完全实现。例如，为奖学金而募集的款项可能已经超过了目标，但仍然有一些教授职位没有完成筹款，或是有些工程项目还存在资金缺口。其中一些优先事项，可在整个全【35】方位筹款行动完成后通过更具针对性的筹款行动加以实现。一些大学也会重新致力于筹款行动间隔期间的年度捐赠和计划捐赠。正如前面所提到的，继续推进一项筹款行动并增加筹款总目标，同时把新的重点放在尚未完成的优先事项上，这种情况并不少见。

对于许多大学来说，全方位筹款行动之间的间隔时间并不长。通常在庆功会后不久就开始计划下一次筹款行动。事实上，筹款行动之间的间隔已经缩短到这样一个程度，以至于一些人表示，我们现在处于一个几乎是连续筹款的时代，大多数大学要么一直在策划筹款行动，要么一直在执行筹款行动。

对于全方位筹款行动的批评者（他们更喜欢持续的大额筹款计划），我们可以这样回答：目前许多大学都在通过不间断的大额筹款项目筹措巨额款项，在这些情况下，全方位筹款行动实际上是在特定时期内，囊括上述大额筹款项目的伞状筹款沟通模式。在这个永无止境的过程中，筹款行动后的规划、捐赠管理和沟通工作是至关重要的。无论校长是否希望领导该校的下一轮全方位筹款行动，确保筹款行动后关键任务得到执行，都是他们的职责所在。

参考文献

Benner, Nicholas (2015). "Campaign Kickoff: MU Launches the Mizzou: Our Time to Lead campaign with Help from Celebrity Alumni" [electronic version]. *Mizzou News*, October 9. https://news.missouri.edu/2015/campaign-kickoff/ (accessed January 11, 2016).

Chait, Richard P., William P. Ryan, and Barbara E. Taylor. (2005). *Governance as Leadership: Reframing the Work of Nonprofit Boards*. Washington, DC: BoardSource.

Council for Advancement and Support of Education (2009). *CASE Reporting Standards and Management Guidelines* (4th edition). Washington, DC: Author.

Cubbage, Alan K. (2014). "Northwestern Announces $3.75 Billion Campaign" [electronic version]. http://www.northwestern.edu/newscenter/stories/2014/ 03/northwestern-announces-3.75-billion-fundraising-campaign.html (accessed January 22, 2016).

Gillespie, Liza-Jane (2015). "University of Bath launches fundraising campaign" [electronic version]. *Southwest Business*, August 13. http://www.southwestbusiness. co.uk/regions/bath/13082015163718-university-of-bath-launches-fundraising- campaign-/ (accessed February 18, 2016)

McGoldrick, William P., and Paul A. Robell (2002). "Campaigning in the New Century." In Michael J. Worth (Ed.), *New Strategies for Educational Fund Raising*. Westport, CT: American Council on Education and Praeger, pp.135–152.

Meyers, Harriet S. (2012). "Upward Bound" [electronic version]. *Currents*, March 2012. http://www.case.org (accessed January 6, 2016).

Schubert, Frank D. (2002). "Principal Gifts." In Michael J. Worth (Ed.), *New Strategies for Educational Fund Raising*. Westport, CT: American Council on Education and Praeger, pp. 105–111.

Seligson, Susan (2012). "BU Celebrates, Big-Time: Campaign Kickoff Bash a Rousing, Rollicking Display" [electronic version]. *BU Today*, September 24. http:// www.bu.edu/today/2012/bu-celebrates-big-time/ (accessed

January 11, 2016).

Soave, Robby (2013). "Public University Spends $750,000 on Kickoff for Fundraising Drive" [electronic version]. *Daily Caller*, November 14. http:// dailycaller.com/ 2013/11/14/public-university-spends-750000-on-kickoff-for-fundraising-drive/ #ixzz3wwrH8Qp5 (accessed January 11, 2016).

Strout, Erin (2007). "What's the Big Idea?" *Chronicle of Higher Education*, 53, no. 22 (February 2), p. A21.

Thomsen, Tom (n.d.). "Enhancing Capital Campaigns: The Advantages of Comprehensive Strategic Planning" (Marts & Lundy Special Report). http:// www.martsandlundy.com/wp-content/uploads/2015/04/ML_Enhancing-Camp. pdf (accessed January 10, 2016).

Worth, Michael J. (Ed.). (1993). *Educational Fund Raising: Principles and Practice*. Phoenix: American Council on Education and the Oryx Press.

——. (Ed.). (2002). *New Strategies for Educational Fund Raising*. Westport, CT: American Council on Education and Praeger.

第三章　筹款团队

　　有些人似乎笃信伟人筹款理论。换言之，这些人认为，一位魅力四射、不知疲倦的校长——差不多就像第一章中讨论的早期大学筹款人那样，便足以让出资者掏腰包了。但大多数筹款行动的成功都要靠团队合作，其成败由志愿者和大学管理层共同承担。

　　作为大学中最具有远见的人，也是整个大学灵魂的校长在这里发挥着核心作用。事实上，在校友和其他捐款人的心目中，校长往往代表着整个大学的形象。作为大学筹款的门面，校长激发和赢得他人信心的能力十分重要。要将筹款行动保持在正轨，要在筹款行动进入瓶颈时给整个进程注入活力，要应对在这项高风险且有许多成功人士参与的密集筹款行动中可能出现的潜在冲突，校长的判断和坚持就显得至关重要。

　　然而，一支高效的筹款团队还应包括一个全心投入的筹款委员会，一大批筹款志愿者，以及经验丰富的发展事务部负责人。在大学，其他校园管理人员（尤其是系主任和院长）也扮演着重要角色，当筹款重点是其所在的学院或其参与的项目时尤其如此。本章讨论了筹款行动领导的组织模式，以及志愿者、校长和发展事务负责人的筹款行动角色。

志　愿　者

吸收志愿者领导人积极参与筹款行动会带来许多好处。这种参与可能进一步拉近他们与大学的距离，也会促使他们对筹款行动慷慨支持。他们原有的在社区、专业领域和商业往来中的关系和渠道，可能有助于筹款行动的宣传，从而让更多的人了解大学的这一筹款行动。他们这种以身作则与示范带动，也为他人树立了标准与标杆。相比于大学管理层，这些筹款委员会志愿者在全方位筹款行动中发起的倡议也许会更具说服力。

担任大学发展和校友事务副校长时，我在一次筹款行动中亲身感受到了一名志愿者领导人的影响力，这给我上了重要的一课，也是我人生中一次难忘的经历。我陪同筹款行动主席查理（Charlie）拜访了一个名叫比尔（Bill）的人，我们有望筹到一笔大额捐款（人名均为化名）。查理是一名房地产开发商，也是他所在社区中最受尊敬的商界人士之一。他的远见卓识和房地产项目被人们交口称赞，大家常说，他的远见和项目改变和振兴了他所在的城市。他曾在当地贸易委员会及许多慈善和商业组织担任主席。比尔也很成功，同时他也很年轻，在商业领域潜力巨大。

当查理和我来到比尔的办公室拜访他时，从一开始我们之间就擦出了火花。比尔在电梯外迎接我们，而不是让我们在大厅里等候。显然，查理的来访让他很兴奋，于是他马上打开了话匣子，他介绍了自己正在策划的房地产项目，很明显，他想以同行的身份给查理留个好印象。比尔对我很有礼貌，但他显然更想与查理交流。

最终，查理将讨论转向捐赠事宜，并要求我提供一份有关筹款目标和优先事项的材料，我按他的要求交给了比尔，但比尔没有回应，而是直接转向查理，继续讨论当地的房地产市场。事实上，比尔抢在查理之前说到了筹款问题，原本按计划这件事应该由我来提出。我想知道我是否说错了什么。但最终比尔还是回到了这次我们拜访的主题，他转向我并对我说："我并没有忽视您，您总结筹款行动总结得很好……您做得很好。"这句话让我松了口气。

随后，他又转向查理，继续说道："在您二位过来之前，我就已经决定要给筹款行动捐款了，但是查理先生，我想告诉您，您花时间来这里拜访我简直让我受宠若惊。这次筹款行动对您一定很重要，对于您为大学所做的一切，我深感钦佩。今晚我回去和我妻子谈谈，看看我们是否能把原定捐款总额再提高一下。我知道我们给不了您想要的那么多，但我们会努力朝这个目标靠近。"会谈结束后，比尔带着查理走向电梯，他又开始谈房地产了，而我基本上毫无存在感。

【39】　第二天，比尔打电话给查理确认捐赠事宜，事实上他捐得比我们预想的要多，也比他之前计划的要多。他再次强调，查理参与筹款给他留下了很深的印象。显然，查理对比尔的影响在筹款过程中发挥了重要作用。正如比尔所说，作为大学筹资人，我已经"做完了自己分内的工作"，而且显然"做得很好"，我能够像其他人一样，阐述筹款理由并解释这场筹款行动的目标和优先事项。

但光有这些信息是不够的。在筹款行动中，查理展示了自己无私和真正的奉献精神，正是这一点打动了比尔，他们之间的社会关系起到了推动作用。有时候，谁在说话和说话内容本身一样重要。正是查理在筹款志愿团队中的领导能力，才让我们能够既真实又令人信服地说服比尔捐款。

组建志愿者参与的筹款领导团队

大学自身的筹款策划，一般是先从管理团队内部开始的，但正如第二章所强调的，在适当的时候让理事们和其他志愿者参与进来，有助于在他们心中树立筹款的主人翁意识。当然，大学理事会成员要对大学的战略方向负有最终责任，只要不涉及学校的学术独立性，引导筹款志愿者参与策划筹款行动是适当的。

公立大学附属基金会理事会对基金会资产负有信托责任，但其对大学本身则无须承担责任，因此，基金会理事会成员参与大学筹款策划需要审慎和判断力。在许多大学，都会有各种各样与学院和研究单位相关联的咨询委员会，它们能在策划中发挥重要作用。同样，这种参与也要把握好尺度。

在大学和学院委员会联合会（AGB）对公立和私立大学咨询委员会所进行的一项研究中，一些院长认为，咨询委员会的参与在战略策划中十分重要。换言之，这些咨询委员会成员能够从他们工作的行业和专业中带来重要的见解，这有助于为学校战略和目标规划提供有价值的信息。但一些院长也强调，必须谨慎地确保咨询委员会不要过多地干涉属于教师团队的课程或其他学术事务，以及大学理事会负责的治理或财务事务（Worth，2008）。

一旦焦点开始从大学策划转向筹款行动策划，随着筹款行动筹备委员【40】会的成立，其参与的范围也随之扩大。该委员会成员通常包括校长、首席学术官、首席筹资官、首席财务官，或许还有其他内部成员，例如一两个主要学院的院长。

另外，筹备委员会成员还包括主要的大学理事，其中通常包括理事会主席和发展委员会主席，或许还有其他一些人。此外，委员会成员还可能包括一些核心志愿领导者，他们是筹款行动不可或缺的一部分。该委员会人数必须足够少，以组成一个有效的工作团队，但也必须足够多元包容，以便在筹款行动早期阶段为关键志愿者提供参与机会。

在筹款行动筹备委员会主席、校长和首席筹资官的领导下，委员会的职责是指导筹款行动筹备过程，这一点将在第四章和第五章予以进一步讨论。这一筹备工作包括制定初步目标、制定筹款行动政策、确定筹款行动预算、决定志愿者领导结构，以及批准初步筹款策略和筹款行动计划。委员会必须决定进行哪种类型的市场测试（通常称为"可行性研究"），并就该研究提出的建议做出决策。

筹款行动筹备委员会的一项关键职责，就是确定关键志愿者并争取获得他们的支持，这些人可能是，也可能不是委员会成员。筹款行动筹备委员会并不是常设机构，筹款委员会正式组建后筹备委员会就会解散。但在筹款行动中，通常会有一些关键人物从筹备委员会过渡到筹款行动委员会。

在某些大学，大学发展事务或资源拓展常务委员会一般会身兼筹款筹备委员会职责，也可能同时扮演筹款行动委员会的角色。但是，AGB对私立大学所进行的一项研究发现，72%的大学会成立一个独立的委员会来领导筹款行动。这样做的主要原因是，希望理事会以外的筹款领导人参与到筹款行动中，并让理事会发展委员会将工作重点放在总体发展政策和战略上（Worth，2005，p. 97）。

理事会的发展事务或资源拓展常务委员会，其职责不仅限于筹款行动，还包括：确保筹款目标和优先事项与大学使命和学术计划相符，监管大学的整体筹款行动，并就接受捐款等事项制定政策。常务委员会成员可以是捐款人，也可以吸收一些理事参与捐赠者培育和筹款工作，但总体上此类【41】委员会并不直接参与筹款。此类发展委员会负责筹款行动监督和政策制定，而与此不同的是，筹款领导委员会侧重于重点筹款任务。

此外，理事会大多数理事的职责实际上与资源拓展相关，如大学沟通、营销和校友关系等，当然也包括筹款和全方位筹款行动相关工作。这就造成理事会资源拓展委员会的组成人员，不一定能够全身心投入筹款工作中，例如，这些委员可能是校友会主席或者负责大学沟通方面的专业人员。

然而，要设立一个独立于理事会资源拓展委员会的筹款领导委员会，就需要明确其职责和角色。举例来说，AGB 对有关大学的一项研究发现，50% 受访大学的筹款委员会参与制定筹款和捐款接受政策，52% 的筹款委员会的职责是，确保大学的筹款计划与其使命和优先事项保持一致（Worth，2005，p. 99）。但大学政策、使命和优先事项是理事会的职责，因此，职责重叠有可能会造成混乱。

因此，应进一步厘清决策程序问题。与大学政策相关的筹款行动决策，应从筹款委员会提交到大学资源拓展委员会，再从该委员会提交到大学理事会并付诸施行。当然，这一决策流程在实践中如何运作，在一定程度上取决于理事及他们各自之间的关系。这些组织的成员身份经常重叠，许多筹款委员会主席同时也是大学理事会成员，资源拓展委员会主席通常也是筹款委员会成员，这在一定程度上使沟通更加便利，但在讨论和解决某些问题时，仍须记住自身的主要职责和身份是什么。在公立大学，这种情况可能会特别敏感，因为附属基金会理事会成员同时也是筹款委员会的成员。

遴选筹款行动领导层

一般来说，全方位筹款行动开展过程中会任命一名筹款主席，他通常是大学理事会当中有影响力的成员，也是筹款行动中捐款最多的人。这一人选将与校长和大学理事会主席，以及其他管理团队成员一道，致力于前期先导性捐赠资金的募集，并在筹款行动期间主持整个筹款行动。在我之前经手的筹款行动中，筹款委员会主席通常是查理这样的人，一位得到普遍认可和钦佩的领导人。大学支持者当中的确还有很多这种人，他们成了许多筹款行动的领导者。但在最近几十年间，新的筹款领导模式也已经出现。【42】

的确，当前研究型大学的全方位筹款行动，大多持续数年，筹款目标宏大且项目涵盖多个学术单位，在这种情况下，招募一位能够长期承担筹款重任的筹款委员会主席可能会比过去更具挑战性。许多人可能想与其他人分担这一责任，因此他们更愿意担任筹款委员会联合主席。除筹款责任得以分担外，设立联合主席的做法能够体现某种代表性，来自各个地区、各个行业的联合主席们，能有机会与不同地区和行业的潜在捐赠人进行更密切的互动，从而提升筹款效果。

例如，布朗大学 2015 年宣布的总额为 30 亿美元的全方位筹款行动共设置了 12 名联合主席席位，其中大多数是理事会理事（Brown University, 2015）。西北大学（Northwestern University）在 2014 年启动了目标为 37.5 亿美元的筹款行动，之前西北大学公布了三名筹款行动联合创始主席，以及七名将在今后几年作为联合主席加入的捐赠者，这反映了这所大学在筹款行动不同阶段对筹款领导人配置的不同考虑（Northwestern University, 2014）。

密歇根大学 2013 年宣布的全方位筹款行动目标为 40 亿美元，筹款行动设有主席一名，同时他也是筹款行动的主要捐赠人。然而，该筹款组织也包括了多名重点关注不同学术单位和项目的副主席及执行主席

（University of Michigan，2016）。任命联合主席是一种有效的方法，特别是该方法可以突出大学的综合性质，将不同的学术单位、往届校友和各界校友聚集在一起，让大家在同一个主题下共同努力实现筹款目标。

有时候，有些大学的筹款行动也会设立一位筹款委员会名誉主席，如果能找到一个德高望重且声名显赫的人担任荣誉主席，一定能够推进筹资工作的开展。不过由于一些显而易见的原因，也许是因为他们年龄太大或职位太高，因此无法指望他们在筹款中发挥实际的作用。另外，如果在外界看来，这位名誉领导人只是挂名而已，那么任命此类职位可能实际上已经传递了一条消极消息，这可能表明他们对筹款行动的付出不太够。此外，如果名誉领导人权力太大，外界也可能会认为筹款行动主席并不具有真正的领导权威。

【43】考虑这些筹款主席或联合主席应该如何做出表率，或者说接受该职位的人应承担怎样的捐款义务，这是一个随之出现的问题。一般认为，理想情况下筹款委员会主席自己就应该是最大的捐款人，这样可以树立一个榜样，也使得他或她可以向各级别的其他人士募集捐款，这背后潜在的基本原则是募款人只能要求他人捐赠等于或少于自己的捐款。因此，筹款委员会主席自己应该是捐款最多的人。但时过境迁，由于多种原因，这些标准已经发生了改变。

最大金额的捐款可能来自由于各种原因而无法在筹款中发挥积极领导作用的捐款人。虽然大额捐款仍然是全方位筹款行动中的主体，但筹款行动领导层也应代表大学中更多的支持者，以获得广泛支持进而实现筹款目标。人们通常会期望筹款主席或联合主席捐款，金额应与他们的财力成比例。但是，只要他们尽心尽力推进筹款工作顺利开展，筹款委员会成员们并不一定要成为筹款中的最大余额捐款人。

筹款工作委员会

全方位筹款行动的总体方向是由一个高级别领导组织委员会来把握的，不同的大学会对这一委员会冠以不同的名称。在本书中，它被称为筹款工作委员会，但是它也有其他术语名称。

对于规模较小的大学所开展的筹款行动，其工作委员会可能就是筹款组织本身。委员会可能包括几名成员，即大学理事会主席、发展或资源拓展委员会主席、筹款行动主席或联合主席、筹款行动副主席或联合副主席，也可能包括理事会的其他一些成员，如校长和首席筹资官。筹款工作委员会负责筹款行动的战略和政策，但也可以在培养和争取巨额捐款人方面发挥实际作用，尤其是在筹款行动公开以前的捐赠募集过程中。

在更大规模的筹款行动中，筹款工作委员会除了包括上述成员以外，还会包括筹款行动衍生的各个委员会负责人，这些委员会聚焦特定项目的筹款事宜。在这种情况下，筹款工作委员会甚至可能会聚焦少数几名顶级的潜在捐款人，同时把主要精力集中在筹款行动策略、政策和协调方面。大部分具体的筹款事务会由其他委员会发挥各自的作用。

在全方位且高度去中心化的筹款模式下，为确保筹款行动开展过程中的一致性与协调性，优化沟通机制，应当构建一个更大规模的筹款工作委员会。在此情况下，可能还需要从委员会中遴选出少数关键成员，组成筹款执行或常务委员会，以便能够更频繁地开会协商，确保在必须做出关键决定时迅速做出反应。执行或常务委员会可能只包括理事会主席、筹款行动主席或联合主席、资源拓展委员会主席、校长、首席筹资官，或许还有一两名其他成员。【44】

筹款工作委员会组织结构

在规模较小的大学，筹款委员会可以满足筹款领导层面大部分或全部需求。然而，对于更大规模的全方位筹款行动，尤其是在全美或世界各地拥有多个学院和校区的研究型大学，他们开展的筹款行动则需要设立一个覆盖面更广的筹款管理与协调组织。筹款工作委员会是根据四种基本模式组织而成的：

1. 按捐款规模或筹款阶段组建。委员会有时根据捐款规模或筹款行动阶段来组成。例如，可能会在筹款行动正式启动前设立一个前期筹款委员会，负责核心捐赠的筹款事宜；还可能成立在公开阶段募集大额捐款的大额筹款委员会，或是年度捐赠委员会，顾名思义，该委员会致力于在筹款行动期间实现年度捐款目标，上述这种方法已在前文提到的西北大学筹款行动模式中做了说明。

2. 按捐赠来源组建。有时委员会则是根据预期的捐赠来源而组成的。可能会相应地设置专注于企业捐赠、基金会捐赠、个人捐赠、计划捐赠和特定捐赠者（例如父母、校友、教职员工）的委员会。

3. 按学术单位或项目重要性组建。在大学的全方位筹款行动中，通常会组建专门的委员会来关注特定的学术或行政单位，以及特定的项目，例如体育或学生生活领域。

4. 按地理划分。第四种筹款委员会组建方式是按区位设置，例如在学校校友集中的城市设立筹款委员会。这种区域性筹款委员会大多是与其他三种分类模式同时存在的。

全方位筹款行动的领导组织采用哪种形式，取决于大学的结构、校区的大小和分布，以及其他因素。大多数筹款委员会采用了本章所述方法的混合或改良形式，并且在定义和工作描述上体现了许多变化。有些大学的此类组织结构相对简单，有些则更为复杂。

【45】　　例如，南卫理公会大学（Souther Methodist University, SMU）名为"新的世纪"的全方位筹款行动，于 2006 年发起并于 2015 年结束，该行动实现了 10 亿美元这一筹款目标。筹款行动领导层包括了一个由 15 名成员组成的筹款委员会，负责在酝酿阶段募集巨额捐款，然后再对正式启动后的筹款行动进行总体监督。这一委员会构建模式，像是前文所述的前期筹款委员会和筹款工作委员会的结合。

此外，南卫理公会大学还在主要学术单位及其他筹款重点项目成立了多个筹款推进委员会并设置多名联合主席，主要负责重点院系及体育、学生生活和图书馆项目的筹款。还有一些推进委员会联合主席则将重点关注对大学具有重要意义的其他几个国家的筹款事务。

筹款委员会与志愿团队应按需建立，而不是越多越好。建立一个规模庞大且复杂、多层级的筹款行动管理层，然后在其中嵌入一些并不会对筹款带来实质推动，但又会耗费筹款资源的个人，这是筹款行动中可能犯下的一个错误。这可能会导致筹款人员甚至校长忙于与志愿团队进行沟通和交流，导致用于筹款本身的时间和精力太少。需要认识到，虽然志愿筹款团队没有薪酬，但他们的工作也不是没有成本的，这点很重要。一个筹款组织可能涉及几十或数百名志愿者，这需要足够的大学发展事务部的工作人员来予以对接并提供支持。志愿团队对于一场成功的全方位筹款行动而言至关重要，但是如果没有明确的方向、支持和沟通，他们的努力就会徒劳无功。

全方位筹款行动中的志愿筹款团队需要充分了解大学的历史与文化，还要与各种类型的大学支持者们保持良好的关系。在法学院、医学院和商学院等附属专业学院实力较强的情况下，有必要在学校统筹整体筹款事务的前提下，设置学院级的专业筹款委员会，从而让委员们更专注于这些特定单位的筹款目标和潜在支持者。

但是，没有必要在每一个学术单位都设立筹款委员会，对于有些规模很小、历史底蕴不深厚，或者缺少潜在大额捐款人的学术单位更是如此。如果这样做的话，就可能会形成一个庞大的筹款推进委员会，其成员会在筹款方面面临着迥异的挑战，这可能会使委员会难以进行有益的讨论或达成共识。当然，还要处理好与那些中小规模院系的关系，避免向其传递负面信息，或者招致相关院系师生或校友的批评。同样，规模较大的筹款推进委员会可能需要设立一个执行或常务委员会，能够高效地做出决策，而不必经过太多的协商流程。

对于在全美和世界各地都有活跃校友的大学而言，组建区域性筹款委 【46】员会可能十分重要。不过，对于在校园周边社区，或在有限距离内就可以找到大部分校友的大学而言，组建此类委员会需要额外的时间和费用，但几乎没有什么边际回报。如果大学的本科生校友有着强烈的班级认同感，那么按毕业班级组织筹款志愿委员会较为合理，然而，在大多数校友获得的是研究生学位或是兼职进修的大学，除可能会增加筹款成本以外，这样做并无任何好处。

如果实际上整个筹款行动中只有少量筹款志愿者参与，那么绘制复杂的组织结构图并没有什么作用，只会削弱筹款行动领导层的领导效果。还需要结合时间和资源方面的成本投入，来综合衡量是否有必要引导更多的人参与筹款行动。如果理事会理事、筹款顾问或其他人提议，将他或她在另一所具有不同特征的大学发现的成功模式复制到本次筹款行动中时，那可能会出现问题。校长需要了解针对筹款行动而提出的多个组织模式的潜力和缺陷，并评估其在具体环境中的有效性。

图3.1描述了按照本章讨论的原则来组织筹款行动的典型筹款组织，然而，在这里重申一遍，要认识到他们所使用的结构和细节有着许多不同。

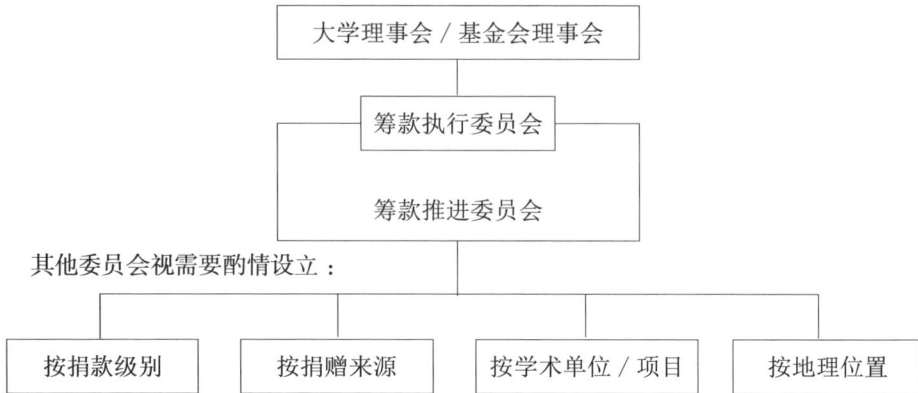

图 3.1 典型筹款组织

理解筹款行动角色：一支不寻常的球队

组织结构图描述了职位之间正式的关系，但没有解释占据这些职位的个人角色问题。事实上，头衔可能会在职权方面给出错误的暗示；"主席""推进"或"领导"到底意味着什么？

志愿领导团队（尤其是理事）、校长和首席筹资官的筹款伙伴关系一直是许多作者关注的焦点。帕翠沙·杰克逊（Patricia Jackson，2013）为 AGB 撰写文章，从四个方面界定了理事会的筹款责任：（1）策划和监督，包括确保有充足的筹款经费；（2）掌控筹款进度，同时建立一套指标体系，评估筹款项目的整体回报；（3）评估校长在筹款过程中的表现与绩效；（4）在自己的工作和生活圈子中，通过自己的影响力为大学筹款行动募集资金（pp. 20–25 页）。

杰克逊认为大学校长在筹款行动中扮演着关键角色，他们应是所在大学筹款的第一责任人，其职责包括：

> 确保大学的筹款工作与大学战略发展优先事项保持一致；确保发展事务部配备了足够干练的专业筹款人员；确保理事们拥有

履行筹款职能所必需的信息和团队支持。此外，在大多数大学中，校长会直接参与关键捐款人的募款工作。（pp. 24-25）

杰克逊（2013）解释说，首席筹资官也在筹款方面发挥着重要作用，也是一个能够充分调动校长和理事们发挥筹款作用的关键角色（p. 38）。这要求首席筹资官参与确立该大学的筹款目标（p. 38），在捐款人来访前向校长和理事通报相关情况，并对捐款信息进行详细的记录与追踪。她建议首席筹资官每年至少应与每名理事会面一次，讨论他或她参与筹款进程的情况。

目前，大多数有关理事会在筹款过程中的作用，指的都是私立大学理事会。当然，公立大学的情况要复杂一些，在这些大学中，除了理事会之外，通常还有一个负责附属基金会的委员会，该基金会可能在筹款行动中发挥着更重要的作用。在以下讨论中，理事会主要指负责筹款的理事会。

虽然诸如"确保""监督"和"倡导"等术语很有帮助，但仍然会【48】让理事会对如何准确履行筹款职责产生疑问。在之前的各种表述中（例如Worth，2016），我试图通过将筹款中的核心人物描述为一支不同寻常的橄榄球队，让大家更好地理解协同筹款模式的运作，因为这种类比方式对于美国人来说很贴切。"筹款"一词来自体育和军事，一场筹款（该术语本身就是一个军事概念）就像一场橄榄球比赛，以开球开始，并且像一场战争，以庆功结束。诚然，筹款的内涵可能更加丰富，但橄榄球比赛这一比喻似乎比战争更恰当，并且以橄榄球进行类比似乎也比其他一些运动更合适。

与橄榄球比赛不同，在棒球比赛中，大部分时间大家的注意力都集中在两名球员（投手和接球手）的个人表现上。事实上，比赛的统计数据很大程度上以球员的个人表现为基础。大学筹款过程中有时也会出现这种情况，但这种思维定式也可能导致前面提到的问题，即筹款过多地依赖关键人物，对校长、院长或首席筹资官存在过多的期待，他们就应击中本垒打，这多少是一种不切实际的期望。

篮球需要团队合作，但同样与橄榄球比赛不同，只有在有人投篮得分时，比赛才算取得真正进展。当球员在球场上运球时，观众通常不做反应，仅当球投入篮筐时，观众才会爆发出欢呼声。橄榄球比赛则不同，球员的每次触地、长距离跑动，或者是完成关键传球，球迷们都有机会为此欢呼。当然，每场比赛的最终结果还是取决于得分情况，但对于橄榄球而言，最终良好的成绩有赖于若干场小组赛，因此每场比赛都是一次挑战。总之，橄榄球比赛或筹款活动，与棒球或篮球比赛中的全垒打或三分球没什么可比性。

理事会理事们就像职业橄榄球队的所有者。换言之，他们对组织运营的整体成功负有责任。他们应确保俱乐部财务稳健，并实现理事会确立的战略目标。俱乐部所有者投资组建球队，他们雇用教练、训练员和球员，并评估他们的表现。但是，不同于美国国家橄榄球联盟（National Football Conference, NFL）的比赛，在一场全方位筹款行动中，人们期望大学理事们参与到筹款过程中，而不应像橄榄球老板们那样坐在球场的贵宾看台上指手画脚。换言之，人们期望他们不仅仅担当决策职责，还应更积极地参与筹款。

校长在这个与众不同的筹款团队中肩负着四个职责。他或她可能是大学理事会或基金会理事会的成员，因此是所有者的代表。校长的工作同时是经理人——他或她至少要组建一个筹款团队，校长也像教练，要经常指导和鼓励团队成员（包括理事会理事），使他们展现出最佳的一面。最后，校长有时就像一个明星球员，筹款过程中要像在橄榄球场上一样，时不时地触地得分，以此鼓舞球迷，并且要成为球场上最引人注目的球员。这是一个复杂的角色，需要非凡的执行力和沟通协调能力。

【49】

首席筹资官，或者叫筹款行动协调人，更像球场上的四分卫。他或她有时运球控球，有时带球过人或传给其他球员。这项工作也很复杂，因为球员中也包括俱乐部老板和教练。

除了要成为明智的俱乐部老板之外，大学理事们还需要成为多才多艺的运动员。有时他们自己要带球跑，有时他们接受四分卫的传球，有时他们还要负责拦截对方球员，以便为校长或首席筹资官得分创造机会。但是，没有他们球队便无法赢得比赛，仅仅凭借教练或者四分卫是远远不够的，不太可能把球队带入季后赛。

校长有时会试图独自在球场上表演，一些筹资人员也是如此。结果通常如人们所料，触地得分时得到欢呼，但失败时得到嘘声。相对于团队协作，独自比赛受伤的概率更高，团队比赛还可以分享获胜时的喜悦。

　　到目前为止，上述讨论主要集中在理事会层面，但一场全方位筹款行动所涉及的志愿筹款团队，并不仅仅包括大学理事会成员。根据大学和筹款行动的规模和范围，志愿筹款团队可能涉及很多人员。但重要的是，大学理事会成员要在筹款行动中占据重要地位，并将志愿筹款团队视为大学理事会在筹款过程中的有益补充。理事会成员像球队老板们一样，是组织的所有者，如果他们对筹款没有充满信心，没有带头引领，那么很难想象其他人会给筹款行动带来多少捐赠。

　　继续刚才橄榄球比赛的比喻，我回想几年前的一段经历，当时我应邀以顾问的身份，在奥尔巴尼纽约州立大学总部向 64 个分校校长做了一次演讲。当我结束我的演讲时，大学校长问我："按照你打的比方，公立大学系统在其中扮演了什么角色？"我脱口而出："你们就像美国国家橄榄球联盟，你们建立了球队参加比赛的规则。"他笑了笑，但接着说："那么，筹款顾问的作用又是什么呢？"我一时没接上话，犹豫了一下，这时其中一位分校校长给出了回应："我认为他们就像体育评论员。他们总是以看客的身份不停地说，但对比赛没有影响。"他笑着说，所以我确定他是开玩笑。　　【50】

建立和维护团队关系

　　当然，在团队成员之间建立和维护良好的工作关系，对于任何事情的成功都至关重要。不过，筹款团队可能有些不同寻常的复杂性。

　　用理查德·柴特（Richard Chait）等描述大学理事会的概念，筹款行动的团队是将兼职的业余人员和全职的专业人员聚集在了一起（Chait、Holland，and Taylor，1996，p. 3）。筹款志愿团队负责人并不是从事筹款的专业人士。他们可能只是在其他完全不同的组织或机构中，多少拥有一些志愿者经验或筹款经历，所以他们未必深入了解筹款管理实际工作，或者可能并未充分理解慈善筹款和商业销售之间的差异。正因为如此，有时他们参与制定的筹款战略，在具有专业知识的筹款专业人员看来并不切合实际。筹款专业人士也可能会因为需要协调志愿团队日程安排而感到沮丧，这些都会延迟筹款会议或筹款活动的整体进度。

专业筹款工作人员一直专注于筹款行动，有时可能会将志愿团队的兼职工作理解为对筹款缺乏投入，因此会试图甩开他们单独开展工作。与此同时，志愿团队领导人可能有时会觉得筹款专业工作人员对他们要求过高，或者没有做好充分准备来充分利用他们的宝贵时间。志愿团队在自己的领域是成功人士，他们可能不喜欢按照别人指定的风格行事，还会感觉筹款人员忽视了他们的意见，毕竟他们觉得自己对潜在捐赠者的了解要多一些。

将不同背景、经历和动机的人们组织起来，组成一个高效的团队通常是一项巨大挑战，但是在筹款行动推进过程中，大学校长们又不得不如此。校长经常需要在大学里进行激励与协商，鼓舞大家士气，以防止争议，从而确保大家朝着共同的目标前进。他们经常被要求在学术和商业领域之间架起一座桥梁，让彼此更好地了解对方的价值观。志愿团队领导人和发展事务人员都是全方位筹款行动工作团队的重要成员。建立和维持团队之间的良好关系，确保团队朝着共同的目标协力前进是领导工作的重要组成部分，对橄榄球教练和校长而言都是如此。

校长和首席筹资官

【51】

对于全方位筹款行动和筹款项目的成功而言，也许没有比校长和首席筹资官之间的伙伴关系更重要的了，大多数人都能有效且友好地合作。不过在有些情况下，这种伙伴关系并未像预想的那样顺利。其结果可能是发展事务部人员频繁流动，筹资工作和与捐助者的关系失去连续性。如果发生在筹款期间，那将对筹款行动产生巨大的破坏力。两者的伙伴关系可以通过明确两个重要问题得到加强。

明确各自角色

正如在前面橄榄球比赛的比喻中所说的，首席筹资官扮演着各种角色。

有些首席筹资官是能成功筹款的外向型专业人士，特别擅长培育潜在捐赠者，有些是优秀的战略家，但不擅长亲力亲为，还有一些人筹款保障工作做得到位，支持志愿者和校长主导的筹款行动，有些则擅长管理发展事务部，其他人虽有很好的人际交往能力，但在具体的行政事务方面则没有那么突出。大多数人需要在某个时候发挥某种作用，也有些人是多面手，擅长所有这些工作，但大多数人在某些方面比在其他方面相对更强。

在特定情况下，首席筹资官哪些角色最重要，可能部分取决于校长的相对优势和劣势，以及志愿者参与筹款的深入程度等因素。但在首席筹资官的招募面试中，筹款过程中的各自权责是否提出并讨论过？相关各方是否针对首席筹资官在特定时间和特定机构，实际需要什么技能形成了共识？在接受发展部门职位之前，候选人应提出诸如"你如何看待首席筹资官的角色？""你认为一个人需要什么技能才能胜任该职位？""你认为你自己的优势和劣势是什么？首席筹资官如何才能更好地支持你的工作？"等问题。因为渴望得到这份工作，候选人可能不会提出这些问题，因为急于弥补职位空缺，校长们可能也无暇思考上述问题。

工作关系

校长和首席筹资官不可避免地必须在一起度过相当长的时间，不仅如此，首席筹资官还需要在各种场合替校长发声。因此，他或她需要对校长的想法有一些直观的理解。

校长和首席筹资官需要在一起谈论他们的工作，并形成定期机制。每　【52】周至少召开一次工作会议，为这种对话提供机会，即使没有具体的议程，也应定期举行类似会议。

通常在这些非结构化的谈话中，校长和筹资人员集思广益，相互沟通各自的想法，了解彼此的偏好、风格与思维过程，也会借机了解对方的一些想法，这对形成稳固的工作关系至关重要。有些人可能会发现，在没有紧急事务需要讨论的情况下，这样的会议很容易就会被取消。但非结构化会议并非一种浪费时间的行为，定期在一起开会交流，对于确保团队继续顺利运作而言非常重要。

校长和首席筹资官之间的关系至关重要，这是筹款团队中最重要的成员关系之一。两者关系值得投入一定的心思和精力去维系，毕竟在面对高强度的筹款活动时，良好的两者关系会起到决定性作用。

参考文献

Brown University (2015). "Brown Names 12 Campaign Co-chairs" [Press release, October 23]. https://news.brown.edu/articles/2015/10/cochairs (accessed January 13, 2016).

Chait, Richard P., Thomas P. Holland, and Barbara E. Taylor. (1996). *Improving the Performance of Governing Boards*. Phoenix: American Council on Education and the Oryx Press.

Jackson, Patricia P. (2013). *The Board's Role in Fundraising*. Washington, DC: Association of Governing Boards of Universities and Colleges.

Northwestern University (2014). *Northwestern Unveils Leaders and Campaign Steering Committee* (March 14). http://www.northwestern.edu/newscenter/galler- ies/index.html (accessed January 13, 2016).

Southern Methodist University (n.d.). $1 *Billion. And Change*. https://www.smu. edu/SecondCentury/Volunteers/CampaignLeadershipCouncil (accessed January 13, 2016).

University of Michigan (2016). *Victors for Michigan*. https://leadersandbest. umich. edu/campaign/leadership (accessed January 13, 2016).

Worth, Michael J. (2005). *Securing the Future: A Fund-Raising Guide for Boards of Independent Colleges and Universities*. Washington, DC: Association of Governing Boards of Universities and Colleges.

——. (2016). *Fundraising: Principles and Practice*. Thousand Oaks, CA: Sage Publications.

——. (2008). *Sounding Boards: Advisory Councils in Higher Education*. Washington, DC: Association of Governing Boards of Universities and Colleges.

第四章　筹款目标及优先事项

第四章与第五章一起，描述了在筹款行动的第一阶段，也就是行动阶 【53】段要着力解决的若干关键性问题，这些是正式启动筹款行动的前提条件。本章讨论了明确与解读筹款理由、评估潜在捐赠者规模、建立筹款行动的目标与优先事项等。第五章介绍了如何确定筹款行动所需的预算和人力资源，以及筹款过程中需要明确的其他一些重要政策。

这两章之所以被放在行动阶段，是因为它们对筹款行动的成功与否至关重要。正如建造一间房子，投入足够的时间和精力用于设计图纸与夯实地基，是关乎房子经久耐用的关键环节。如果这些环节出了纰漏，你不可能在后续阶段回过头来修复错误。

但这并不意味着，在所有的筹备工作准备妥当以后，与潜在捐赠人的沟通才会开始。事实上，在筹款酝酿环节，若干较大金额的预先捐赠已经正式开启了大学筹款进程。此外，部分潜在捐赠者可能会参与到筹款行动阶段，同时大学与其志愿团队负责人、潜在捐赠人之间会进行持续的对话与沟通。他们与大学之间逐步发展的关系会影响筹款行动的策划，相应地，他们在筹款过程中的参与，也会影响与大学间的关系。筹款行动的发展并不是线性进行的，也不是机械地采取某种固定形式，相反，它们像有机体一样逐渐发展壮大，获取能量，并随着环境的变化逐步进化。

筹款行动筹备

筹款策划就是为发起筹款行动做好充分准备的过程。许多作者提出过衡量筹款行动准备妥当与否的标准，换句话说，也就是筹款成功的先决条件。有些研究还设计了一些筹款准备分值（参见 Dove，2000，p.33;Pierpont，2003，p.137）。然而筹款过程中的实际情况会十分复杂，事先罗列的一个筹款准备列表可能会掩盖真正值得关注的内容。初步的准备工作评估是筹款行动工作的指南，它有助于识别大学筹款行动的相对优势与不足，也有助于确认筹款准备工作妥当与否，而不是以此来决定筹款行动开展与否。

下列筹款准备标准与其他作者的观点类似，同时也描绘了大学开展筹款行动时可望不可求的一些理想状态。

·大学对自身使命在高等教育中的地位，以及在社会影响方面与众不同的独特品质有着清晰的认识。也就是说，这所大学有着很充分的吸引人们支持的理由。

·大学以学术研究为出发点，对自身未来发展勾勒了明确的蓝图。

·基于战略发展目标，大学设置了具体的筹款目标，并在筹款行动中明确表述。

·筹款行动主要目标在大学内部得以广泛周知，同时，在筹款行动的主要方面，理事、大学领导者、教职员工和各个层面的利益相关者达到了广泛一致。

·理事会理事（或是基金会理事）全身心地参与到筹款策划与目标设定过程，同时做好了根据自己情况，以自身时间、精力或个人资源来支持筹款行动的准备。

·大学校长受人尊敬，并且愿意为筹款行动投入充足的时间与精力，同时也能够向外界清楚地说明筹款行动对大学发展的重要意义。

·除了校长以外，大学其他的管理团队成员，如院长及项目主任等，要对筹款行动全力支持，同时也愿意为成功筹款发挥相应的作用，包括维系本系校友、培育潜在捐赠者，等等。

·在筹款行动启动以前，大学已找到了一些潜在的志愿筹款团队负责人，他们具有一定社会声望，受到校友等大学支持者尊敬，愿意为筹款成功投入一定的时间与精力，同时，最好他们在筹款方面具有一定经验。

·大学已经有了一批潜在的大额捐赠者，他们有实力做出大额的领导力捐赠，这些捐赠能够占到预计筹款目标的相当份额。在筹款行动正式开始前，这些潜在捐赠者已经或是将要做出类似的捐赠承诺。

·大学有一大批与母校保持着密切关系的潜在捐赠者，他们乐意支持大学发展，同时也具有实现捐赠所需的财务实力，他们的捐赠对实现筹资目标也非常重要。

·大学事先通过记录、捐赠者研究或其他渠道，掌握了潜在捐赠者在兴趣爱好、慈善意向、生活及财务状况等信息，以及时、恰当地制定差异化的筹款战略。

·拓展或筹款团队应由筹款专业人员领衔，他应被任命为大学的高级管理人员，应在筹款方面富有丰富经验，他应深受大学或基金会理事会认可与信任，与校长和其他理事成员的沟通渠道应十分通畅。

·大学应为发展事务部配备充足的人员，同时对其配置进行优化，确　【55】保他们具有开展筹款行动所需的经验和技能。

·筹款信息与服务系统，包括潜在捐赠人研究等，也是成功开展一项筹款行动所不可或缺的。

·筹款人员应与各类专家建立紧密联系，如筹款顾问、捐赠管理顾问或是在沟通、发布和活动管理方面的专业人员，他们或是来源于大学内部，或是从外部聘请，筹款行动有时也需要他们的智慧。

·为筹款行动的开展已经拨付了充足的预算奖金。

·确保目前没有对筹款行动产生负面影响的情况，如校园当中不和谐的情况、内部政治性分歧，或是校园中不同院系之间的筹款竞争。

·筹款行动期间，大学外部没有负面影响因素，如疲软的经济，或是在同一个社区中竞争性大学也发起了类似的筹款行动。

当然，上述这些条件同时也是筹款行动准备工作的一部分，具体表现为构建筹款的战略目标，聘用筹款人员，引入外部咨询专家，同时为筹款行动及筹款平台搭建投入必要的财政资金。其他的一些条件则往往会涉及筹款行动开展的时机，如经济萧条、竞争性筹款行动或是大学内部的一些重要事件，例如校长或其他重要岗位的人事变动等。

但一些条件是不可控的，至少从短期来说是很难改变的。它们会影响筹款行动的规模和时机。如果一所大学的潜在捐赠者规模较为有限，这可能源于其历史、区位，或是其提供的教育项目类型，这就为筹款目标设定【56】了一些限制条件。同时，可能会有一些潜在的捐赠者没有被事先识别到，可能会有一些捐赠者，他们的财务捐赠实力被低估，也可能会有一些捐赠者，他们具有捐赠能力，但捐赠的意愿尚未被激活。总之，在这些情况下，筹款过程中会有许多潜力可以挖掘。但如果这些潜在捐赠者并不存在，那么筹款目标就应当进行适当的调整，否则筹款就是一种美好的意愿。

今天的大学潜在捐赠者，从某种角度上来说是过去办学历史、校友等工作的反映，他们被映射到当前的筹款环境当中来。例如，一所三十年前主要培养教师和公务员的大学，他们的校友目前大多处在五十岁上下，大多取得了一定的社会声誉和成就。然而，由于职业原因，他们当中的大多数并不会积累大额捐赠所需的大量财富。

与三十年前相比，这所大学会在许多方面发生改变，他们提供的课程会更倾向于市场化，如设置更为商业化的商务管理和工程专业等。但这些项目的毕业生相对年轻，正处于家庭与事业发展的起步期，也不太可能开展大额捐赠。有些人可能会分析一所大学当前的专业特点，并将之与其他具有不同专业结构的大学进行对比，他们会发现由于上述历史原因，两所大学有能力进行捐赠的群体会存在很大差别。

一些大学，特别是私立大学，他们有着悠久的筹款和公益慈善传统，并且这一传统经历了若干次的代际传承。但公立大学只是在近年来才开展有组织的筹款项目，并且也没有很深的慈善捐赠文化。还有一些高等教育机构，如社区学院，他们招收的学生大多是他们家族中第一代接受高等教育的人，因此他们并没有向母校回馈的传统。这些情况并不一定意味着只有常春藤名校才能开展筹款活动，但它们的确是大学在设置筹款目标时要深思的若干因素之一。

2014年，在筹款金额最大的前二十所大学当中，十三所是私立大学，七所是公立大学，这反映了在过去四十年间公立大学在筹集捐赠资金当中取得的不俗业绩（Council for Aid to Education，2015）。值得思考的是，七所公立大学都是来自加州或是中西部地区，这反映了私立大学在东部地区筹资的历史性优势，也反映了东部地区公立大学开展筹款较晚这一事实。然而，尽管没有位列筹款排名前二十，但东部地区的不少公立高校依然在筹资方面取得了很好的成就，例如北卡罗来纳大学教堂山分校及弗吉尼亚大学。

最后，大学所在位置有时也在大学筹款过程中发挥了作用。坐落于【57】小镇或乡村地区的大学，一般来说能够吸引其校友的支持，但很少能够获得公司捐赠。而位于大都市的大学则不同，与上述坐落于小镇或乡村地区的大学相比，这些大学的校友与母校的情感要弱化许多，但这些大学能够更多地筹集公司或基金会捐赠，因为基金会对大学研究成果感兴趣，而公司会从这些大学的毕业生当中招募员工。同时当地居民也会向这些都市大学回馈，他们认为大学的存在与发展，为当地带来了经济和文化等方面的益处。

许多社区大学会发现，自己的部分毕业生更愿意向他们后续攻读的四年制大学捐赠，相反，当地的企业则会支持社区大学发展，他们以此感谢学校为社区经济带来的积极影响。总之，在设置筹款目标，决定筹款行动时机过程中，大学现在和过去的情况都要综合考虑，使筹款行动更加契合大学实际。

找到一个有力的筹款理由

成功的筹款始自一个理由，一个有力的筹款理由不仅仅是大学的需求或是愿景本身，而是大学面对社会和人类发展过程中出现的基础性问题，能够给出的解决方案。成功的筹款理由根植于大学多年的积淀之中，体现为使命、价值观及未来的愿景，一份简单的资金需求清单并不能成为筹款理由。有人仅把筹款行动当作校长日程上的一项常规内容，或是当作筹款人员随机罗列的资金需求表，这些已经很难打动那些潜在捐赠者了。

正如本书之前讨论过的，在大学筹款行动准备阶段，谋求理事和其他潜在大额捐赠者的广泛参与，有助于加深支持者对大学的了解，在筹款过程中营造一种归属感。这种参与并不像那种毁誉参半的正式战略规划，但它比那些由发展事务部或是公关办公室工作人员执笔的创意文案要更加实际一些。

将筹款理由，或者说是捐赠的根本原因，与另外两个经常运用的书面材料区别开来是至关重要的，它们分别是筹款理由陈述书及筹款行动对外宣传材料（纸版或是电子版，或是两种都有）。筹款理由陈述书是包括了有关大学、筹款行动及筹款目标等诸多信息的内部材料。它有时也被称为内部陈述书，以区别于面对外部观众的公开材料。

【58】　筹款理由陈述由于信息量过大，会显得过于枯燥。而纸版或是电子版的对外筹款手册则会更加富于情感，也会包括一些让人动情的图片，它也被称为外部筹款手册以区别于前者。第九章包括了筹款行动开展过程中有关沟通与媒体应对的一些内容。

筹款理由与筹款陈述不同，它相对简单，并不包括具体的筹款项目与捐赠机会，篇幅方面也尽可能地控制在 3 ~ 5 个段落。这有点类似于电梯讲演，就是说你要把想要表达的内容充分压缩，在搭乘电梯的短暂时间内转达给意向受众。

有力的筹款理由要源于大学之外，要关注基础性的人类共性问题或事由及灵感。筹款理由要回答的首要问题并不是"捐赠多少"或是"什么时间捐赠"，而是"向什么捐赠""为了什么捐赠"。大学致力于解决的问题或是创造的机遇是什么，它们为什么如此重要？为什么是这所大学，而不是其他机构能够担当这一重任？同时，还要说明在此时慈善捐赠如何重要，为什么它会成为一项对社会有益的投资。

不同的人对大学的发展需求认识不同，除非存在更大的交集，否则大学管理层、教职员工对学校发展的需求，对捐赠者来说缺乏吸引力。例如拥挤的教师办公环境、紧张的学生学习空间，以及过时的健身器材，这些问题对每天在校园工作生活的人来说确实很糟糕，在一定程度上也会影响教学科研环境。然而，这些问题本身并不能够打动捐赠人，更不要说为大学捐赠了。与这些细枝末节相比，他们更对大学所代表的价值与思想感兴趣，更关注大学的远景规划，以及能够对捐赠人乃至整个人类社会带来的潜在影响。

通过浏览大学网站，我们能够发现很多筹款理由围绕着大学的发展定位来设定，它们聚焦能够提升捐赠基金规模的那些需求，以及那些校园设施提升行动，以便在高等教育竞争中占得先机。那么，这些方法能够在多大程度上吸引潜在捐赠者的注意力呢？校际体育比赛，特别是与宿敌的竞技，确实能够让校友兴奋异常，但这些校友会关注自己学校的捐赠参与率低于其他大学吗，会在乎母校的捐赠基金规模低于体育比赛宿敌吗？

除非上述信息依托于适当的情境，否则他们不太可能激发捐赠者的回报行为。不仅如此，它们还可能传递负面的信息，向那些没有捐赠的校友展示，其他人同样没有向母校回馈。在自然灾害等危机来临时，人们会自发地进行捐赠，但具体到大学这样的高等教育机构来说，人们更倾向于资助那些积极的能够带来改变的机会，而不是弱势需求或是竞争性威胁。

作为本节的总结，表4.1是一个有关筹款理由的实践案例，它节选自哈佛大学公共卫生学院（HSPH）的院长致辞，是一个可资借鉴的筹款理由模板。学院的筹款行动宣布于2013年，筹款目标定位在4.5亿美元，这也是整个哈佛大学65亿美元筹款行动的有机组成部分。学院的筹款行动启动不久，学院就收到了来自中国香港陈启宗家族的一笔3.5亿美元的巨额捐赠，随后学院也重新命名为"哈佛陈曾熙公共卫生学院"（Harvard T.H.Chan School of Public Health），以纪念已故的陈曾熙，他是恒隆集团的创始人，也是陈启宗的父亲。 【59】

这个筹款宣言是实用的，具体体现在以下几个方面，它首先从宏观的人类关切（维持健康并拓展健康的概念）入手，同时说明了学院多年来在这方面具备的能力（100多年的经验），同时将筹款行动与学院的使命与目标联系起来，如针对复杂问题发现新的解决方案，而不是学院自身发展过程中的具体财务需求。当然，筹款宣言也间接提到了筹款行动的若干重要问题，如人员配备、想法及基础设施等，当然这些会在后续的筹款说明中详细介绍。

表 4.1　筹款理由实践案例

哈佛大学公共卫生学院 (HSPH) 筹款声明
20 世纪以来，人类在公共卫生方面的知识积累与研究成果，推动人类的平均寿命翻了一番。但是今天我们以往的成就受到以下四个方面的威胁，这些威胁能够在全球范围内引发疾病，甚至导致死亡，它们分别是新旧疾病的大流行、有害的自然与社会环境、贫穷与人道主义危机，以及脆弱的卫生健康体系。 　　公共卫生学院的筹款行动，正是要基于学院 100 多年来的经验积累，更好地面对这些挑战。我们致力于针对复杂的问题探寻新的解决方案，同时还将与社会各界朋友们、合作伙伴及支持者们一道，在公共健康方面实现广泛而深远的影响。 　　筹款行动将致力于阻止与消减疾病的大规模暴发，从历史上看这些大规模暴发的疾病夺走了数以百万计的人类生命。此外，筹款行动还将拓展对复杂的人类互动情境的认知与理解，加深对人类工作与生活场所的空间认识，增进对我们每个人生命初始阶段基因状况的了解。健康是一项普适的人类权利，我们将通过筹款行动一如既往地维护这一权利。同时，我们还将推动公共卫生教育的变革，以提升这一领域的领导力水平，同时为有效卫生政策的出台提供支持。 　　对学院人才、创意及基础设施的投资会形成即时的效果，这种投资的回报将会改变许多人的生活，不仅是会改善美国人民生活健康状况，同时也会造福全世界人民，提高整体社会的健康水平。在你的支持下，我们会优化卫生政策，指引并改变个体行为。同时，我们还将致力于培育下一代公共健康领袖，为我们所有人创造更为健康的世界，请加入我们。 　　来源：哈佛大学公共卫生学院 (HSPH)（2013）

　　一个能够打动捐赠者的筹款理由务必是真实的，也就是说，所描述的大学未来愿景一定是真实可信的。那个诸如"加入美国最伟大的研究型大学的行列"，或是"为未来培育社会领袖"等雄心壮志，也许对部分大学【60】是恰当的。哈佛大学及其他一些一流的研究型大学能够采用类似表述，毕

竟他们有着世界性影响，但对其他大学来说，这样的目标就会显得不太真实可信。远大的目标确实会吸引诸多的潜在捐赠者，但不切实际的目标就会是云里雾里的乱吹。

并不是所有的捐赠或筹款行动都是"变革性"的，这个词现在经常被滥用。正如斯坦福大学高级副校长约翰·福特（John Ford）所说，大学自身也在逐渐演变，他进而解释道，变革性的概念指的是一生一次的跨越，但我们经历的重大改变可不止一次，追求卓越的努力一直在进行，有时是较为激进的形式，采取果敢的措施，有时也会以渐进性方式推进，在一个筹款行动中间，这两种情况都可能会发生（Shea，2008）。

有效的筹款理由一定要基于大学自身真正的优势所在，这种优势有时是对一个社区或是一个州的经济与文化发展产生的积极影响，有时是助力贫困学子实现人生价值，抑或是在某个研究领域取得重大科研突破，某种教育思想的发展与传承，这些都是重要且恰当的筹款理由。

举例来说，我曾经协助过某个公立大学策划其筹款行动，从历史上看这所大学的校友大多数在全美各级各类教育机构从事教师工作。他们的大学校长对这一优良传统侃侃而谈，还会将学校历届毕业生对国家经济、社区发展的贡献娓娓道来。这位大学校长并没有夸张地大谈学校对世界的影响与贡献，但她的介绍却很让人感动，以此为理由筹款也能够打动潜在捐赠者。总之，筹款理由一定要是真实可信同时契合大学自身实际的。我们并不需要 4 000 所[1] 哈佛大学，广大校友们也都认为对自己母校的发展来说，可行的战略方案都是值得支持的。

筹款次序表的若干原则

大学潜在捐赠者群体的规模与潜力，筹款行动设置的资金目标与筹款目的，也包括募集款项的最终用途，这些因素都是相互关联的。切实可行

1　美国有 4 000 所左右高等教育机构。——译者注

的筹款目标反映了潜在捐赠者的资金实力及对大学的认可程度，但后者也会部分取决于筹款行动所设置的目标及筹款方向。具有经济实力的捐赠者们愿意为某些用途解囊，但不一定对其他项目感兴趣，例如他们可能向癌症诊治中心捐赠，而并不关心校园景观提升行动。

在筹款金额方面，筹款行动中设置的具体目标也要多元化。换句话说，一所大学可能不会有捐赠者包揽所有的捐赠项目，部分筹款项目可能会通过其他渠道来筹集资金。这在校园基础设施建设项目方面体现得最为明显，这些项目会耗费大量资金，仅通过筹款行动很难筹集到全部所需款项，除此以外还可能会以举债方式弥补资金缺口（这种方式附加很多要求，本书【61】并未介绍，但大学借款须格外谨慎）。厘清上述问题是筹款行动策划环节要考虑的内容，筹款次序表是这一环节的实用工具，它的设置与应用会蕴含许多分析工作，为后续实施筹款策略提供了重要参考。

筹款次序表有时也被称为捐赠标准表，或被简称为捐赠表。我一直认为表中所运用的方式远比图表精确，的确很多人也称其为图表，但它更多地被称为次序表，本书也将采用这一概念。

很多人熟悉筹款次序表的概念，但并不是所有人都充分理解其具体操作与使用效果，它是筹款行动筹备环节的有力工具，也会在整体筹款行动阶段，乃至筹款行动后期分析评估过程中发挥重要作用。筹款次序表中所蕴含的基本原则，体现了许多优秀的筹款界人士多年来的经验教训。或者说，这一形式是基于筹款领域的历史经验而形成的。

因为这一模型在不同的筹款行动中体现了连贯性，因此它后来演进成了一种在筹款准备阶段的有效工具。换句话说，特定筹款行动目标要分解为筹款次序表中的特定层次，相应地，勾勒出这样一个筹款次序表就成了筹款行动准备阶段的重要工作之一。

筹款次序表的另外一个功用体现在，它可以被用来与大学的潜在捐赠者人群进行匹配，这种早期的评估能够验证筹款目标是否具有可行性。这一次序表是某种理论的体现，但经过实践的检验，它能够具备某些预测的能力。不过筹款是一门科学，但同时更是一种艺术，你不能确保在一个或多个实验中奏效的经验，能够成功复制到其他的场合。幸运的是，这个筹款次序表是一种灵活变通的工具，它能够加以改进以便适应更多的假设和环境。

表 4.2 是根据一个筹款目标为 2.5 亿美元的假想筹款行动而设计的筹款次序表。它反映了一个可能不太适合当今社会的传统假设，后续会进一步说明这一点，不过它为我们提供了一个讨论的范例。

表 4.2　筹款次序表

2.5 亿美元的目标					
捐赠数量 / 美元	所需捐赠数量 / 人	所需潜在客户数量 / 人	本级合计 / 美元	累计总额 / 美元	累计目标百分比 /%
前十捐赠：					
25 000 000	1	4	25 000 000	25 000 000	10
10 000 000	3	12	30 000 000	55 000 000	22
5 000 000	6	24	30 000 000	85 000 000	34
前一百捐赠：					
2 500 000	12	48	30 000 000	115 000 000	46
1 000 000	27	108	27 000 000	142 000 000	57
500 000	52	208	26 000 000	168 000 000	67
平均捐赠：					
250 000	100	400	25 000 000	193 000 000	77
100 000	180	720	18 000 000	211 000 000	84
50 000	300	1 200	15 000 000	226 000 000	90
25 000	560	2 240	14 000 000	240 000 000	96
<25 000	大量	大量	10 000 000	250 000 000	100
TOTALS	1 241+	4 964+	250 000 000	—	—

注：本表遵循传统的"三分法则"，显示 4:1 的转换率。

在这一传统的捐赠次序表中反映的假设包括：

1. 最大额的捐赠占到了筹款目标的 10%；

2. 二八法则，也被称为帕累托定律；

3.三三制法则。

帕累托定律以经济学家帕累托命名，他发现在很多场合，20%的努力会带来80%的收益，在筹款场景下，帕累托定律意味着80%的筹款额来源于20%的捐赠者，传统的筹款次序表正是反映了这一比率。三三制法则源于哈罗德·J.西摩（Harold J.Seymour），据他观察，在大多数筹款行动中，大约三分之一的筹款额来源于前十笔大额捐赠，另外的三分之一来源于接下来的100笔大额捐赠，而最后的三分之一则由其他的捐赠贡献（Seymour，1966）。

【62】　　很多学者认为，这种传统判断有些过时，目前的数据分析也支持这一观点。例如CASE（2013）的报告显示，全方位筹款行动开展过程中，1%的捐赠者贡献了78%的捐赠额，而2006年的这一比率仅为64%。而在超过10亿美元的全方位筹款行动中，捐赠资金的来源更加集中。在这些巨额筹款行动中，位于顶部的1%的捐赠者为筹款行动贡献了83%的资金（CASE筹款行动报告，2013）。

在筹款行动过程中，随着巨额捐赠占比的逐渐增加，一方面对这些捐赠者的依赖程度越来越高，另一方面也带来了另外一个趋势，很多人称之为"危机"，即来自更广泛校友群体捐赠参与率的降低（Allenby，2014）。在20世纪90年代，18%的大学校友向其母校以捐赠方式回馈，但2013年，这一比率下降到了9%（Allenby，2014）。为什么会出现这种情况呢，原因是多方面的。高企的学费和学生的高负债率，正在改变着校友对高等教育机构的看法，重新估计与母校的关系，并且更多地将教育视为一种交易型关系。此外，大学曾经是一个精神家园，通过经常的返校活动将校友彼此联结起来，然而，随着社交网络和新媒体的发展，校友们觉得在社会关系拓展与职业生涯规划方面，继续与母校保有这种传统的关联

【63】显得作用并不明显，而是更多地依赖于社会网络资源。与此同时，艾伦比（2014）认为，大学在筹措校友捐赠方面做得远远不够，他们还是立足于传统的思维方式去呼吁校友"回馈"母校，但他们并没有注意到年轻校友们越发关注自己捐赠带来的影响力。

针对大学筹资愈发依赖顶部捐赠人，以及校友参与率逐年下降的趋势，艾伦比（2014）提出了自己的忧虑。他认为，在小额捐赠通道不再通畅的情况下，大学筹款会存在一定风险，特别是在大额捐赠者对大学发展失去

兴趣，或是经济危机来临时。此外，过度依赖极少数的巨额捐赠者，也不一定完全符合大学的初衷。

　　不管在全方位筹款行动中反映出来的这种趋势是不是反映了一种永久性变化，也不管捐赠者分布是不是会回到传统模式，未来总是难以预测的。2009 年，此时美国经济正处于大萧条时期，在当年的 CASE 年会上，时任马茨和伦迪（Marts&Lundy）筹款咨询公司主席的布鲁斯·麦克林托克（Bruce McClintock）认为，随着经济增长的放缓，以及高净值人群可支配资金的减少，五百万及以上的大额捐赠会大幅减少，他预计，从顶部 1% 捐赠者筹集到的资金会在 2009 年后急剧缩水，10 万美元至 99 万美元的中间地带捐赠也会受到影响，这一部分资金将由 9% 的捐赠者贡献而来，占到全部筹款额的 40%，而在 2005 年左右，4% 的中间地带捐赠者贡献了 25% 的资金。在捐赠模型底部，过去的情况是 95% 的捐赠者贡献了 5% 的资金，他预计将会是 10% 的捐赠资金来源于 90% 的捐赠者。因此，他建议大学筹款者应该把注意力从顶部捐赠者转移出一部分，更多地放在位于中部及底部的捐赠者，更加注重年度筹款（Masterson，2009）。当然，经济形势在 2009 年得以复苏，并在 2015 年达到了历史巅峰。相应地，全方位筹款行动的资金来源更加聚集在顶部捐赠群体。布鲁斯·麦克林托克的预测或许有些不成熟，或许从长远看会应验，最终还有赖于长期的观察，也会受到经济周期的深远影响。然而，至少从本书写就的 2016 年来看，筹款行动并没有回归传统的捐赠模式，而是更加倚重于屈指可数的巨额捐赠，由此引发的风险我们已在前面提到过，在此不再赘述。

　　尽管筹款模式发生了很大变化，筹款行动策划者们在设计捐赠来源时，仍不妨先从传统的捐赠模型开始，根据大学慈善历史及潜在捐赠者的评估情况进行相应调整，同时也应关注经济发展的趋势。一些大学可能会拥有一大批潜在的巨额捐赠校友，而另外一些大学可能更依赖于传统的捐赠群体，校友捐赠率相对较高。在筹款行动开展早期，捐赠者分层表或筹款次序表依然是值得借鉴的评估工具，尽管有些指标需要根据情况适时调整。

　　在网上你会找到类似捐赠者分层计算器这样的工具，例如筹款软件与【64】咨询公司布莱克本（Blackbaud）推出的一款产品。这些产品会根据数学算法自动生成捐赠者分层情况。分层结果是从前 10% 的捐赠开始的，其后的捐赠层次会在金额方面相应减少一半，而捐赠者数量会增加一倍。这种纯数学的算法会形成一种异样的结果，例如，当你筹备一个目标为 2.5 亿美元的筹款行动时，布莱克本分层表显示，处在最顶部的那笔捐赠金额为 2 500 万美元，占比 10%，接下来的两笔捐赠分别为 1 250 万美元，然后是单笔 625 万美元的 5 笔捐赠。这种方式形成的捐赠情况表需要进行一定的处理来适应具体情况，这样反映的捐赠信息才能体现大多数捐赠人的真实情况。相应地，后续制定的筹款政策，如冠名权等也会更具有针对性。

不管你的捐赠者分层表是不是采用传统方式，或是更多地反映当下情况，或是有赖于数学算法，在很大程度上你的这个分层表还是要符合具体情况。大学捐赠模式，不管是预计的还是真实情况，会受到诸多因素影响，如整个筹款行动的规模、校友及其他大学支持者的规模和财务能力，大学筹款的用途等。

正如前面所提到的，现实当中会存在许多原因影响捐赠情况，这也就是为什么大学筹款者不能简单依赖所谓的捐赠分层表模板。例如，假设能够筹集到一笔捐赠金额超过了总额 10% 的大额捐赠，可能是来源于财力雄厚的大学校董或是筹款行动筹备委员会成员，此时如果依然在捐赠分层表中将顶端捐赠定位在占比 10% 的水准，就会显得很不合适了。同时，既然顶部捐赠完全可以依赖这一捐赠者，那么捐赠分层表的其他部分也应进行相应调整。

校友规模较小的高校，将会更加依赖于顶部捐赠者，或者说，将会更加需要少数捐赠者的几笔大额捐赠，这部分捐赠会占到总额的 20% 或者更多。与之相反，校友规模较大的高校，其捐赠款项可能更多地来源于处于中部的捐赠者，如果年度筹款项目运作得当，也会从底部为筹款行动贡献一部分捐赠金额，但这并不是说小额捐赠能够弥补或近乎弥补顶部捐赠者的空缺。个别情况下，在缺少巨额捐赠时可能会完成筹款目标，但前提是在其之下会有若干大额捐赠进行支撑。正如我们之前讨论过的一样，依赖于底部捐赠者来筹资，从而忽略大额捐赠群体的后果，就是使高等教育筹款行动难以为继，以失败告终。

在捐赠分层表中，不同层级的捐赠数量也要与筹款行动的资金需求，【65】 以及捐赠回馈政策相互匹配。例如，如果筹款目标是要筹集十个讲席教授捐赠基金，每个席位 250 万美元，那么捐赠分层表就要在这一层次至少体现这十笔捐赠。如果大学将新建一幢双翼楼宇，每个侧翼能够冠名 500 万美元，那么这一层次的捐赠表就至少要体现两笔 500 万美元捐赠。更重要的是，捐赠者分层表与不同等级的捐赠回馈资源要相互匹配，否则会引起不必要的麻烦，也会让捐赠策划显得极不专业。将两者相互匹配，有时可能会使捐赠者分层表看起来不同于传统的筹款路径，也与纯粹的数理分析不同，但只要这符合我们之前探讨过的基本原则，就可以接受。

最后，筹款行动的周期也影响着捐赠分层表，例如，如果一项筹款行动包括七至八年的年度捐赠或其他小额捐赠，那么相对于传统的五年期全方位筹款行动来说，排名前十的捐赠占比就会相应地降低一些。目前，越来越多的全方位筹款行动从底部捐赠者中获得小额捐赠，尽管它们占比并不大。

评估潜在捐赠者

上述捐赠分层表可作为初步评估筹款行动预估目标可行性的有力工具，能让大学管理层在设置筹款目标时更加清醒。有时一些校董或其他管理层成员会盲目自信，在没有对大学的筹款能力进行切实评估的情况下，往往会与其他学校进行攀比，从而设定高不可攀的筹款目标。或者是大学当中不同学术机构、项目的资金需求，被整合成一揽子用款方案，这就在内部给校长施加了巨大的筹款压力。因此，应基于预设筹款目标构建捐赠来源分布表，并且将需求与大学潜在捐赠者情况进行比对，这能够让大学筹资更加契合自身的实际情况。当校长面对提高筹款目标的呼声时，他最好在脑海里做一个初步的评估，然后再回过头来根据捐赠来源分布情况推进后续工作。当大学理事们审阅校长或是首席筹资官拟订的筹款行动方案时，也应该冷静地分析汇总，进而再做出最后的决策。结合潜在捐赠者分析，捐赠者分层表能够更加明确地回答以下关键性问题："大学到底需要什么样的捐赠""需要多少"以及"这些捐赠款项从哪里筹措"。

捐赠者分层表或筹款次序表中的转化率到底如何，专家们有着多种看法，转化率的概念就是说在每个捐赠层次中，到底需要多少潜在捐赠者来产生各层所需要的捐赠数量，进而实现整体的筹款行动目标。从历史经验来看，这一比例大概是3:1。现在很多人认为5:1更符合当下的情况，还有一些观点认为，捐赠者分层表中的不同层次应拟定不同的转化率。然而，准确的转化率应部分取决于对潜在捐赠者的认知情况，也就是说在评估捐赠者过程中，大学对成功引导其捐赠有多大信心。在评估捐赠者过程中，需要注意两个方面的因素。

【66】

首先是资金实力，这体现了相应层次捐赠者实现捐赠的能力。第二个变量是对捐赠可能性的判断，或者说是潜在捐赠者在面对特定筹款项目和筹款行动时，他们向大学捐赠的概率有多大，这一变量的表现方式多有不同，有时被称为捐赠意愿、捐赠责任、倾向或其他。这有点像概率论和统计学中期望值的概念，每次结果都要乘以这一结果发生的概率。举例来说，当意向捐赠十万美元的校友存在50%的捐赠可能性时，筹款的期望值就是5万美元。当然，这只是一个假设的情况，只有在捐赠者样本总规模较大时才具有参考价值，某些特定情况并不适用这种方法，比如单笔十万美元的捐赠，有时多一些，有时少一些，有时甚至没有。

如果潜在捐赠人相对知名，且与大学的关系处于经常性维护状态，他们的捐赠能力与意愿也较为乐观，那么处在这一层次的能够贡献资金的潜在捐赠人就不需要太多，因为捐赠转化率或完成率处在较高水平。如果捐赠者财务能力不确定，或是其与大学关系缺乏维护，那么就需要更多的捐赠者来完成捐赠，相应的捐赠转化率就会低一些。

有一些人认为，与处在捐赠者分层表中下部的群体相比，顶部捐赠群体更需要实现较高的转化率，原因在于这部分捐赠者会在实际捐赠过程中降低金额，顶替原有捐赠层次中的那部分空间。毕竟，大额捐赠对校友等大学支持者来说是一项重大的决策，需要认真考虑。但是，也有些人认为，处在捐赠者分层表顶部的群体的低转化率也是可以接受的，原因在于潜在的巨额捐赠者大多是与大学管理层熟识的人，他们的转化率要更稳定一些。同时，他们还认为捐赠分层表中下部反而需要较高的转化率，因为这一群体的潜在捐赠人并不是声名显赫，与大学关系也并不牢固。为简单起见，表4.1统一采用了4:2转化率。

需要再次强调的是，在不同的分层中到底需要多少潜在捐赠者，从而产出相应的捐赠，这个问题并没有一个普适性的答案。这取决于大学在筹款过程中掌握的信息多寡，也取决于这些信息是否真实可信。但是，单凭主观愿望的一厢情愿与筹款无益，捐赠率还需要认真评估。

对潜在捐赠者的全方位研究超出了本书的主题。校长及其他大学高级管理者只要充分了解上述方法，从而在做出拟定筹款目标、明确筹款方向这样的重大决策前，获取充分的信息以最大限度地优化筹款策略。很多公司会帮助客户建立数据库系统，通过电子筛选系统帮助大学定位潜在捐赠者，这对规模较大的高校尤为适用。这一系统会通过海量的社会公共信息【67】筛选出适当的潜在捐赠人，至少会在初级阶段甄选出值得后续关注的那些潜在捐赠人。预测性分析，就是旨在对初级潜在捐赠者数据进行提炼的分析方法，近几十年来也得到了广泛应用，并且取得了较好的成效（Kasey，2016）。许多咨询公司都会提供类似这样的服务，但这一话题同样超出了本书的关注范围。

志愿者筛查和评估潜在捐赠者是一种传统方法，在适当的情况下可能仍然有效。例如，如果大学的潜在捐赠人大多生活在同一个社区，大家相互了解彼此的情况，相互之间的筛选和评级可能比电子筛选更有针对性，成本更低，还会获取一些潜在捐赠者态度、家庭状况等主观性信息，这是电子筛选所无法提供的。因此，社区大学会更适用于这种模式。如果一所大学的校友会十分活跃，班级的认同感也十分强烈，那通过志愿者进行潜在捐赠者评估就会是一种有效的方法。这一过程也有利于引导志愿者更好地参与筹款行动，思考其在筹款中的角色。但这种筛选和评级方式可能不太适用于其他场景，例如，在大型公立大学的校友中，学生们相互之间认识的可能性不大。即便筹款人员见过潜在捐赠人，对他们的评估也需要谨慎进行。另一方面，与潜在捐赠者有过接触的专业筹款人，他们的评估结果会比公开信息可信得多。同时，发展事务部的专业筹款人员总是乐天派，这也有助于与捐赠人进行更好的沟通。

不论是否聘请外部咨询机构或由大学发展事务部工作人员自己进行，可行性研究或市场调查，都可以提供相当多的附加信息，使潜在捐赠评估更加科学有效。后续将对这个问题进行进一步讨论。

设置筹款目标

显然，确定全方位筹款行动的筹款目标是摆在大学管理团队面前的一个关键问题。如前所述，可以在早期的筹备阶段设计一个初步的参考性目标，其后随着潜在捐赠者研究和可行性调查的深入，再逐步调整筹款目标，或是增加或是减少。同时，筹款行动启动的早期阶段，随着大额捐赠数额日益明朗，筹款目标也要进行针对性调整。筹款行动最终启动时的筹款目标，可能会高于或是低于几个月或几年前设定的筹款目标，但需要注意的是，筹款目标的调整最好保持在合理的区间内，避免大起大落，同时目标宜上浮而不宜下浮。

【68】 大学全方位筹款行动的整体目标，以及每个具体项目、学院的子目标，都应是基于相关数据而形成的，而不是拍脑袋决策。这些目标应结合筹款行动具体项目，经过对潜在捐赠者捐赠能力的评估后形成。现实当中，其他的因素也会影响筹款目标的设定。有些人会将目光放在其他高校的筹款行动上，认为如果他们能做到，我们也行。或是单纯为了追求一个看起来炫目的数字。在我曾经咨询过的一所大学，他们就是在筹款策划阶段这么做的。

这所大学上一次的筹款行动一共筹集了约 5 000 万美元，在分析论证环节，我与许多校董及捐赠人进行了座谈，其后我建议下一次筹款行动可将目标定为 7 000 万 ~ 8 000 万美元，在启动环节 7 000 万美元比较恰当，在此基础上，经过某些捐赠者对筹款目标的额外支持，最终的筹款金额会处在事先设定的区间内。

基于上述考虑，在筹款行动准备会上，我提出了对于筹款目标设定的想法，这时有一位理事强烈建议将筹款目标定为 1 亿美元，他的理由在于，学校即将迎来 100 周年校庆，如果能将筹款和校庆结合起来，对两者都会有促进。这一想法出于这样的假设，捐赠者们关注的是筹款目标本身，关心的是类似校庆这样不相关的某些里程碑目标，而不是筹款行动所要完成的使命或是推进的项目。

在这个案例中，幸运的是更多理性的声音占了上风，校长也一直没有动摇。初步的筹款目标定为 7 500 万美元，这也处在我建议的区间内，此外还约定如果筹款酝酿阶段进展顺利，筹款目标将会适当上浮，刚才那位雄心勃勃的理事对此也表示满意。当然，可能没有注意到的是，这位理事对较高筹款目标的倡议仅停留在口头上，没有带头捐赠得更多，提议上调筹款目标应首先提高自己对大学的捐赠承诺。（这是一个真实的案例，只是我把数字进行了微调，以此来对大学及其理事进行一定的隐私处理）

依托数据信息制定筹款目标，前提是通过分析大学潜在捐赠者资源，将筹款次序表中的各级潜在捐赠者精准定位，并回答一个简单的问题：我们是否拥有实现预定筹款目标所需的潜在捐赠者，捐赠者转化率是否能够支持这种目标的实现？但在许多筹款活动中，情况多少有些复杂。在一项全方位筹款行动中，年度捐赠可能会构成整个筹款目标的重要组成部分。推测筹款行动中获得的年度捐款总额，可能取决于过去多年来的经验，以及以往的捐赠转化率和捐赠者评级。在研究和项目资助占比较高大学的筹款行动中，预测几年内的年度捐赠收入是一种很困难的事，因为教职员工的创意与捐赠者的捐赠意愿存在很大变数。在筹款行动过程中遗嘱的兑现【69】率很难预测，即便大学制定了持续性的捐赠项目，但过去的经验可能最多具有一定的参考价值。筹款行动过程中预计的遗产捐赠将被计入总的筹款目标。如果是这样的话，作为筹款总额的一部分，这些遗嘱类捐赠的认定标准将适用于所有此类捐赠。第五章会再次讨论筹款行动统计口径问题。

设置全方位筹款行动目标是一门艺术，同时也是一门科学。操作过程中最好不要将目标偏离数据分析结果太多，但与此同时，巨大的筹款成就大多不会拘泥于看起来保守的数额。也许会出现某种未知的积极因素，使筹款团队充满信心，从而设定一个雄心勃勃让人兴奋不已的筹款目标。尽管没有专家学者承认筹款目标设定本身也存在校际竞争，但事实上全方位筹款行动的确成为了大学间相互较量的一种形式。大学管理者们都睁大眼睛观察其他大学的筹款行动，并将此作为设定自身筹款目标的重要参考。相互对比的标准在此就显得格外重要，这一标准要确保对比基准是对应且公允的，是苹果与苹果之间的对比，而不是苹果与其他什么水果的对比。后者会导致大学走上一条盲目竞争攀比的不归路，最终导致有关各方失望。

在筹款目标设定过程中，是相对保守一点，还是相对激进一些，需要大学管理者们做出恰当的判断。在受挫的风险与营造兴奋的氛围之间权衡，让理事会和捐赠者们陷入了两难的境地。的确，将大学未来的战略发展需求恰当地传递给外界，需要一种智慧。这些都是大学校长在管理学校过程中必须要考虑的关键性问题。

确定筹款目标和优先事项

在筹款金额目标之外，全方位筹款行动按其定义来说，还体现了诸多能够反映大学战略发展的具体目标。定义这些目标是筹款行动策划阶段的重要工作。

筹款行动字面的涵义在不同时期有着不同的解读方式，专家学者和专业筹款人也会对其定义给出不同的答案。理解的差异并不是什么问题，毕竟在不同的情境下每个人对筹款会有不同的认知，尽管如此，对其概念的深入解读也会有助于筹款行动的推进。

目标（goal）的概念经常被筹款人采用，一般是指筹款行动想要筹措到的捐赠金额总和。筹款目标会是一个整体金额，也可能是一组子目标的汇总，不同的分类方法我们稍后会进一步讨论。

【70】 然而，所筹捐赠资金的用途（purposes）近年来以不同的方式呈现出来。在早期，它们被定义为需求（needs），各类需求汇总后形成了需求清单。需求一词多少有些慈善的含义，并且它反映的是一种内部视角，尽管如此，很多大学的筹款行动依然会运用这一概念。

20世纪90年代，筹款行动用途更多地以目的（objectives）的形式出现，同时借鉴了战略策划的部分用语和视角。其中的一部分被称为关键性目的，也就是那些受到更多关注的项目。目的与需求类似，它们是一些具体的用途，如用于讲席教授或奖学金的捐赠基金，或是校内建筑的兴建或改造项目。目的也好，关键性目的也好，它们目前仍被用来描述一些筹款行动的项目用途。

2000年以后，进一步明确筹款行动的优先项目，特别是战略优先项目成为趋势，在此之下筹款目的才得以具体化。将筹款行动放在大学整体战略发展方向上意义深远。部分筹款行动的优先项目侧重于外部主题，如保护环境、普及医学知识等，但更多的项目关注校内主题，例如拓展本科生教育项目、提升研发能力等。一些大学对这些优先项目进行了凝练，将筹款目标以"学生""教职工"等主题形式出现。

筹款目的和优先项目的概念并不一定划分得那么明显，有的筹款行动交替运用这些概念，有些将筹款目的包括在优先项目之中，有些却相反。这并不是什么大问题，只要它们能与具体的筹款行动相符，同时让捐赠者们充分清楚大学筹款的目的所在。

大学会运用不同的方式来展示一般性筹款项目的、目标和优先事项，但全方位筹款行动的目标可从五个方面进行划分：

1. 通过资金使用类别划分：如留本捐赠基金，资本项目（基础设施和设备）或是运营性资金（包括限定性与非限定性）。根据定义，全方位筹款行动涵盖了上述所有类型的捐赠资金。捐赠、捐赠承诺，以及计划捐赠会逐个兑现，同时，有的捐赠者也会将年度捐赠、留本基金捐赠，以及基础设施建设项目捐赠整合进一项捐赠承诺中，在全方位筹款行动期间完成捐赠行为。

2. 通过优先事项或主题划分：举例来说，筹款行动可能会设定一个拓展本科生教育的子目标，包括当前的奖学金项目、扩大留本基金，以及一些基建项目，包括兴建或维修学生中心、学生公寓项目等，这些项目都关乎本科生群体的在校体验。加强科研的项目可能会包括讲席教授，以及若【71】干支持科研、实验室及图书馆的专项基金。

3. 按涉及的单位划分：包括学院、研究所、研究中心，以及体育、学生生活等全校性项目。在大学里，为每个单位确定筹款目标有助于维护院长的领导权威，也有助于巩固校友对所在学院及学校的忠诚感。在许多全方位筹款行动中，志愿者团队、校园发展部门工作人员和院长们，每一个组成部分都像在进行一场自己的筹款活动，第三章所述的所有任务在其中都会有所体现，但是或多或少都要由学校进行全面协调和指导。

4. 按筹款的目的划分：有些筹款活动没有跨领域的主题。相反地，他们直接显示具体的筹款项目，例如，1000 万美元的奖学金筹款和 1000 万美元的学生中心翻新筹款。

5. 按捐赠的影响划分：CASE 的筹款管理指导方针鼓励各机构将筹款的整体目标分解为当前捐赠和递延捐赠，并在报告筹款活动进度时遵循这一区别。这有助于避免对捐赠承诺产生误解，其中一些捐赠承诺可能会立即提供给大学等机构，而有些承诺可能只在未来才会兑现（教育筹款的案例报告标准和管理准则，2009）。

以下几个例子说明了确定全方位筹款行动目标的各种方法。2013年，奥尔布赖特学院宣布了总额为5 500万美元的筹款行动，主题为"让光芒闪耀：奥尔布赖特学院筹款行动"，表4.3总结了此次筹款行动的目标。奥尔布赖特学院是宾夕法尼亚州的一所文科学院，它的筹款目标是根据内部的优先主题提出的，这些主题与资金用途一致，包括资本项目、捐赠基金和运营支持奖金，如非限定的年度捐赠基金，资本项目和捐赠基金用途的具体筹款目标列在每个主题下面。由于奥尔布赖特学院不是一所拥有多所学院的综合性大学，因此它不需要确定下属学院各自的筹款目标。

表4.3　筹款行动的目标

奥尔布莱特学院的筹款活动重点
让光芒闪耀：奥尔布莱特学院筹款行动 活动目标：5 500万美元（发布于2013年）
校园改造的清晰愿景——目标：3 065万美元 　　一个新的公共学习区域：奥尔布莱特图书馆的改造与扩建 　　一个新的学术中心：罗克兰专业中心的改造和适应性再利用 　　其他重要改造： 　　塞尔温礼堂的翻新 　　杰克小屋的翻新 　　田径场和新的草坪（包括土地征用） 　　新的校园早教中心 　　翻新学院的欢迎牌匾 　　创始人纪念广场 强大的捐赠基金造就了美好的未来——目标：1 435万美元 　　奖学金 　　教师支持 　　项目支持 让学生焕发光彩——目标1 000万美元 　　通过奥尔布莱特基金增加支持（年度基金） 　　来源：奥尔布莱特学院（2015）

　　另一个例子，表4.4总结了马萨诸塞大学安姆斯特分校的"崛起吧，安姆斯特"的筹款活动目标，这是该校在2013年宣布的3亿美元全方位筹款行动。从前面划分的类型来看，安姆斯特分校通过内部优先事项体现其筹款目标，包括支持学生、教师和研究。每个优先事项都会有所交叉，会分别涉及当期使用资金和捐赠基金。这一点在表4.5中有详细说明，它深入分析了安姆斯特分校把支持有才华学生作为优先事项，其他的描述也能够说明这种捐赠资金使用的导向。

表 4.4　"崛起吧，安姆斯特"筹款活动目标

马萨诸塞大学安姆斯特分校	
崛起吧，安姆斯特 活动目标：3 亿美元（发布于 2013 年） 我们的行动目标	
资助优等生	5 500 万美元
支持一流教师	5 400 万美元
支持研究项目	9 700 万美元
支持建筑和基础设施	5 400 万美元
支持我们的年度基金	4 000 万美元
行动目标	3 亿美元

表 4.5　内部优先事项

马萨诸塞大学安姆斯特分校
对富有才华学生的支持：奖学金 　各种各样的学术、文化项目，以及实习、合作和出国留学项目，将会为有价值的职业生涯奠定基础。在您的帮助下，马萨诸塞大学安姆斯特分校的机遇会是无限的。奖学金包括： 　年度奖学金：该奖学金目前将直接使用于我们的学生。您帮助他们支付学费、杂费和其他教育费用，这样学生可以专注于学习。奖学金也有助于减少学生大学毕业后的债务。 　捐赠奖学金：捐赠奖学金是对公民教育的一种投资。您的惠赠被投入其中并永久提供持续支持。每年发放一部分捐赠收入，帮助学生支付费用，为马萨诸塞大学安姆斯特校区的实力和使命做出贡献。

捐赠研究金：创新研究是我们的学生改变生活的方式之一。作为支持研究生或本科生科研的研究奖学金，会使研究人员的工作提升到一个新的水平并产生重大成果。这些捐赠为实验室、实地研究、诊所等提供了机会。

海外留学奖学金：当代的学生必须做好在日益全球化的环境中工作和生活的准备，任何经历都很难与出国学习相比。机票和国际费用的成本增加，使出国学习越来越难以实现，你可以通过这一奖学金来帮助学生。

来源：马萨诸塞大学安姆斯特分校（2015b）

【72】　　第三个例子是关于南加州大学（USC）的。南加州大学是一所独立的研究型大学，结构复杂，其在 2011 年宣布了历史上最大的 60 亿美元的全方位筹款行动目标。如表 4.6 所示。南加州大学通过资金的分配，将筹款目标分为两大类：捐赠基金和直接的当年支持。后者指的是当期使用的非限定资金，无论是用于支持年度运营预算，还是学术研究，资助基础设施建设项目也都包含在内。

　　在上述清单定义的术语中，南加州大学确定的优先目标结合了具体的目标（例如奖学金捐赠基金）、内部优先事项（例如丰富的本科生教学经验）和外部优先事项（例如改善人类健康）。南加州大学也按部门提出了其筹款目标，包括学院、非学术单位（如图书馆）和整个大学的筹款目标。

【73】　　在筹集资金以满足学校的需要和顺应捐赠者诉求与利益之间，不可避免地存在着调节二者平衡的问题。这并不是说捐赠者的偏好应该高于学校的优先筹款目标，但事实上，在学校最想要什么和捐赠者愿意支持什么之间往往存在折衷。正如梅尔（Meyers，2012）所观察到的，筹款活动越来越以捐助者为中心，也就是说，指定捐赠可能是由那些有自己捐赠目标，并希望能够看到捐赠影响的捐赠者决定的。这一趋势反映在广泛的筹款活动中，允许捐赠者更灵活地将他们的捐赠引导到符合他们利益的特定募捐目标上。

　　当然，在确定筹款目标、优先事项和具体目标的时候，有艺术也有科学。除了通过学校的那些学术优先事项外，还需要知晓可能的捐赠者偏好。

【74】必须承认，有些人可能对某一学院、部门或项目感兴趣，只有当这些单位在筹款活动优先事项中具有足够代表性时，他们才会进行捐赠。

　　可能会有这样的捐赠者，他们的主要兴趣是某个特定的建筑项目，也许是翻修一栋已经以他们家族命名的建筑，或者是他们毕业学院的中心建筑。在设有医疗中心的大学里，一些捐赠人对影响自己及其家庭的疾病的研究，或是治疗他们的医生的研究特别感兴趣。同时，不能忽视学校内部的人际关系平衡问题。例如，如果对教职员工的支持远高于对学生的支持，报纸上可能会出现学生的负面社论，这对于学校没有帮助。当然，学校董事会或筹款委员会成员可能会有一些偏好，这些偏好将反映在最终的决策上。

换言之，即使筹款行动的优先事项牢固地植根于学校的战略和学术行动，在筹款活动中强调的优先事项也需要反映慈善市场的现实情况。

表 4.6　南加州大学筹款行动目标

南加州大学	
南加州大学筹款行动 活动目标：60 亿美元（发布于 2011 年） 活动重点	
捐赠	
教师和研究计划的捐赠	20 亿美元
优先目标：	
指定的学校、部门、机构、中心、项目	
院长	
主席和研究所所长	
新晋教授	
客座教授	
调研、创新和引导资金	
指定的图书馆、藏书和实验室	
学生奖学金捐赠	10 亿美元
优先目标：	
本科奖学金	
探索奖学金、国际奖学金、文艺复兴奖学金	
博士及博士后奖学金	
旗舰专业学位课程	
环太平洋艺术家杰出研究生奖学金	
各项体育特长生奖学金	
即时支持	
对重点科研项目的支持	20 亿美元

优先目标：

    丰富大学经历

    毕业生强化项目

    改善人类的健康

    通过社会科学发现解决方案

    发展艺术和人文科学

    探索技术与通信的交叉点

    与当地社区互动

    扩大全球联系和增强国际影响力

    创造优越的环境

基本建设项目即时支持　　　　　　　　　　　　　　10 亿美元

    优先目标

    瓦利斯·安南伯格礼堂

    弗娜博士和彼得·多特里夫礼堂

    医学院校区学生公寓

    博物馆修缮

    格洛丽亚·考夫曼国际舞蹈中心

    洛杉矶纪念体育馆

    约翰·麦凯中心

    迈克尔逊聚合生物科学中心

    诺里斯医疗咨询中心

    劳斯顿纪念研究大楼翻新

    乌腾素水上运动中心

    南加州大学村

行动目标	60.00 亿美元
学院、学校、单位目标划分	
南加州大学安纳伯格分校传播与传媒学院	1.50 亿美元
南加州大学体育学院	3.00 亿美元
南加州大学戴维斯分校老年医学院	0.50 亿美元
南加州大学多恩西夫文理学院	7.50 亿美元
南加州大学古尔德法学院	1.50 亿美元
南加州大学凯克医学院和南加州大学凯克医学中心	15.00 亿美元
南加州大学图书馆	0.50 亿美元
南加州大学马歇尔商学院和南加州大学莱文塔尔会计学院	4.00 亿美元
南加州大学奥斯特罗牙科学院	1.15 亿美元

南加州大学罗斯基美术学院	0.75 亿美元
南加州大学罗西尔教育学院	1.00 亿美元
南加州大学建筑学院	0.75 亿美元
南加州大学电影艺术学院	1.75 亿美元
南加州大学药学院	1.00 亿美元
南加州大学索尔普莱斯公共政策学院	1.50 亿美元
南加州大学社会工作学院	0.75 亿美元
南加州大学戏剧学院	0.75 亿美元
南加州大学桑顿音乐学院	0.75 亿美元
南加州大学维特比工程学院	5.00 亿美元
考夫曼舞蹈学院	0.25 亿美元
大学重点项目和其他	12.85 亿美元

现在这一情况可能比过去体现得更为明显，明智的做法是，不要过于【77】详细地界定筹款活动的优先次序和目标，要保持一定的灵活性，坚持广泛的类别和主题。全方位筹款行动应被视为实施大学战略行动的资金来源之一，其他来源也需要统筹考虑，使其成为更大规模筹款行动的一部分。

随着筹款活动越来越以捐赠者为中心，一些优先事项很可能得到比初始分配目标更多的支持，而其他优先事项在活动结束时可能仍然资金不足。例如，到 2015 年底，哈佛大学已经为其总目标 65 亿美元的筹款行动筹集了 60 多亿美元，筹款时间还有三年时间，但对其中的一些优先事项的支持却远远没有实现。

例如，虽然工程和应用科学学院已经超过其 4.5 亿美元的目标 1.4 亿美元，但另一个引导学习目标，一项旨在通过技术提高教学经验的倡议，截至 2015 年 8 月 31 日，在其 1.5 亿美元的目标中只筹集了 6 200 万美元。大学校长德鲁·福斯特解释说，在剩下的几年里填补这些空白将是筹款活动的重点。

广泛而全方位的筹款行动往往持续很长的时间，这使我们无法精确【78】地预测最终募捐结果。即使整个筹款目标已经达到或超过，但仍然有一些优先事项需要在后筹款时期解决，本书第八章讨论了这一时期相关的一些策略。

可行性研究或市场测试

筹款行动策划阶段，往往会将初步筹款目标、优先事项及前景逐个明确，许多大学还会进行某种类型的市场测试。这可能是由外部顾问进行的可行性研究，也可能是由发展部门人员进行的一系列会议、重点小组讨论和其他活动，这种活动有多种好处。

可行性研究或其他类型的市场测试，有助于评估关键潜在捐赠者对学校筹款行动和信息的反应，并为筹款行动提供信息，这为初步目标、优先事项、目标和筹款行动计划的修订提供了参考。此外，在测试与讨论过程中，大学也以此为契机，培育了筹款活动的热心参与者，这是吸引他们注意力的第一步，激发他们对学校及其使命的思考，并为他们提供一个机会，推动他们最终成为筹款团队领导者或捐赠参与者。

无论是聘请外部顾问进行筹款咨询，还是将可行性研究的大部分工作交于发展事务人员进行，这个问题都可能会引起争论。可行性研究一词起源于传统的大额筹款行动时期，通常集中在特定的建筑项目上。研究的目的是确定这个项目是否切实可行，也就是说，要探讨是否有足够的资金来支付大部分或全部的建设费用；如果不能，就无法进行该项目，或者需要寻求某种替代的融资方法。学校需要先行拨付该项目的部分资金，并依靠捐款来弥补缺口。在评估为该项目筹集资金的潜力时，需要具有足够的信心和高度准确性。

在当今全方位筹款行动的情境下，问题可能不是是否要采取这一形式募捐。相反，问题往往是什么时候，为了什么，募捐多少，如何募捐。因此，一些顾问不再使用可行性研究这一术语，而是把这项活动称为一项筹款活【79】动规划研究，更准确地描述他们所提供的一揽子综合服务。这项研究既包括内部数据分析，也包括外部访谈等，并为筹款行动提供筹款时机和领导能力方面的建议，还包括各种筹款项目的吸引力、筹款战略，以及募捐目标等。但许多人仍然把筹款前期咨询简单地称为可行性研究，并对顾问提供的建议筹款目标更感兴趣。

使用专业顾问进行可行性或活动规划研究确实有好处，顾问在策划活动方面具有专业知识和丰富经验。如果前期调研是由一个客观、独立于大学的人进行，那么调研可能更富内涵，也会更加坦率。顾问可以将权威和数据带到筹款活动的内部讨论中，既可以打消校方不切实际的筹款期望，也可以为实现雄心勃勃的筹款目标提供具体方案。

筹款可行性或筹款规划研究的主题在 2015 年引起了争议，当时詹姆斯·拉罗斯写了一本书，他认为这类研究是浪费金钱，为非营利组织提供了他们已经知道的信息（2015）。作为一个充分披露的问题，我承认我进行筹款行动咨询研究是收费的，所以我的意见并非没有偏见。我相信，在许多情况下，它们为一所大学的筹款行动增加了相当大的价值。但我也必须透露，在我的职业生涯中，我担任了 30 多年的筹资主管或副校长，在这些职位上，我推进的筹款活动，有时依赖于外部正式的可行性研究，有时也完全依赖自身开展。

鉴于购买方和服务提供方的两方面经验，我的观点是，正确的答案完全取决于一个学校所面临的特殊情况，以及你们聘请顾问的目的。有时，交由外部顾问进行综合全面的筹款咨询是一项非常明智的投资。如上所述，其对大学筹款的积极影响，不仅仅限于对筹款目标进行评估与建议。此类咨询服务可能有助于确定具体的筹款策略，也有助于发掘与培养潜在捐赠者的内在价值。

在其他时候，咨询顾问有限和专注的介入可能也就足够了，也许他或她会给筹款委员会的前期筹备带来智慧，并有助于制订及完善筹款行动计划。有时，顾问可以为校长提供一些重要的外部信息，校长也可能更愿意与外部人士而不是董事会成员或发展部门人员讨论与筹款相关的敏感问题。许多咨询公司会以聚焦小组会议的形式进行问询，而不是一对一的访谈，这可能会降低咨询的成本，有些公司提供的复杂预测建模也可能有助于筹款策划活动。

如果校长和首席筹款官在筹款活动中经验丰富，他们在自己的学校工【80】作了很长时间，筹款活动的志愿领导团队经验丰富且足够睿智，与大额潜在捐赠者业已建立了良好的关系，那么也许根本就不需要筹款咨询顾问。那些总是说需要筹款顾问的人可能是在过度推销，但是那些认为根本不需要顾问介入的人，也可能低估了筹款任务的复杂性。

无论是由外部顾问还是由学校发展事务员工进行的规划得当的筹款咨询都是一项有价值的工作，它可以在学校进入筹款准备阶段并最终发布公告的过程中，对筹款目标、优先事项和筹款行动进行全方位细化。在商业领域也是如此，缺少关于市场潜在反应的一些数据，任何公司都不会推出新产品，事实上大多数产品推出之前都会进行广泛而密集的市场调查。

即使筹款活动领导团队和潜在大额捐赠人私交极深，并且都深入参与到筹款过程中，认为没有必要进行正式的外部可行性咨询，但对工作人员来说，与校友团体和其他潜在捐赠者讨论筹款的拟定目标、优先事项仍然是有益的，例如希望大家对拟对外公布的筹款宣言提出意见，以其他方式呼吁校外人士参与筹款行动等。这些讨论有助于向发展事务部和公共关系团队提供反馈，并为筹款活动与大学整体战略规划融合铺平道路。

本章讨论了在全方位筹款行动策划阶段需要解决的一些重要决策和任务，如定义筹款理由；评估大学的潜在捐赠人群；确定筹款活动目标、优先事项和目标；完成可行性研究或捐赠环境测试。但在这一阶段还需要注意其他细节，本章开始时准备的标准清单中提出了一些此类细节，包括筹款预算、制度、人员配置，以及有关接受和计算捐赠的政策，在第五章将探讨这些主题。

参考文献

Albright College (2015). *About the Campaign*. http://www.albright.edu/campaign/ about.html (accessed January 15, 2016).

Allenby, Dan (2014). "Class Exodus" [electronic version]. *Currents*, October. http:// www.case.org (accessed January 15, 2016).

Blackbaud. (2015). *Gift Range Calculator for Nonprofits*. https://www. blackbaud. com/nonprofit-resources/gift-range-calculator (accessed January 15, 2016).

CASE Campaign Report (2013). Washington, DC: Council for Advancement and Support of Education.

CASE Reporting Standards and Management Guidelines for Educational Fundraising (4th edition). (2009). Washington, DC: Council for Advancement and Support of Education.

Council for Aid to Education (2015). *Colleges and Universities Raise $37.45 Billion in* 2014 (Press release, January 8). http://cae.org/images/uploads/pdf/ VSE-2014- Press-Release.pdf (accessed January 14, 2016).

Dove, Kent E. (2000). *Conducting a Successful Capital Campaign.* 2nd edition. San Francisco: Jossey-Bass.

Hall, Holly (2015). "Author Says Feasibility Studies for Capital Campaigns Are a Waste" [electronic version]. *Chronicle of Philanthropy*, March 17.

Harvard School of Public Health (2013). "A Message from the Dean about the Campaign" (Case statement introduction). http://issuu.com/ harvardpublichealth/ docs/hsph-case_statement#embed (accessed January 15, 2016).

Kasey, Connor (2016). *The True Value of Predictive Analytics.* Grenzbach Glier and Associates website, http://www.grenzebachglier.com/blog/the-value-of-predic- tive-analytics-in-development-capabilities-beyond-traditional-research/ (accessed January 18, 2016).

Klein, Mariel A. (2015). "Overall Target in Reach, Smaller Campaign Goals Remain" [electronic version]. *The Harvard Crimson*, September 18. http://www.thecrim- son.com/article/2015/9/18/capital-campaign-approaches-goal/ (accessed January 18, 2016).

Masterson, Kathryn (2009). "Colleges Will See Decline in Megagifts, Experts Predict" [electronic version]. *Chronicle of Higher Education*, July 13. http:// chronicle.com/article/Colleges-Will-See-a-Decline-in/47371/ (accessed February 19, 2016).

Meyers, Harriet S. (2012). "Upward Bound" [electronic version]. *Currents*, March. http://www.case.org (accessed January 6, 2016).

Pierpont, Robert (2003). "Capital Campaigns." In Henry A. Rosso & Associates and Eugene A. Tempel (Eds.), *Achieving Excellence in Fund Raising* (2nd edition). San Francisco: Jossey-Bass, pp. 117–138.

Seymour, Harold J. (1966). *Designs for Fund-Raising: Principles, Patterns, and Techniques.* New York: McGraw-Hill.

Shea, Susan (2008). "The Big Time" [electronic version]. *Currents,* April. www.case. org (accessed May 12, 2009).

University of Massachusetts Amherst (2015a). *Our Campaign Goals.* https://www. umass.edu/umassrising/campaign/goals (accessed January 21, 2016).

University of MassachusettsAmherst (2015b). *Support Talented Students: Scholarships.* https://www.umass.edu/umassrising/ways-to-give/scholarships (accessed January 21, 2016).

University of Southern California (n.d.). *Campaign Priorities.* https:// campaign.usc. edu/campaign/campaign-priorities/ (accessed January 18, 2016).

第五章　筹款资源与募捐政策

上一章讨论了在全方位筹款行动策划阶段一些要完成的关键任务和制定的决策。本章继续讨论筹款计划环节的一些重要问题，重点是筹款预算和人员配置，以及在筹款开始前需要制定的一些政策，后者包括捐赠接受、捐赠者回馈与致谢、筹款统计和报告等一系列管理措施。

筹款预算

全方位筹款行动的成本问题，是理事会、校长和首席财务官都认为相当重要的一个问题。为筹款活动编制预算是规划阶段的一个关键环节，如果没有足够的资源投入，期望良好的回报是不现实的，不过也应考虑到效率因素，同时建立绩效标准衡量工作成果。

对于筹款所需的预算问题，没有一个普遍或准确的答案。可有若干变量影响它，包括该大学现有的拓展与筹款团队规模、过去筹款活动的历史、预期筹款目标的大小、潜在捐赠者的地理分布及学校与这一群体的关系；筹款渠道，包括大额捐赠、年度捐赠、政府资助等项目的相对重要性；还包括大学在筹款活动中是否看重一些非财务目标，例如大学知名度和品牌宣传是否需要在筹款行动开展过程中占据一定的预算资金。

【84】

如果一所学院或大学有着很长的筹款历史，建立了成熟的年度和计划捐赠体系，对潜在捐赠人也有了充分的了解，同时拥有经验丰富和能力出众的筹款工作人员，那么筹款的成本可能就是渐进递增的，也就是说，它可能只需要适当增加现有的筹款资源配置就行了。不过，对于第一次策划全方位筹款行动的大学来说，需要在捐赠者研究和筹款体系构建、新员工招募及培训、咨询和其他方面进行大量初始性投入。大规模筹款行动需要比小额筹款行动追加更多的预算，尽管筹款的相对成本可能更低一些。有些固定成本不会因筹款目标的大小而有太大的变化，例如筹款活动宣传材料和咨询费用，不过在推进动辄几十亿美元的全方位筹款行动时，这些成本就会显得相对较小。

如果大多数的潜在捐赠人都居住在大学所在的社区或州内，那么与校友遍布全国或世界各地的其他大学相比，前者筹款预算中差旅费的开支需求将少许多。如果前期与潜在捐赠人已经进行了很好的沟通，并且捐赠准备工作也已经就绪，那么与那些筹款工作准备不足的大学相比，后续跟进的压力会少许多，所需的预算也会少一些。如果筹款活动将工作重点放在数量相对较少的大额捐赠人身上，也就是说，眼光聚焦筹款次序表的顶端群体，那么这可能比那些面向更广泛人群筹款的大学更为高效。然而，加大对年度捐赠项目的投资，对于在筹款期间实现年度捐赠目标，以及为未来培育潜在的大额捐赠者，都是非常重要的。

同时，筹款预算还需要进行合理的配置，也就是说，资金需要用在恰当的地方。例如，筹款团队招募了许多大额筹款人员，但他们却因缺乏足够的差旅资金而闲置在办公室，这一做法是不恰当的。另一方面，如果没有优质的潜在捐赠人可以直接对话，即便拥有充足的差旅预算，也不能保证筹款成功。对于一所年轻校友占主体的大学来说，把注意力集中到复杂的计划性捐赠（遗产赠与等）项目可能不划算，但增加年度捐赠工作人员可能是更有意义的。聘请面向基金会筹款的专业人士，对于那些与社会基金会具有广泛联系的大学而言，可能是一个很好的投资，但并不适用于其他定位不同的大学。一些发展事务办公室为支持一线筹款人员而设置的支撑性职位分配不足，例如筹款服务与保障岗位缺少必要的工作人员，其结果是本应全力筹款的专业人士花太多时间做捐赠者分析、拟订拜访计划、安排出差、更新捐赠者数据库，减少了他们与潜在捐赠者相处的机会。

对于一场筹款行动应该花费多少资金，没有一个普遍或通用的答案，单纯的比较可能会产生误导。例如，一个有着长期筹款历史且极富筹款经验的大学，其成本通常会比一个进行第一次或第二次筹款行动的大学低一些，或是表现为同样的资源投入，最后的筹款金额会明显增加。但是，有些人认为，这些比较可能会产生误导，因为仅仅关注这些成熟筹款项目目前的较低成本投入，而忽略了过去与捐赠者建立关系时所投入的巨大沉没成本。这些良好关系可能是在以前的筹款活动中日益成熟的，但至少部分 【85】归因于几年前的投入与付出。因此，这种筹款成本的会计核算方法可能无法完整地统计到全部的早期投入当中。同时，当前筹款活动中的资源投入将在未来几年内产生回报，这些回报尽管可能很难衡量，但正如第一章中所讨论的"后筹款行动"的深远影响一样，也应被考虑在内。

一些学者经过研究，描述了筹款成本的参考范围。不过其中的许多内容有些过时，或是针对广义的非营利组织，而不仅仅是大学等高等教育机构。例如，一些专家估计筹款预算应该在目标金额的 10%～15% 之间（例如，Dove，2000；Gearhart，2006）。多夫（Dove，2000，p. 142）指出，排名居前大学的筹款活动可能只需要筹款总金额 4%～5% 的费用，而中小规模大学的筹款活动可能需要超过筹款目标 15% 的费用。他还建议，对于一所已经有了完善的筹款计划的学院或大学来说，筹款活动的增量支出，也就是说，在现有常规筹款预算之外需要追加的金额，可能会在筹款目标的 4% 左右（Dove，2000，p. 142）。

但这样衡量筹资成本的方法可能会存在重大缺陷。从历史上看，最常用的筹资指标是筹集 1 美元（CTRD）的成本，也称为每筹集 1 美元要花费的成本。这个数字代表募捐花费支出占捐赠总收入的百分比，通常以美分表示。例如，如果一家机构筹集了 100 万美元，并为此花费了 50 万美元，那么 CTRD 是 50 美分。如果它只花了 10 万美元，那么 CTRD 是 10 美分（10%）。

通过 CTRD 方法来衡量筹资工作的问题在于，这样做可能会导致董事会和校长将筹资花费视为支出性质，而不是投资性质。持有这样的观点可能会导致其强调筹资方案的效能，而不是其能给大学带来的最终影响。它可能导致董事会和校长在筹资方面投资不足。如今，大多数分析师更愿意考虑筹资的投资回报率（ROI，用百分比表示），而不是CTRD。

通过一个简单的例子来说明这种差异。假设一所大学在募捐上花费了500万美元，结果筹集到了1000万美元的捐赠资金。它的CTRD是50美分，如果用这种方式表达，通常会被认为筹款成本是相当高的。但从另一个角度看，同样的支出和收入总额将代表这一大学在筹资方面实现了100%的投资回报。100%的投资回报率对任何投资组合来说都是非常好的。

投资回报率方法反映在CASE于2011年进行的一项筹资成本研究中，【86】被称为CASE拓展投资指标研究（AIMS）。根据专家小组确定的指标，从144所学院和大学收集了数据（Kroll，2012，p.8）。

研究报告讨论并解释了设定筹资成本指标的复杂性，得出的结论是，大学应该在筹集资金过程中投入多少资源不可以一概而论（Kroll，2012，p.10）。大学本身的差异包括本章前面提到的一些情况，例如筹款项目的成熟度、调查时是否处在全方位筹款行动时期、潜在捐赠者对大学的归属感和大学的区位特征等（Kroll，2012，p.16）。

与CTRD方式不同，AIMS关注于1美元投资能获得多少美元回报。换句话说，它着眼于投资回报率。私立大学筹资的中位数为每投资1美元获得捐赠7.99美元；公立大学为每投资1美元获得捐赠7.97美元。在刚涉足筹款项目的大学，每投资一美元平均能够带来5.94美元捐赠，而筹款项目相对稳定的大学筹款收益均值为5.97美元，成熟的大学筹款项目平均收益为7.41美元。处在全方位筹款行动阶段的大学每投入1美元，能够产生6.49美元的捐赠收益，而未处在筹款行动阶段的大学捐赠收入均值为6.33美元（Kroll，2012，p.32）。2012年AIMS报告可在CASE网站（www.CASE.org）上供会员查询。撰写本书时，这一调查数据还在不断更新中。

AIMS为校长和董事会提供了可能会非常有用的大量数据，包括发展部门员工的规模和筹资绩效问题。然而，即使是本章中提到的摘要性数据，也不应在缺乏谨慎考虑的情况下适用于任何另外的大学。对于募集资金投资的预期回报问题，没有简单或普遍的答案。正如CASE报告所述，"唯一确定的是，在筹资过程中缺乏必要投入，必将导致筹款业绩不佳"（Kroll，

2012，p.10）。

资助筹款行动

　　有各种方法可以为筹款行动提供资金，并为该行动所需的人员和项目开支支付费用。一种方法是将筹款活动或其中一部分作为一个项目列入大学整体的业务预算，与任何其他的行政业务板块相同，但筹款宣传品和筹款活动方面的支出，使筹款活动开展过程中的具体成本有所增加，不过这些项目在筹款活动结束后就不再持续。此外，随着筹款活动持续数年或更长时间，许多大学发现在筹款结束时，对筹款人员的需求并没有明显减少。虽然全职筹款工作人员可能会出现流动，但为筹款活动专门设立的职位依然需要保留，以便处理后续的大额捐赠事宜及捐赠资金管理等工作，并开始为可能很快到来的下一轮全方位筹款行动进行前期准备。因此，如果有可能的话，在大学经常性业务预算中至少保留一些全方位筹款行动工作人员职位，这是一种现实的做法。如果这种安排有助于增加非限定性捐赠，或是获得的捐赠减轻了大学财政压力，则这部分额外收入就会抵消增加的这部分预算开支。【87】

　　一些大学明确指定用非限定性捐赠来支付筹款行动的成本。没有理由不能用这一渠道捐赠来支付筹款费用，非限定性资金的用途本身就是不受限制的。但这种方法可能会在沟通环节带来一些挑战，并引发潜在的伦理问题。如果每年的募捐宣传品上表明，捐赠资金是专门用来筹款的，那对捐赠者来说可能不是特别舒服。另一方面，如果年度捐赠宣传资料上表明，捐赠资金会用于支持科研人员学术研究或资助学生，但实际却被指定用于弥补筹款预算时，这将具有误导性，也是不适当的。另一个关注的问题是，如果明确非限定性年度捐赠资金被用于支付筹资开支，可能会使发展办公室领导层专注于募集那些非限制捐赠，以支付自己及所在部门的费用，而不是把重点放在对学院或大学有着更长期影响的大额捐赠上。

　　如果预算和资金管理工作得当，一些限定性捐赠可能会被用来减少学校的预算开支，因此同样可以发挥非限定性捐赠的作用。例如，支持当期奖学金的捐款能够抵消原本由大学资金支付的学生资助经费，因此可能与非限定性捐款一样有用。非限定性或是限用于奖学金的捐赠基金，同样在随后几年增加了大学财务的灵活性，不过评估限定性捐献对预算的影响，可能比大多数财务官员认为合理的要复杂得多。

与公立大学相比，私立大学通常在筹资预算管理方面有着更大的灵活性，前者可能面临公共资金用于筹款的限制。面对这样限制的公立大学，可以通过相关的基金会来管理他们的捐赠资金，但基金会必须形成足够的收入来支付自己的日常开支。在此情况下，大学会使用各种方法来形成盈余以支持筹款行动的顺利开展。有些大学会从捐赠资金投资收益中收取管理服务费。有些大学会收取一种被称为捐赠费的费用，也就是说，一部分捐赠或遗产捐赠要用于支付包括筹款开支在内的业务费用。在基金会收到捐赠资金和向大学转出的时间差内，有些学校会利用短期投资赚取利息。

【88】不仅是公立大学，一些私立大学也会通过上述捐赠收益费或捐赠费的方式为筹款活动筹集运营资金。

在与捐赠者沟通时，必须明确告知捐赠者，大学将对他们的捐款，特别是留本基金或限定用于当期使用的捐赠资金附加哪些费用。对于留本捐赠资金来说，通常会在捐赠协议中说明，最终由捐赠者和大学签署，所有这些安排都需要公开沟通和完全透明。CASE 分析了公立大学基金会在这方面常用方法的利弊，这也适用于其他大学的筹款活动。会员可在 CASE 网站（www.CASE.org）上查阅。

为筹款行动配备人员

管理全方位筹款行动需要专业化的技能和经验。同时，筹款行动开展过程中必须配备适当规模的工作人员，并根据筹款行动的目标和方案进行相应的人力资源配置。

如果志愿者团队实质性地参与了大额捐赠关系维护与其他筹款事务，

这意味着发展事务部门没有必要安排过多的大额筹款专员。然而，正如本书前面提到的，志愿者的服务是无偿的，但并不是免费的。他们也需要培训、支持、管理和指导，对其放任自流不加指导的做法是错误的。

本书第四章中讨论的筹款次序表，为预估筹款活动所需的专业人员规模提供了一个有效的工具。例如，表4.1表明，一项2.5亿美元的筹款行动，大约需要4 964名2.5万美元或以上的潜在捐款人，以便在这些水平上实现1 241份捐赠（使用4:1的兑换率）。我们可以做出一些假设，即需要与潜在捐赠者联系多少次才能实现捐赠，以及一位募捐专员可以在合理预期中完成多少联系工作。然后，通过简单的数学计算，就可以确定需要多少募捐人员参与筹款活动，并计算出支持他们所需的经费预算。类似的方法还可用于预估所需的筹款保障人员数量，以及筹款活动、通信、差旅和其他直接筹款费用的预算。通过这种方式，筹款预算模型可以从下往上建立起来，进而根据筹款次序表提供的信息确定总体预算。专业筹款人员的工作应采用什么样的绩效指标体系来衡量，换言之，他们应完成多少沟通、筹款和促成捐赠工作，这是一个值得探讨的话题。在第六章中，我们将进一步阐述。

发展事务和筹款活动工作人员一般按照三种模式进行组织。在集中模【89】式下，所有工作人员通过固定渠道直接向某位负责人汇报工作，通常是筹款副校长，一般是发展与校友关系事务副校长，这种模式在中小型大学中很典型。在图谱的另一端，一些大学会采用去中心化模式，筹款人员向他们所支持的单位负责人即院长报告，同时也可能会向学校发展办公室负责人双重报告。在另外的一种混合模式中，筹款人员一般对单位（院系）负责人和学校发展办公室都负有报告责任，发展办公室有时为这一职位提供预算支持，并共同参与对其业绩的评价与考核。

筹款模式与筹款人员的配置，应与全方位筹款行动的整体规模相吻合，也应与大学的行政和预算结构保持一致。大多数学院和规模较小的大学都建立了中心化筹款模式，而大多数四年制大学，特别是那些为下属院系制定了筹款子目标的研究型综合性大学，会采用混合或去中心化的筹款模式，使筹款工作人员能够专注于特定的优先发展事项，并与院长和志愿者密切合作。

去中心化模式和混合模式都存在潜在的问题。归属于学院或学院指定的发展事务人员可能会夹在学院领导和学校发展办公室之间，人际关系十分微妙。如果有很多潜在捐赠者与学校不同院系有联系，例如一对夫妇是同一所大学两个不同学院的校友，这种紧张关系就会加剧。这种情况需要捐赠者管理系统通过责任界定与定期报告机制来及时跟进。另一个问题是，在学院等学术单位工作的筹资人员，可能被要求承担一些与培养和筹款工作没有直接关系的工作。例如，这可能包括管理院长咨询委员会或类似组织的事务，参与学院校友关系或公共关系活动等。这些活动可能是必须要做的重要活动，但在衡量筹款人员绩效时要加以通盘考虑，同时为确保筹款成功，仍需配置足够的筹款人员专门进行潜在捐赠者管理等工作。

筹款行动相关政策

本节讨论了大学准备开始全方位筹款行动之前需要落实的三个方面的政策：

1. 捐赠接受政策，一般需要说明哪些类型的资产能被接受为捐赠，确定是否接受捐赠的程序和权限，以及如何对捐赠资产进行估价。

【90】　2. 捐赠者回馈政策，该政策规定了为校园设施和捐赠基金冠名的各种要求。它们可能不同于筹款行动期间为捐赠营销而制定的捐赠机会或冠名机会，尽管后者显然应与前者保持一致。

3. 筹款统计和报告政策，主要是规定如何将各种类型的捐赠和捐赠承诺体现在筹款目标上，并同步反映在筹款行动进度报告中。

这三份政策文件相互关联，有些大学将其中的部分内容合并在一起。无论一所大学是否正在进行全方位筹款行动，都应制定捐赠接受政策和捐赠者认定政策。它们是应该得到理事会批准的大学制度体系当中的重要内容。这有利于筹款团队在面对巨大筹款目标的压力时避免或减少仓促的决定，规避筹款风险。

捐赠接受政策

捐赠接受政策的目的是确保大学不接受可能带来财政、法律或行政负担或风险的捐赠，也就是俗语说的"消耗性或风险性捐赠"，这种捐赠将要求大学从其他经费来源中匹配额外的资金。另一个目的是保护大学免受不必要的风险，避免承担不必要的责任。

对于房地产、股票、合伙权益、艺术品、船只、汽车和其他有形个人财产等复杂资产的赠与，捐赠接受政策尤其重要。需要解决的一些大学风险包括捐赠的有用性（例如艺术品）、资产的流动性（例如股票）和潜在负债（特别是房地产）。大多数捐赠接受政策都具有一定的灵活性，并指定捐赠接受委员会或理事会作为最终权威，来确定特定的捐赠是否符合政策，或是可以作为例外。

捐赠接受政策之所以至关重要，有几个重要原因，它不仅是为了提供法律和财务保护，而且是为了避免与捐赠者之间出现尴尬的局面，妥善维系两者关系。校长或筹资负责人如果遇到可能不适当或有风险的捐赠，尤其是来自重要捐赠者或董事会成员的捐赠，不应独自做出决定。他或她应该能够拿出董事会的政策，或将问题提交给更高的决策机构。相关政策的缺失会使校长或筹款人员面临不必要的压力，并有可能使问题变得私人化。在这种情况下，明确的政策和集体决策程序可以为大学和有关个人提供【91】保护。

许多捐赠接受政策篇幅很长，包括处理捐赠的程序和接受政策。其他的则相对简短，但也会以链接形式涵盖其他捐赠相关政策。例如，表 5.1 是雪城大学的捐赠接受政策，相关内容公布在大学的网站上，其中筹款政策和接受房地产捐赠的政策能够通过链接获取。尽管大多数大学在筹款政策上具有共同点，但每个大学的捐赠接受政策又都体现各自的特点。通过浏览相关的网页，能够获取许多与之相关的信息。

表 5.1 雪城大学的捐赠接受政策

雪城大学捐赠接受政策的相关内容
大学接受捐赠，是为了支持和促进大学在教学、研究和服务公众利益方面更好地完成使命。在捐赠财产不可撤销地从捐赠人转移到大学并支持大学的使命之前，任何捐赠都不得算作对大学的捐赠。 任何院系或部门收到的实物捐赠，如果捐赠者说明公允市价超过 5 000 美元，必须附有独立评估。学校将出售与大学使命不相符的实物捐赠。 房地产赠与必须在接受之前得到执行副校长 / 首席财务官与筹款副校长（首席筹资官）以及大学法律顾问的批准。 资料来源：雪城大学（2005）。捐赠接受政策。http://supolicies.syr.edu/admin/gift_accept. htm（2016 年 2 月 1 日访问）。

捐赠回馈政策

不管一所大学是否处在全方位筹款行动过程中，由大学或基金会理事会通过的捐赠回馈政策，会在筹款过程中发挥重要作用，特别是在全方位筹款行动开展过程中。这些政策会涉及基础设施的命名，以及教师职位、资助奖学金和其他用途的捐赠资金，学院、学校、研究所和中心等学术单位命名事宜。

如果捐赠者捐资支持建筑物的建造或翻新，那么这一建筑大多会以捐赠者命名。不过，一些大学也会为了回馈其他用途的捐赠者，以其名字来命名现有的校园设施。例如，向校长提供一笔可观的可自由支配或非限定性的捐赠，会对学校事业发展产生重大影响，但除了在年度报告中致谢之外，并没有感谢捐赠者的更好机会。在这种情况下，冠名现有建筑、报告厅、实验室或其他一些校园空间（假设它目前尚未命名）可能是一种很好的选择，会对捐赠者的捐款给予永久的认可。但是，在所有这些情况下，都需要确保捐赠者之间的公平，同时确保大学不会为了有限的捐赠资金，而以冠名形式去牺牲大学有限的基础设施资源。

【92】

当基础设施建设项目是大学的筹资重点时，冠名政策会体现出层次性特点。罗格斯大学（Rutgers University）商学院为一系列基础设施建设项目提供了相应的冠名机会，包括商学院凉亭（500 万美元捐赠）、MBA 专用教室（300 万美元）、全球财经市场研究中心（250 万美元）。规模较小的捐赠者也会有机会冠名学院其他建筑部分，例如报告厅冠名资金介于3.5 万美元到 10 万美元之间。（Rutgers Business School，2016）

　　许多大学会制定通用性的冠名政策，也有的学校会将冠名标准量化，例如，克瑞顿大学（Creighton University）要求冠名一个新的校园设施的捐赠资金，至少要超过其 50% 的建设成本，这也是一个通用的标准。如果是现有设施修缮项目冠名，那么捐赠者的捐赠款项应高于预估修缮成本的35%。对于新增设施冠名，克瑞顿大学还要求命名捐赠者提供一笔留本性质的捐赠基金，其年度投资收益要能够支持该设施至少 10% 的年度运营成本（Creighton University，2012 年）。其他大学的相关政策则不那么具体。例如，华盛顿大学就制定了非量化的冠名政策，"实质性贡献"是指能够冠名的特定金额捐赠，相关政策是在这一特定筹款项目开展的早期阶段，经由大学理事会批准通过的（Unversity of Washington，2014 年）。

　　在制定捐赠冠名政策时，应考虑到校园特定建筑或空间对捐赠者来说的特殊寓意，进而提高冠名政策的针对性。此外，同等规模的捐赠者应该得到同等的认可与回馈，但建筑命名具有一定的复杂性，并不仅仅是要测算建筑面积或者建筑成本这么简单。正如佐伊·卡珊娜（Zoë Kashner, 2011）所建议的，建造、翻新或更换设施的成本可能会是捐赠命名的"基础性考虑因素"，还要考虑到其他变量，包括设施的效用和位置等。与位于校园边缘的学生宿舍相比，位于校园中心位置的学术建筑或图书馆通常被视为更具声望和更抢手的冠名机会。因此，命名前者可能需要比命名后者更多的捐赠。当然，捐赠者也会有他们自己的看法，价值观和动机也会不同，一个校友可能会命名曾经居住过的宿舍或是曾经学习过的教室，从中获得情感上的满足，即使从位置上来说，这一建筑可能不是特别显眼。

　　当然，建筑物也不会永远存在，若干年后许多建筑将需要重建或翻新。【93】这就可能成为未来筹款活动的一部分，产生了新的冠名机会。随着时间的推移，受到物价及货币等多种因素影响，与重建或翻新项目成本相比，最初的建筑捐赠冠名金额会相对较少。2015 年，随着林肯中心纽约爱乐乐团所在地艾弗里·费舍尔音乐厅（Avery Fisher Hall）的更名，这一问题引起了全国的关注。这个大厅在 1962 年以费舍尔的名字命名，但需要彻底翻新，这就涉及冠名权变更问题。林肯中心其后向费舍尔一家支付了 1 500 万美元，作为对放弃音乐厅冠名的补偿，随后获得了一笔大卫·格芬（David

Geffen）1亿美元的捐款，改造后的设施将以他的名字命名。

换言之，建筑物可以长期冠名，但不一定永远如此。一些大学专门针对这种可能性做出相应规定。例如，华盛顿大学的政策解释说，"名字一般会保留在建筑物室内外，以供建筑物、区域或空间使用。如果在未来某个时间，建筑物或室外区域或空间被替换，这可能是一次重大重建，其实质上改变了建筑物内部或外部的功能或外观，重建后如果使用新名称，应提交至大学管理委员会批准"（University of Washington，2014）。当然，在设施被更换或大幅度翻新后，也会有办法继续对原始冠名捐赠者进行某种纪念或认可。例如，新的捐赠者名字会被镶嵌在新建筑的外立面，但同时被替换的原有冠名者名字，也会在新建设施的大厅或其他地方被显著地标注出来。如果大学在这方面没有正式的政策，这一点应在捐赠协议中加以说明，以避免今后与捐赠人或捐赠人家庭产生不必要的纠纷。

必须承认，一些捐赠者可能十分重视冠名问题，而其他捐赠者则不那么重视。根据我的经验，大多数捐赠者都很在意命名权，但这并不是推动他们捐赠的主要动机。不过，也会有捐赠人将命名作为一种投资，以显示其对大学的长期影响，并采取非常理性的方法处理相关问题。这就给筹款者提出了挑战，要仔细权衡提供给不同捐赠人的不同冠名机会，同一建筑内不同部分的冠名尤其要注意。例如，当我在乔治·华盛顿大学担任副校长时，我们争取到了一项大额捐赠，学校决定以捐赠者的名字命名一栋新建大楼入口处的报告厅。该报告厅建造顺利完成，但大楼整体尚未完工的一天，我和另外一个潜在捐赠者参观了这座大楼，我们希望他能命名整座大楼。他看到了报告厅上所冠的名字，这让他顾虑仲仲。正如他所指出的，相对大楼本身来说，报告厅具有更高的显示度。他假设，有人晚上进入大楼，

【94】 可能看不到大楼外面的名字，但很难忘记大门上报告厅的名字。换言之，他担心有人可能会说曾在大卫·格芬音乐厅（David Geffen Hall）参加过一场音乐会，但没有提到是在林肯中心（Lincoln Center）观看的。后来，捐赠者的确捐赠了一大笔钱，但却是用于学校发展的其他方面。我想，也许我们应该先给这座建筑冠名，然后再冠名这样一个关注度较高的内部空间。但在实际筹款过程中，我们与这两个捐赠者的关系并没有完全按照这个顺序发展。这一经历引发了我们的反思：意欲冠名的潜在捐赠者会很在乎在同一幢建筑中，可能与他们名字并列的那些冠名建筑，换言之，他们会特

别在意自己的名字将与谁并列，将以什么样的方式与这些人并列。

在设立捐赠基金回馈体系过程中，也会采用类似于校园基础设施冠名的分类分级方法。也就是说，一些大学的回馈政策规定了捐赠的最低额度，并将所需捐赠与财务成本联系起来，例如支持讲席教授职位所需的工资，或是院系等学术单位的年度预算，但其他大学在捐赠基金冠名过程中也会存在一些灵活性。

尽管有些捐赠者授权可以支出本金，或是设定捐赠基金使用的期限，不过总体上说捐赠基金是按照永续的本意设计的。如果管理得当，捐赠基金确实会比建筑物更持久。捐赠讲席教授职位是高等教育历史最持久的传统之一。1502 年，亨利七世的母亲玛格丽特·博福特夫人在英国剑桥大学设立了第一个捐赠讲席职位。霍利斯神学讲席教授一职（Hollis Professor of Divinity）于 1721 年在哈佛大学成立，被认为是美国第一个正式的讲席教授职位（Luker，2006）。在慈善事业领域，以讲席教授形式在高等教育机构中冠名，能够最大限度地传播声望，因为讲席教授职位是永续存在的，而且很可能与大学中最著名的教授联系起来。

当然，对于资助教授职位的捐赠者，以及大学自身来说，这种捐赠都存在一些风险。例如，未来某个讲席的获得者可能会持有某种观点，而这一观点正是当初设立讲席的捐赠者最痛恨的，例如，某个反资本主义研究学者，有一天可能会拥有一个由资本家捐赠设立的讲席教授职位。每当这位教授亮明身份或出席活动时，教授与捐赠者的名字就会同时出现。捐赠者也可能会让大学和担任捐赠者职位的教授感到尴尬。如果捐赠者去世，风险或许会小一些，但即便如此，历史的评价也会存在一定变数，特别是对政治领导人的评价。可以在捐赠协议条款中附加一些内容以减轻这种潜在风险，明确大学能够在特定情况下取消捐赠人的冠名。这样的条款已经变得越来越普遍，但是对于一所大学来说，这些敏感的条款应事先与捐赠者明确，以避免不必要的纠纷。

"讲席"和"教授职位"这两个概念没有统一的定义，各所大学对这【95】类职位的描述也各不相同。有些大学根据学术职级、学科门类和其他标准，对捐赠讲席职位进行区分。有些学校允许捐赠和冠名院长职位，有些则仅可以命名普通的教授职位。一些大学将讲席教授的冠名区分为现有职位和新设立职位，后者需要追加预算。在新设立职位情况下，所需的捐赠可能需要足以支付教授的薪水和其他费用的全部成本，而命名现有职位只需负担其部分成本。这对大学来说是有益的，因为以前大学预算中列支的这一部分资金现在可以重新分配，置换出来用于其他用途。

有些人认为捐赠基金只用于支持教授的报酬，有些人建议捐赠基金应足以支持与教授工作有关的其他费用，例如研究经费和科研助理的费用。许多大学还设立任期制的教授讲席，也就是说，捐助者可以通过年度捐赠的形式支持某一讲席职位，每年捐赠一次，为期若干年，在此期间讲席将以捐赠者名字冠名。一旦认捐完成，或是捐赠没有持续，那么这个职位就不再以捐赠者名字冠名了。显然，这对前述的存量讲席教授模式来说较为实际，而不适用于通过捐赠筹措资金设立新教授讲席的情况。

以下是来自不同大学的讲席教授案例。并非所有的情况都代表正式的官方政策，有些来自筹款网站，更准确地说是罗列的捐赠机会。讲席职位命名所需的捐赠各不相同，这取决于不同大学对这一职位的定义和诉求。一些州制定了一些奖励政策，对公立大学获得的讲席教授性质的私人捐赠进行配比，这可能在数额方面降低了讲席命名过程中对私人捐赠的要求，此类情况反映在下面北卡罗来纳大学教堂山分校的例子中。以下例子中的金额单位为美元。

【96】

> ### 宾夕法尼亚州立大学
>
> #### 院长 / 校长讲席——5 000 000*
>
> 院长或校长讲席代表了对宾夕法尼亚州立大学里程碑式的捐赠，这些资金可以确保大学当中最显著和最重要的职位继续由杰出和有才华的学者担任。
>
> 系主任讲席——3 000 000*
>
> 这项捐赠能为系主任们提供灵活的资金支持，能以战略投资的形式，在研究生津贴、教师招聘、研究费用、设备购买领域发挥作用，这些资源能够显著提高科研单位的研究实力。
>
> 讲席教授——2 000 000
>
> 讲席教授通常授予最杰出的学者，为教授提供各种资源以继续开展有前途的研究和项目，帮助各个学术单位吸引或留住具有发展潜力的顶尖教师，以推动大学进行实质性创新，进而为实现大学使命做出重大贡献。

教授职位——1 000 000

冠名教授职位能够为相关教授提供必要的资源，以便专心开辟新的研究领域，寻求创新的教学方法，确保大学学术计划的稳定性和创造力，并鼓励宾夕法尼亚州立大学的科研人员取得新的成就。

青年教授讲席——500 000

青年教授讲席职位为优秀的年轻大学教师提供额外的支持。这一席位每三年轮换一次，旨在鼓励助理教授级的新进教师快速成长，它为院长和系主任提供了一个招募和吸引学术新星的机会。

*这些捐赠（标有星号的捐赠）必须以直接捐赠而不是遗产或延期捐赠形式确立。

资料来源：宾夕法尼亚州立大学（2015）。http://giveto.psu.edu/s/1218/2014/index.aspx？ sid=1218&gid=1&pgid=365（2016 年 1 月 31 日访问）。

路德学院

【97】

讲席教授——1 500 000

讲席教授是学院最负盛名的学术荣誉，通常由捐赠者命名，由一位资深教师担任，他被誉为该领域的优秀教授和公认学者。捐赠所资助的讲席教授名称永远存在。

讲席教授资金用来支持教授的年薪。此外，该基金还提供：

• 资助教授和学生开展研究项目、参加专业会议或从事其他教育活动，目的是与学生和其他教职员工分享新获得的研究心得。

• 在教室内外指导学生的资金。

特聘教授——750 000

受赠的教授职位通常由捐赠者命名，并由一名具有卓越教学技能并在其领域取得优异成绩的教员担任。这一冠名职位名称也将永远存在。

捐赠基金用来为路德教授获得者支付年薪。该基金还为教授提供额外的年度资金，用于开展特定的研究项目、参加专业会议或从事类似的活动，以提升其在本学科的知识储备、教学能力和声誉。

特聘讲席讲师——250 000

捐赠讲师职位通常由捐赠者命名，用于资助教学科研一线的教师，讲席获得者需要有卓越的教学技能，对研究课题有着深刻的见解。讲席讲师职位名称将永远存在。

这一专项基金为路德教授、副教授或助理教授提供年薪资助。捐赠基金的年度收入也可用于资助特定课程或特定研究领域的教学费用，包括支持客座教授讲座或演讲系列费用等。

资料来源：路德学院（2016）。http://www.luther.edu/giv-ing/gift types/support/endowment/（2016年2月2日访问）。

【98】

耶鲁大学

捐赠150万美元资金，可以在艺术和科学学院或运动教练当中冠名一个访问教授讲席。冠名一个现有的教授席位，需要300万美元的捐赠资金。冠名一个新增的教授或院长讲席职位，需要600万美元的捐赠资金。

资料来源：耶鲁大学（2016）。给予耶鲁大学的捐赠基金政策。http://giving.yale.edu/ways-to-give/endowment-fund（2016年2月2日访问）

【99】

北卡罗来纳大学教堂山分校

讲席教授职位有助于北卡罗来纳大学招聘和培养优秀的教师。设立教授职位的捐赠收入可用于教师工资和支持研究，包括课程开发、研究、研究生助理、设备和图书馆资源。

北卡罗来纳州杰出人才捐赠资金配比计划，针对设立讲席职位的私人捐赠额外给予财政配比支持，用以吸引包括正教授、副教授或助理教授级别在内的各类优秀人才。所有符合配比规定捐赠的教授职位都被冠名为杰出教授，但讲席获得者等级安排上相对灵活。所有由北卡罗来纳州杰出教授捐赠基金资助的教授职位必须在头衔中包含"杰出"字样。该计划提供以下等级的财政配比补助金：

拨款66.7万美元，以支持233.3万美元及以上的私人捐款，用来设立300万美元的受赠教授职位；

拨款66.7万美元，以支持133.3万美元及以上的私人捐款，用来设立200万美元的受赠教授职位；

拨款50万美元，以支持100万美元及以上的私人馈赠，用来设立150万美元的受赠教授职位；

拨款33.4万美元，以支持66.6万美元及以上的私人捐款，用来设立100万美元的受赠教授职位；

拨款16.7万美元，以支持33.3万美元及以上的私人馈赠，用来设立50万美元的受赠教授职位。

在北卡罗来纳大学设立教授职位的最低限额（无论是否能够获得州匹配拨款）：

杰出教授：至少 300 万美元

杰出教授讲席是唯一一个能为北卡罗来纳大学高级教师提供全额资金资助的教授讲席，不管是新增教授职位还是原有教授职位。

教授：最低 50 万美元；其他级别 100 万美元，150 万美元，200 万美元

获得教授讲席的教员，可获颁正教授职级，任期为他或她在北卡罗来纳州的全日制服务期。对于全职教授，接受者应被称为"杰出教授"。教授职位可授予助理教授或副教授一段有限的、可续期的任期，以鼓励那些杰出研究员或杰出学者。

任期教授：最低 50 万美元；其他级别 100 万美元，150 万美元，200 万美元

任期教授的任期通常为三至五年。

客座教授：最低 50 万美元；其他级别 100 万美元，150 万美元，200 万美元

客座教授是指邀请其他大学杰出学者（通常长达一年）短期来北卡罗来纳大学任教。

资料来源：北卡罗来纳大学教堂山分校（2016）。http://giving.unc.edu/giving matters/what-.to support/faculty/（2016 年 2 月 2 日访问）。

波士顿大学

院长讲席	5 000 000
新设教授职位	4 000 000
体育教练讲席	3 000 000
现有教授讲席	2 500 000
为期三年的初级教师讲席	1 250 000
客座教授讲席	1 000 000
图书管理讲席	1 000 000

资料来源：波士顿大学（n.d.）。波士顿大学运动：捐赠机会。http://www.bu.edu/campaign/ways-of-giving/endowments/（2016 年 2 月 4 日访问）。

【100】

罗诺克学院

院长讲席——2 000 000

院长的职责是维护和提高学院的学术质量。作为罗诺克学院的首席学术官，院长必须确保罗诺克学院的教育质量符合国家标准。此外，院长的职责还体现在，要超越今天的最佳学术实践，带领罗诺克学院走向更好的明天。院长讲席基金为学院提供自由裁量的资金，使院长能够推进教学方法、学术、研究和项目的变革，将学院排名推进到同类学校的最佳水平。

院长讲席基金是罗诺克学院最负盛名的捐赠基金，它是为了纪念最早创立罗诺克学院的先行者。

讲席教授——1 500 000

长期以来，讲席教授职位被认为是学术质量的标志，也是罗诺克学院表彰其最受尊敬的学者和教师的手段。讲席教授是为那些在教学和学术发表方面有着杰出成绩的，具有国家甚至国际地位的学者保留的。这些职位用来招募或留住有着杰出成就的学者。

通过提供捐赠资金来资助一位教授，捐赠者可以对学院做出突出的永久性投资。讲席教授可以以捐赠者或其他值得纪念的人的名义来命名。

教授职位——1 000 000

这一职位用以表彰全职教授们对学院做出的终生贡献，这是学校对他们工作的最高肯定与奖赏。教授职位通常是由那些希望表彰学院的最杰出教师和学者的个人捐赠的。

资料来源：罗诺克学院（2013），命名捐赠条款。http://roanokerising.com/namedendowments（2016年2月4日访问）。

为学术单位，特别是大学内的学院和学校冠名是一件大事。毕竟，学校只有这么多可用资源，创建一个新的命名机会需要追加大量的资源。

与建筑命名和讲席教授职位命名一样，为一个学术单位确定合适的命名捐赠需要考虑各种因素。大多数人都认为，冠名一栋学生宿舍楼不如冠
【101】 名大学图书馆，但学校命名的相对标准可能并不那么明显。冠名一个学术单位所需的捐赠是基于其运营预算的规模还是招生规模？这项捐赠是否足以支付一定比例的年度运营预算？还是应该考虑学院的教学质量和声望？如果是后者，应以什么标准来确定，又应以谁的标准来确定？

一些大学将学术单位的命名捐赠金额与年度运营预算联系起来。例如，

伊利诺伊大学基金会表示，命名一所学院或学校需要的捐赠金额，至少是该单位年度运营预算的两倍（University of Illinois Foundation，2016）。埃默里大学 Emory University 的院系整体冠名政策则与捐赠影响有关，捐赠必须是"变革性的"，但也概述了一些额外的考虑因素，包括内部共识、捐赠者的声誉和既定规范：

> 如果冠名是对捐赠的一种认可方式，那么捐赠的规模、性质和指定的用途，必须使目标冠名学院发生变革。这一要求意味着，这项捐赠能够推进一系列明确界定并详细规划的战略方案，大大增强院系的竞争力。在理想情况下，这些改进与变革将提升该院系在杰出同行群体中的地位，这一群体体现了国家科学研究与人才培养的最高水平。
>
> 任何具体的冠名建议都需要得到明确和广泛的支持，要符合院系乃至整体大学的声誉和发展愿景。当然，也会有批评的声音，包括院长、主任或科研单位负责人、教师代表、校友组织负责人、大学行政领导和埃默里大学董事会成员。
>
> 冠名计划相关的捐赠资金，应与大学发展既定规划相融合，形成学院卓越发展的支撑基金，从而推动整个大学释放活力。与此同时，拟冠名人的背景、性格、声誉和其他品质要与埃默里大学的声誉相一致。
>
> 在国内各所大学领导的心目中，为捐赠者提供冠名机会已经是一个公认的做法。如果运作得当，捐赠冠名能够与大学发展使命相结合，埃默里大学通过不断尝试，希望能在冠名支持学校发展模式下探索出新的合作路径。（Emory University，2015）

埃默里大学的通用政策还在学术单位冠名过程中，设立了最低捐赠金额，并加入了其他因素进行综合考虑，例如该院系在大学中的位置及学科的重要性等：

学院、学术单位或研究院：

> 根据冠名单位的规模和影响，建议至少提供 2 500 万美元的捐赠承诺。

部门：

根据部门的规模和项目范围，至少需要捐赠1 000万美元。

校级研究中心或研究机构：

根据所涉及的学科及项目的规模和范围，提供1 000万美元或更多的捐赠。

院系的研究中心或研究项目：

根据中心的规模和项目范围，至少需要500万美元的捐赠承诺。建议冠名限定在学院或系内的中心或项目（Emory University，2015）。

【102】　　与楼宇等设施的冠名一样，一些大学的政策规定，学术机构的冠名也不一定永久存续。院系将来可能会被重新命名，尽管例如商学院品牌本身的存续时间会超过其所在办公楼的寿命。

奖学金捐赠比讲席教授或学术单位冠名更具扩展性。一般来说，奖学金所需经费来源于捐赠基金收益部分即可，即使是金额不高的奖励也可能对某个学生产生重大影响。但管理这些小额捐赠基金，以及将奖学金获得者与支持他们的特定捐赠基金相匹配，都需要付出一些管理成本。大多数大学都设立了一个最低限额，超过这一标准才可以设立一个单独的可冠名捐赠基金。在捐赠基金收益用于奖学金情况下，这一最低限额要求是可以接受的，当然捐赠资金越多越好。

一些大学还区分了用于奖学金的捐赠基金类型。例如，瓦萨学院描述了三种类型，非限定性（可以授予任何学生，由学院决定）、准定向（授予符合捐赠者标准的学生，如果没有此类学生则由学院决定），以及限定性（仅授予符合捐赠者标准的学生）。当然，捐赠者也可以提供一些特殊捐赠来支持设立奖学金，奖学金可以在捐赠期间冠名，类似于前述的短期冠名讲席教授冠名。

非限定性（或自由支配）捐赠资金最受学校欢迎，因为这些基金的投资收益给大学管理者提供了最大的灵活性。历史上看，非限定性捐赠资金很大一部分来自遗嘱捐赠，在遗嘱中捐赠者指定了向某所大学冠名捐赠，但没有明确投资收益的具体用途。除此之外，其他人可能更愿意将捐款的一部分限制在他们感兴趣的特定项目或院系上。

非限定性捐赠基金是许多筹款活动的重要目标，许多大学创造性地将　【103】
非限定性捐赠包装成不同级别的冠名机会，例如校长捐赠基金、院长捐赠
基金和讲席教授基金。在筹款过程中，通过各种捐赠基金冠名来回馈捐赠
者，基金的投资收益则由校长或校方其他负责人进行支配。例如，曼荷莲
女子学院的捐赠冠名机会包括鼓励创意研究的总额 400 万美元的校长创新
基金、100 万美元的学院院长自由裁量基金，以及 10 万美元的图书馆购置
基金和部门发展基金（曼荷莲女子学院，2016 年）。再次强调的是，这些
捐赠冠名机会旨在吸引捐助者的兴趣，并为他们的捐赠提供一些参照标准。

建立捐助者回馈体系是一个需要认真思考并做出判断的过程。捐赠冠
名机会的确定，既可参照捐赠目标的成本，如设施的建造或翻新成本、教
授的工资、院系等学术单位的运营预算等，也要参照一些其他隐性因素，
如学校的声望、建筑物的易识别程度和使用情况，但也需要考虑高等教育
捐赠的整体情况。也就是说，确定所需的捐赠水平还需要考虑以下因素，
如以前其他大学是以什么方式回馈这位捐赠者的，其他大学通过这一回馈
筹集到的捐赠情况，这些大学对这位捐赠者的兴趣与捐赠能力的了解程度
等。正如第四章中关于创建筹款次序表的讨论所述，如果已知一位潜在支
持者具有 500 万美元捐赠能力，那么没有在冠名列表中体现这种可能性是
不恰当的。但是，如果潜在捐赠人关注的冠名目标估值 1 000 万美元，而
捐赠者实力不足（或不认可）怎么办？如果这个大学以前最大的捐赠收入
只是 100 万美元，500 万美元是否比 0 美元好，特别是如果 500 万美元仍
能产生影响并设定新的标准，而 1 000 万美元的捐赠者无处可寻时？这样
的问题在现实生活中很难回答。

捐赠者回馈政策需要为大学理事会提供必要的灵活性，让捐赠接受或
筹款委员会可以做出符合该大学最佳利益的决定。但灵活性可能会使事情
复杂化并引发一定风险。例如，也许有人认为，现在通过一笔金额不大的
捐赠为已故校友冠名一个实验室，这将与他或她的家人建立关系，从而有
可能在未来带来更多的捐赠。捐赠冠名可能为捐赠基金管理与服务工作提
供独特的契机，冠名的全部价值可能需要在基金管理的全过程中深入挖掘，
而不仅仅是在冠名的阶段。然而，在这种需要长期观察捐赠潜力的情况下，　【104】
如何证明回馈措施是合理的呢？

类似于刚才描述的情况确实发生过，所以要再次强调筹款过程中需要

一些灵活性。这就涉及捐赠者之间公平和公正的问题，同等价值的捐赠要给以相同的认可与回馈，否则会产生一些风险，破坏业已形成的人际关系，伤害与捐赠者之间的感情。风险还可能存在于，如果这种捐赠回馈与认可变得完全主观，讨价还价空间较大，久而久之这就会侵蚀慈善文化。它把筹款变成销售行为，把捐赠变成购买，价格还可以商量。

只有在维持和扩大捐赠人与大学之间关系的前提下才可能需要做出上述例外，这才是现实可行的。但是，为了学院或大学的最佳长远利益，需要仔细考虑这些问题，考虑这些问题过程中，应不仅仅包括校长或首席筹款官的判断，决策范围应进行适当拓展。

筹款统计和报告策略

在历史上的筹款行动中，筹款活动统计的目标相当直截了当，就是收到的现金和正式的捐赠承诺，这些捐赠承诺将按照时间表支付，以满足学校支付建筑施工承包商的需要。但是，随着全方位筹款行动成为高等教育的标准模式，捐赠基金和基建项目，以及计划和直接捐赠都成了大学筹资的内容，统计不同类型捐赠的口径成为了棘手问题。不恰当的统计口径，会使大学管理者难以评估自己的筹款业绩，同时在设定筹款目标过程中很难与其他大学的筹资情况进行比较。这同时使确认潜在捐赠者过程复杂起来，特别是那些捐赠协议中包括复杂财务安排的捐助者。如何计算某些捐赠的问题，又与筹款目标与用途密切相关，因此需要在筹款计划阶段确定相关的统计政策。很长一段时间以来，在这方面几乎没有什么规矩可以遵循。

为了解决捐赠统计标准问题的需要，1979 年，教育促进和拓展委员会就如何计算和报告筹款承诺提出了建议。自 2009 年第四版和最新一版（CASE，2009a）出版以来，这些准则已做了多次修订。2011 年，CASE 对第四版标准做出了进一步的明确，涉及三种类型的捐赠：知识产权和专利、土地交易和公司合作关系（CASE，2011）。

【105】

捐赠统计过程中,最复杂的领域涉及可撤销的延期捐赠(如遗产预期)、不可撤销的计划捐赠(如慈善剩余信托和慈善捐赠年金)和有条件捐赠。CASE指导建议特别针对这些领域做了说明,并推荐了一些最佳实践范例,同时也提出,大学应在筹款活动中结合自身特定的战略方向和目的,采取灵活的政策来解决上述问题。

CASE建议,大学应考虑根据捐赠者的年龄来考虑遗产捐赠统计问题。例如,如果捐赠者未满50岁,对捐赠者表达感谢可能是必要的,但不应将其纳入当前的筹款目标,毕竟这种承诺可能在未来30至40年内无法兑现。如果捐赠者年龄在50岁到69岁之间,CASE建议将遗产按贴现价值计入贷方。如果捐赠者的年龄在70岁或以上,遗产可以按其全部面值计算(CASE,2009a)。关于在筹款中计算遗产承诺的问题,各大学遵循不同的做法,各方都有争论。赞成上述做法的人认为,它能使类似的遗产捐赠人能被确认为捐赠者。遗产捐赠管理可以推动形成一个长期关系,这将确保最终的遗产捐赠,甚至可能带来贯穿捐助者一生的额外捐赠。反对这一做法的论点是,一些遗赠可能永远不会真正实现,因此,这场筹款行动的结果似乎被夸大了(Schillier and Sharpe,2014)。

这一活动指南是第四版CASE报告标准和管理指南(CASE,2009a)的一个组成部分。这一指南规定了向CASE提交年度活动调查报告的要求,以及由教育援助委员会(CAE)进行的自愿教育捐赠调查,并提供了有关筹款计划和活动管理的建议指南。指南的内容非常详细,全面的讨论超出了本书的范围。完整的文件可从CASE网站(CASE,2009b)上获取,这是筹款计划不可或缺的资源。

这一筹款活动指南,能够被校长、首席筹资官和董事会成员用来向外界翔实地解释筹款政策,并向所有关心大学发展的相关人员解读全方位筹款行动的复杂性质。如前所述,在全方位筹款行动进行的几年中,事先沟通好哪些捐赠能够计入筹款目标尤其重要。如果某位教职工或董事会成员 【106】误以为筹款活动结束时会形成一大笔捐赠资金,学校能够自由支配这笔资金,那么这种理解方式就有问题了。一些已经计入筹款活动的捐款将在筹款期间花费殆尽,而其他的捐赠则可能在筹款结束后很长一段时间才能实现。明确这一问题,同时与各方保持持续沟通,可以最大限度地避免这方面的误解。这种持续沟通的好处还在于,在较长的筹款过程中,即便董事会成员和院长等校方人员发生更替，这种沟通也能够减少因这种人事更替带来的不利影响。

虽然《筹款指导方针》允许大学在若干方面具有一定的自由裁量权，但 CASE 提供了有关筹款统计和报告的五项基本原则。所有这些都是为了诚实、透明和清晰地向内部和外部成员传达筹款活动：

1. 在筹款活动中，仅统计在特定时间段内实际收到的捐赠和承诺。

2. 全方位筹款行动酝酿阶段应被视为是筹款活动的一部分。大学在这一特定期间收到的捐赠承诺（包括认捐）应被统计在内。

3. 每笔捐赠或承诺只计算在一次筹款活动当中。换言之，在一次筹款中做出但未履行的承诺，不应在新的筹款中被重复计算。之前捐赠是为了上一次筹款活动，而且只能体现为上一次的筹款业绩。不要将在本次筹款之前所做的认捐，包括本次筹款活动所统计的捐赠款项在内。

4. 任何已取消的认捐额，如确定无法兑现，则应从筹款活动总额中扣除。各所大学应在筹款行动开展期间，遵循年度性捐赠复核流程，确保捐赠数额的真实可靠。

5. 为确保统计政策的清晰、透明，同时明确各方责任，应在筹款活动开始前明确活动期间何种类型的捐赠能够被接受、计算和报告，并在活动开始时向筹款相关各方宣布，同时在整个活动过程中保持一致（CASE，2009a，pp. 86–87）。

【107】 **参考文献**

Creighton University (2012). *Policies and Procedures/Financial/General/ Naming Rights Associated with Capital Construction Projects*. https://www. creighton.edu/ fileadmin/user/GeneralCounsel/docs/3.1.23._Naming_Rights_ Associated_with_ Capital_Construction_Projects_-_issued_3-5-12.pdf (accessed February 1, 2016).

Council for Advancement and Support of Education (CASE) (2009a). *CASE Reporting Standards and Management Guidelines for Educational Fundraising*. 4th edition. Washington, DC: Author.

—— (2009b). *Home Page*. www.case.org (accessed February 5, 2016).

—— (2011). *Clarification to CASE Reporting Standards on Counting Issues*. http:// www.case.org/Samples_Research_and_Tools/CASE_Reporting_ Standards_and_ Management_Guidelines/Clarification_to_Standards_Oct_2011. html (accessed February 5, 2016).

Dove, Kent (2000). *Conducting a Successful Capital Campaign*. 2nd edition. San Francisco: Jossey-Bass.

Emory University (2015). *Policies and Procedures: Policy* 3.12: *Policy and Procedures for Naming Opportunities and Endowed Funds*. https://policies. emory. edu/3.12 (accessed February 3, 2016).

Gearhart, David G. (2006). *Philanthropy, Fundraising, and the Capital Campaign*: *A Practical Guide*. Washington, DC: National Association of College and University Business Officers.

Kashner, Zoë (2011). "The Naming Game" [electronic version]. Currents, March. www.case.org (accessed February 2, 2016.)

Kroll, Judith A. (2012). *Benchmarking Investments in Advancement: Results of the Inaugural CASE Advancement Investment Metrics Study (AIMS)*. Washington, DC: Council for Advancement and Support of Education.

Luker, Ralph E. (2006). "Sit in My Chair" [electronic version]. *Inside Higher Ed*, December 4. www.insidehighered.com/views/2006/12/04/luker (accessed June 11, 2009).

Mount Holyoke College (2016). *Gift Opportunities*. https://www. mtholyoke.edu/giv- ing/gift-opportunities#Endowment (accessed February 4, 2016).

Pogrebin, Robin (2015). "David Geffen Captures Naming Rights to Avery Fisher Hall with Donation" [electronic version]. *New York Times*, March 4. http:// www.nytimes.com/2015/03/05/arts/david-geffen-captures-naming-rights-to-avery- fisher-hall-with-donation.html?_r=0 (accessed February 19, 2016).

Rutgers Business School (2016). *Naming Opportunities*. http://www. business.rut- gers.edu/alumni-giving/giving-to-rbs/naming-opportunities (accessed   February 1, 2016).

Schiller, Ronald, and Sharpe, Robert F., Jr. (2014). "The Campaign Counting Conundrum" [electronic version]. *Currents*, September. www.case. org (accessed February 20, 2016).

Syracuse University (2005). *Gift Acceptance Policy*. http://supolicies.syr. edu/admin/ gift_accept.htm (accessed February 1, 2016).

University of Illinois Foundation (2016). *Endowment Levels*. http://www. uif.uil- linois.edu/TypesOfGifts/Endowments/EndowmentLevels.php#college (accessed February 2, 2016).

University of North Carolina at Chapel Hill (2016). *Giving Matters/ Faculty*. http://giving.unc.edu/giving-matters/what-to-support/faculty/ (accessed February 2, 2016).

University of Washington (2014). *UW Policy Directory/ Facilities and Spaces Naming Policy*. http://www.washington.edu/admin/rules/policies/BRG/ RP6.html (accessed February 1, 2016).

Vassar College (n.d.). *Endowed Scholarships*. http://worldchanging.vassar. edu/stu- dents/scholarship/endowed.html (accessed February 5, 2016).

第六章　筹款行动的执行

　　筹款行动从酝酿期（有时也称为安静期、核心期或预备期）开始，一般在这个阶段，关键性的巨额潜在捐赠人和大学理事会的核心成员会收到大学方面的募捐信息。随着酝酿期的持续推进，筹款行动的领导团队会评估酝酿期工作的结果，并根据需要调整筹款行动的工作目标和行动重点，实时调整策略以推动筹款行动的顺利进行。

　　如果潜在的大额捐赠者群体纷纷明确了捐赠意愿，则可以对外宣布全方位筹款行动正式开始。对外宣布的筹款目标取决于酝酿期巨额捐赠者的沟通情况，以及初步的筹款评估结果，一般来说应比最初的工作目标略高为宜。酝酿期以后，全方位筹款行动进入公开期，但这并不代表着筹款重点需要转到更广泛的捐赠群体。年度捐赠项目是全方位筹款行动启动后，面向大学所有支持群体开展的筹款项目，但筹款行动应该始终专注在大额筹款项目上，这一点要格外注意。

　　大学校长在全方位筹款行动中扮演着多重角色，在筹款行动正式启动后，校长的工作包括为筹款行动规划远景，提供各种资源支持，在各种活动中推介大学与全方位筹款行动，参与潜在大额捐赠者关系维护，以及监督筹款行动进展等。在研究型大学，尽管年度捐赠项目和用于科研项目的非合同性研究资助也包括在全方位筹款行动当中，但校长的工作重点还是应放在培育和联系巨额和计划捐赠等重量级的潜在捐赠者群体上。

本章首先论述了大额捐赠的筹款过程，其中重点讨论了校长在其中的角色与定位。其后，本章将从宏观视角讨论一些筹款战略，并在结尾罗列了一些筹款绩效指标。虽然本章主要论述大额捐赠的筹款过程，但在此并不会深入探讨潜在捐赠人培育以及筹款过程中的具体技巧。这些技巧会在第七章"筹款的艺术"里探讨。

【110】 # 大额捐赠过程

图 6.1 直观地说明了大额捐赠的筹款过程。大额筹款过程中的一些专有词汇，如潜在捐赠人、培育、筹款等大多耳熟能详，因此这个表看起来有些过于简单，但在我们这些筹款实务人员看来，其中的每一步都值得仔细分析，从而更好地指导筹款工作。

此图虽然是本人原创，但图表中沿用的想法和概念，主要是基于教育筹款领域的三位前辈所开创的工作，他们分别为大卫邓洛普，巴克史密斯和亨利罗索（David Dunlop，Buck Smith，Henry Rosso）。邓洛普和史密斯均毕业于康奈尔大学，并在这所学校开始了高等教育职业生涯。邓洛普在他的职业生涯中一直待在康奈尔大学直至退休，成为了大额筹款领域最著名的作家和演讲者之一。史密斯离开康奈尔大学后，回到他的本科母校伍斯特学院，并在这所学校担任发展事务副校长多年，最终成为查普曼大学校长。他于 2013 年以西佛吉尼亚州戴维斯和埃尔金斯学院校长身份退休，然后以临时校长身份重返，直至本书撰写时他仍然担任这一职位。

罗索是一名资深的筹款顾问，他在创建筹款学院（现印地安纳大学礼来家族慈善学院的一部分）过程中发挥了重要作用，并在该学院成立前担任中心首任主任。他的著作《实现卓越的筹款》（Rosso，2003）以及其后修订的三个版本，至今仍是该领域最实用的参考书目之一。总之，这三位富有见地的筹款领域实务工作者一起界定了大额筹款领域里的一些基本概念，创制了一些专用词汇。

筹款周期

图 6.1 从两个角度描述了大额筹款过程。上半部分是从筹款人角度描述该过程。在第一步里，潜在捐赠人会被识别。随后，通过一系列的计划、项目或策划，个人与机构之间的关系逐渐发展并日渐成熟（Dunlop，2002）。

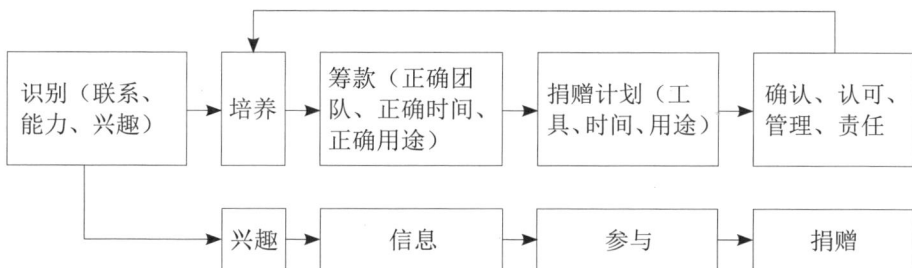

图 6.1 大额捐赠过程

当关系培育发展到一定阶段，潜在捐赠人做好捐赠准备时，筹款环节就需要及时跟进，不过即便潜在捐赠人的回应比较乐观，这也并不代表筹款过程业已结束。在很多情况下，潜在捐赠人对筹款机构的回应并不是毫无保留地同意。他们只是表达了做出捐赠的愿望，但同时对捐赠项目的捐赠额度、捐赠结构、具体用途均会提出自己的一起想法。因此，筹款人员应结合潜在捐赠人情况，针对性地设计并逐步完善捐赠方案，这一方案包括但不限于我们平常理解的遗产类计划捐赠项目，主要涉及捐赠用途、捐赠备忘录或捐赠协议、捐赠支付方式等内容。大额筹款过程中的此类捐赠计划类似于一种捐赠谈判，不过这个概念主要应用于商业领域，在筹款过程中应尽量避免使用。【111】

即便捐赠顺利完成后，上述过程仍将继续进行，包括捐赠致谢、捐赠者回馈等，同时还要与捐赠者维持一种持续性长期关系。捐赠管理体现为一种管理责任，以确保捐赠符合预期用途，并在大学里产生积极影响。事实上，这种捐赠后期的服务与管理，也会与持续的捐赠者关系培育融合在一起，最终促成捐赠者复捐行为。当然，后面的几个筹款环节并不一定会在一次全方位筹款行动中完成，在活动结束这些环节仍会持续，事实上它们可被视作为下一次筹款行动所做的准备工作。有关这些筹款行动后的持续性工作将在第八章里做更全面的论述。

【112】　一个普遍关心的问题是上述过程的周期是多久，换句话说，从识别潜在捐赠者到大额捐赠最终实现的过程，需要多长的时间？尽管这一问题不可一概而论，但一般来说此过程需要约 12 到 18 个月，但周期的长短总体上取决于捐赠者与大学之间的关系。另一个相关的问题是，筹款人员需要与捐赠者进行多少次联系或拜访，方可成功实现识别捐赠者到促成捐赠的过渡？同样地，这一问题并没有确切的答案，尽管有些研究认为平均需要与捐赠者接触七次左右才能完成筹款若干环节。到目前为止，我还没有找到直接的证据能够支撑这一数据，也找不到这一数据的确切来源，或许只是某个筹款传说而已。不过，有的学者认为筹款过程比想象的要快捷许多，潜在捐赠人一般会在第三次拜访时就已做好了"被筹款"准备（McCrea and Walker，2014）。对于这个问题的答案，本人还是认为取决于捐赠规模，以及潜在捐赠人与大学先前的关系基础。筹款是一门艺术，许多环节融入了主观体验与互动，并没有一套特定的公式能够一劳永逸地描述筹款过程。

五个 I[1]

图 6.1 底部的部分描述了个人与筹款机构的关系如何发展。一般认为，"五个 I"的概念由史密斯（G.T. Smith，1977）提出，其他的学者也对这一概念进行了丰富与完善。必须明确，尽管五个 I 模型得到大多数筹款实务人士的认可，但也受到一些学者的质疑，他们认为五个 I 的概念缺少心理学和传播学理论支撑。然而，抛开其在理论上存在的不足，五个 I 模式在筹款实务工作者中已经深入人心，其中的假设在历次全方位筹款行动中基本上能够得到验证。与图表上方的部分相同，这一关系同样始自潜在捐赠者识别过程。

1　五个 I 分别是 Identification, Interest, Information, Involvement, Investment，对应中文为识别、兴趣、信息、参与、捐赠（投资）。——译者注

根据该模型，个人与筹款机构的关系取决于某种程度的兴趣（识别潜在捐赠者的三项标准之一），通过定期向潜在捐赠者提供有价值的信息，可提高他们对机构的兴趣。这一过程中的关键环节是引导捐赠者的充分参与，实质性的参与有助于将两者关系推进到下一阶段。参与有助于增强彼此之间的关联，并能够使潜在捐赠者在组织中获得归属感，视如己出进而产生主人翁意识，并把与机构发展视为自身发展的一部分。我认为这种联系可以称为"认同"，因为潜在捐赠人开始认同机构。这可算是第六个"I"，但如果将其整合到模型中会引起混淆，因为这与第一个"I"，也就是识别潜在捐赠者相互重合。我们时常在汽车车窗贴纸上、运动衫和其他带有大学标志的物品上看到这种认同感，这体现了校友与大学的这种联系。根据五个I模型，这种认同感与归属感来自参与，其后便会引发更深层次的"投资"，也就是说大额捐赠。

大额筹款过程的培养阶段通常涉及一系列工作，逐步推动与潜在捐赠【113】者的关系发展为捐赠状态，因此筹款活动往往包括一系列计划或举措，以促进上述变化的实现。"推动"（Move）一词最早由邓洛普（Dunlop，2002）提出，不过后来他更倾向于使用"倡议"（Initiatives）这种说法，因为他认为"推动"听起来可能具有一定的操纵性，但"倡议"一词是筹款领域中的既定术语，即便如此，负责大额捐赠的专业人员还是更愿意沿用"推动"一词。

应确保与潜在大额捐赠人的关系得到妥善管理。也就是说，需要根据战略和时间安排来采取相应举措，而非随机或是利用偶发的机会。用邓洛普的话来说，维护这种关系的人员除了一个主要的筹款人员之外，还应有个辅助人员。也就是说，学校里应有不止一人与潜在捐赠人保持联系，不过每种联系渠道之间要有明确的分工。在大多数捐赠人管理实践中，辅助人员需要通过主要筹款人员跟潜在捐赠者取得联系，且所有联系均须报备给学校的中枢数据库。

此外，还必须区分捐赠联系人与捐赠事务管理人这两种角色。潜在捐赠者维护一般会分配给捐赠事务管理人，通常是发展事务部工作人员，主要负责跟踪关系进度，发起与之相关的筹款活动。维护这种关系的工作人员不一定是捐赠人的唯一联系人或密切联系人，校长、院长、教员、志愿者或其他与捐赠人有关系的人才会扮演这一角色。在这种情况下，捐赠事务管理人的主要工作是确保校长、院长等捐赠联系人及时响应筹款倡议，捐赠关系得以正常维护，以便筹款方案能够顺利实施。捐赠事务管理人要确保一系列筹款相关活动逐一落实，但自己并不一定是执行每个动作的人，这有点像销售经理的角色，他可能是具体地面向消费者的销售人员，也可能不是。

当然，在很多情况下，发展事务部工作人员确实与潜在捐赠人关系最密切，同时身兼捐赠事务管理人和捐赠联系人。拿第三章中所作的橄榄球比喻来说，发展事务部的筹款人员可能既是四分卫又是前锋。近几十年来，随着筹款专业人员在捐赠关系培育和捐赠人联络方面发挥的作用日渐加大，这种情况变得更加普遍，但对两者做出区别还是很有必要的。

校长可能是潜在捐赠人的主要联系人，这种情况下更需要负责捐赠关系维护的专业人员协助校长处理相关事务。筹款事务副校长或大额筹款人员，他们可能与校长保持着密切联系和沟通，会根据需要推进并落实有关

【114】 筹款活动。大多数校长的日程都很紧张，他们通常因其他事项而分散注意力，除非有专人协助校长进行重点捐赠人的关系维护，经常性跟进关系动态，否则他们很容易会推迟或忘记与潜在捐赠人的电话、拜访或其他活动。校长有时会觉得筹款人员的这种频繁跟进有点不胜其烦，但大多数人知道，至少在他们心中，大额筹款必不可少，这种提醒也是不可或缺的。

在发展事务部筹款人员同时扮演联络人与筹款事务管理人两个角色的情况下，仍然有必要让其他人员参与到关系维护中来，包括校长、院长、志愿团队领导人和其他人员。尽管筹款团队和大学领导层可能会发生人事变动，但这种筹款过程中的多人参与，从长期来看对于捐赠关系维护来说至关重要。正如第三章所论述的，成功的筹款行动总是团队协作的成果。

识别潜在捐赠人

第四章论述了识别潜在捐赠人的一些技巧，不过名单上的名字并不代表他们会是真正的潜在捐赠人。需要通过深入地了解与分析，来确定他们在全方位筹款行动中的捐赠可能性。

亨利·罗索（Henry Rosso）曾制定了用于识别潜在大额捐赠人的三项标准，即联系、能力和兴趣（Seiler，2016，p. 53）。就高等教育机构而言，

通常必须满足所有三项标准，否则此人不太可能是真正的潜在捐赠人。

并非每个人都会是某个特定机构的潜在捐赠人，即使他们家财万贯且乐善好施。面向大学的大额捐赠者们，大多与学校保持着某种联系，他们可能是校友、学生家长，心存感激的大学附属医院患者，或是大学所在社区的名门望族。他们通常不是萍水相逢，也不是从全国或当地富豪榜中挑选出来的。这些名单上的名字，一般来说也会是理想的潜在捐赠人，但对大多数大学来说，这只是份不切实际的捐赠者名单。

基金会、公司及一些企业类型的捐赠者，可能会受到捐赠倡议的感染而做出回应，但一般人通常仅会向与他们有着某种天然联系的机构捐赠。当然，即便不是全部，但大多数有能力做出大额捐赠的人，往往会与一些高等教育机构有着某种联系。如果他们自己不是大学毕业生，他们也会通过家庭、地缘或其他方式与一些学院或大学建立联系。有些人与多所大学保持着一定的关系，但其中的有些关系会占据主导地位，此类关系通常很明显或者很容易被识别。因此，一般不会出现大学之间为争取某个捐赠人而直接进行筹款竞争的现象。

当然，这也不排除捐赠者与多所大学有着多重关联的情况，也许其配【115】偶或其他家庭成员曾就读于其他高校，或者当地企业的负责人同时与所在地的两所大学保持着联系。但是，通常情况下，如果潜在捐赠者与一所大学的联系比其他大学更紧密，潜在捐赠人自然会在心中对这些大学做个优先级排序。这意味着如果一个潜在捐赠人明显与另一所大学具有密切关系，通常情况下再花大把时间与精力增进关系，试图引导其成为本校捐赠人，这其实也是不明智的。

当然，捐赠能力是潜在大额捐赠人的最基本标准之一。俗话说，巧妇难为无米之炊，不言自明的是，能够大额捐赠的人一定是有资源这样做的人。但是，正如在第一章中提及的本杰明富兰克林（Benjamin Franklin）的筹款建议所说的，"对有些人的捐赠实力，你可能会做出错误的判断"。换句话说，捐赠能力有时不一定显而易见。

例如，在我担任乔治华盛顿大学发展与校友事务副校长期间，我曾经接触过一位退休教员，他是学校最大的捐赠者之一，他的外表和行为举止均具有典型的教授气质，安静低调且深思熟虑，从表面上看，我从没想过他具有雄厚的资金实力。在我就任不久后的一天，他到我的办公室拜访我，进屋后自报家门，介绍了自己的情况。我们就教育和学术生活等话题交谈甚欢，会面结束时，他递给我一张支票，说他愿意资助设立一项研究生奖学金，虽然金额不是太多，但是数额也相当可观。

此后每年他都会主动与我联系，见面叙旧之后按惯例会递给我一张支票或是承兑汇票，捐赠金额也越来越大。不过，当我主动与他联系时，往往不会得到他的回应，每年见面的时间和地点也都是由他选定。不仅如此，如果我给他打电话，他会显得多少有些不高兴，总之，在他每年拜访我的办公室之前，他不会回复我任何信息，神龙见首不见尾。我们潜在捐赠者研究人员能搜集到的信息也是寥寥无几，除了他在学校工作时出版的学术性出版物之外，几乎找不到有关他的任何信息。

经过几年这种形式的沟通与交流，有一次拜访时，我们的谈话范围有所扩大。他想要知道，怎样才能迅速提升一所学术机构的教学质量，是吸引最优秀的研究生，让那些优秀的教授乐意去教书，或者是通过招聘最优秀的教授，以此吸引优秀的学生去学习？换句话说，他问我，如果要加强大学的某个学术机构，设立学生奖学金或是捐赠冠名教授讲席，这两种慈善方式哪种更为有效？我们就此事讨论了很长时间，他就此得出结论，认为捐赠冠名教授席位这种方式相对来说效果最为明显。会面结束时，他说，【116】 "好吧，我想捐资设立一个冠名教授讲席，我该怎么做呢？"当然，我很乐意为他提供指导并设计捐赠方案。

在接下来的几年里，他对我们大学的慈善捐赠规模逐渐扩大，他还冠名捐赠了若干个教授讲席，在他的大力支持下，我们其中一个学术机构的研究能力得到了显著提升。此后，他逐渐向我敞开心扉，告诉我更多有关他的故事。多年前，他和一位出身于豪门的独生女结婚，此后女方父母相继去世，托付他来管理庞大的家庭财富，他成功做到了这点。尽管有着万贯家财，他仍以一名学者自居，保持着勤俭的生活方式，很少有奢侈性消费。他自己的孩子也都能自食其力，他认为不必再为他们提供额外帮助。

他在乔治华盛顿大学担任教职长达四十年，对学校有着深厚的情感，不过在此期间，他有时也会为其所在院系资源的匮乏感到遗憾。他和妻子当时已经80多岁，他们计划以某种创新的方式，将自己的资产有效管理，以便能够帮助那些与自己一样探寻科研路径的教授们。在战略性慈善的概念还尚未成型的年代，这些做法具有一定的引领性，他们不断地以讲席教授捐赠的形式向其所在院系提供支持，目标明确且持续。

这个捐赠人的案例说明，那些被常规的潜在捐赠人研究工具认为不具有捐赠能力的人，有时反而是被我们忽视的捐赠群体，因此，要重视所有的与大学有着密切关系的那些人。事实上，在联系、能力、兴趣（LAI）三项标准中，联系可能是筹款过程中最重要的出发点。即便自身财富不一定富可敌国，如果家庭和其他生活条件允许，加上资深捐赠顾问的帮助，捐赠能力一般的捐赠者，也可能向与他们关系密切的大学进行大额捐赠。

罗索的第三项标准是兴趣。如果某人与大学已经建立了联系，并且也具有捐赠能力，但是如果他或她对大学及其筹款项目没有兴趣的话，捐赠行为也不会发生。筹款领域的俗话说，如果我每遇到一个缺少兴趣的潜在捐赠人，就会得到一美元，那么我早就发达了。

作为筹款事务主任和后来的发展事务副校长，我拜访过许多十分富有，同时与大学有着紧密联系的潜在捐赠人，包括校友、学生家长或其他相关人员，但是一般情况下他们根本不会向大学提供支持。其中的原因也许是因为过去几十年间，大学校友关系与资源拓展工作做得不够到位，更多的则是与复杂的捐赠动机有关。

有些人本身就对慈善捐赠不感兴趣，另一些人则更愿意支持他们自己所在地的大学，也更珍视由此类捐赠带来的知名度、认可度和社会地位，对他们来说，这种捐赠比向他们曾经就读且十分遥远的大学进行慈善支持更重要（稍后论述这种社群型捐赠者）。出于各种原因，相对于扶贫济困类社会组织，有些人认为相对来说高等教育并不是很好的捐赠对象，他们更倾向于将他们的捐款分配给其他用途的非营利组织。他们或许与这类组织有着日常联系，或许他们只是对这类组织感兴趣，也可能只是基于理念、志愿服务或生活经历等其他原因而做出捐赠决策。

例如，20 世纪 80 年代中期，作为乔治华盛顿大学发展事务副校长，【117】那时我正在全力推动任内的首个全方位筹款行动，期间我拜访了一位法学院校友，当时他是一家企业的首席执行官。那次他向我解释说，他对乔治华盛顿大学的了解很少，在校园生活的几年里，他很少走出过法学院。此外，他目前的工作是企业高管，而不是执业律师，所以他对法学院的筹款项目也并不是特别感兴趣。

他解释说，在大学期间所受到的教育为他的职业生涯提供了良好背景，但他对支持法学院或大学的其他项目并不是特别感兴趣。事实上，他兼任社区附近另一个非营利组织的理事，他和他的家人一直以来与该组织保持着经常性联系。而他的妻子就读于另一所大学，她倒是对该大学的一些筹款项目有些兴趣。我清楚地记得，在拜访这位校友后的联系日志中我写道，这位校友仅能成为大学年度筹款项目的潜在捐赠人，而不太可能成为大额捐赠人。在随后的几年里，他确实以年度捐赠形式支持学校事业发展，对此我也表示了由衷的感谢，但我从未再去拜访过他。

在接下来的十年间，他的情况发生了巨大变化。由于不方便透露个人信息，我只能说他离开了最初所在的公司去创业，幸运地赶上了20世纪90年代高科技发展的繁荣期，积累了可观的财富。在大学新一轮的全方位筹款行动启动后，我和校长一起再次去拜访他，再次与他谈起捐赠事宜。

我问起了他的慈善规划，他向我们介绍说，他和妻子正在着手创建他们自己的非营利组织，为此已经制定了详细的计划。同样，为保护他的隐私，我只能说他做的是与儿童相关的公益项目。他解释说，他钦佩大学的科研和人才培养工作，将继续适当地给予支持，但他和妻子希望采用一些新的慈善方式，而不会受到与大学等传统机构打交道时那些固有规矩的限制。他们对于如何运作公益慈善项目有着自己既定的理念，并且更愿意在自己能够控制的范围内，相对灵活地开展这些项目。

我试图把话题转向法学院和法学院的筹款项目，但他明确告诉我，他毕业以后从未从事过法律事务。此外，我还介绍了商学院，以及与创业相关的项目，但他并未表现出浓厚兴趣，在推介教育学院筹款项目时，他对【118】传统的教育方法持有保留意见。当我讨论大学的优先发展战略时，他静静聆听着，但在描述自己的计划时，他脸上露出兴奋的神色，这些计划是他准备推动的慈善事业的重点所在。打个比方来说，看得出来他的慈善事业像一列正在高速行驶的火车，我确信无法让这列火车为我而停下来，我能做的最好的事情就是搭便车。

在接下来几个月里，我和校长再次拜访他，我们提出一系列捐赠建议。我们提出，大学的一个创新项目能够为其新成立的公司提供科研支撑，明显地，他对此并不太感兴趣。我们接着介绍了一些讲席教授的冠名机会，以及其他一些大学相关项目的捐赠机会，并尽力解释大学能够成为他拓展新事业过程中的合作伙伴。

　　我认为其中的有些提议或想法是很有创意的，我们的表述也十分清晰明确。作为对我们提议的回应，他确实向母校支持了一笔大额捐赠，但他慈善事业的关注点仍然集中在他和妻子创建的新型慈善组织上。因此，按照上述的标准，他的确具有捐赠能力，和母校也有积极的互动，但他的主要兴趣不在大学和大学项目上，我们也无法改变这一现状，至少在我跟他接触的时候没有发现这种可能。

　　有时候要对上述潜在捐赠者保持长期的关注，认真记录拜访与联系过程，同时筹款人也应抛开不必要的束缚。创造力和坚持不懈是成功筹资的重要品质，但对于一个明确表示其兴趣不在于此的潜在捐赠人，需要权衡为谋求捐赠而投入的时间和成本。针对缺少兴趣的捐赠者投入过多的资源，可能不太适合，并且效果也会适得其反。

　　另一方面，如果某些潜在捐赠人财务能力很强，与学校也有渊源，那么永远不应完全放弃与之建立联系的可能性，即使这种关系似乎无法在目前转化成捐赠。既然潜在捐赠人具有捐赠能力，与学校也有着各种各样的关联，那么情况总会发生变化，或是家庭情况改善、兴趣转移，机会总会出现。尽管最初的筹款尝试不尽如人意，甚至很长时间没有起色，但用心去培养与潜在捐赠人的感情，有助于进一步发展或是恢复与他们的关系，有可能会在某个时点促成捐赠。

　　我本人也接触过一些潜在捐赠人，他们曾经对与大学建立联系缺乏兴趣，但后来他们的生活或职业生涯发生了一些变化，这些变化也可能存在一些人为的干预因素，不管怎样他们的兴趣和关注点发生了变化，例如儿女在大学就读或自己退休，或是发生了其他一些改变他们看法的事情。"没有兴趣"这一阶段不可避免，也很难扭转，但即使捐赠的可能性很低，也应时刻保持敏感性，毕竟事情可能也会出现转机，至少有一丝希望也不应放弃。如果保持一定的耐心，对潜在捐赠者保有足够的尊重，随着时间的推移，上述转机可能会提前实现，或是在下一次的全方位筹款行动中趋于成熟。总之，对这部分潜在捐赠者应保持持续的联系。

　　全方位筹款行动的优势之一就是能够形成一定的筹款紧迫感。捐赠者培育周期是框定在筹款行动期间内的，大学希望在此期间引导捐赠者兑现承诺。这给大学筹款人，同时也给部分潜在捐赠人形成了某种程度的约束，【119】使相关各方按照既定规则行事。但这也带来了一些问题，如筹款人不愿长期培育捐赠人关系等，这一问题前面已经有所述及，这里不再重复。还有一个可能的风险是，由于全方位筹款行动最后期限的压力，筹款人可能会过早放弃那些暂时没有捐赠希望的捐赠者，尤其是那些可能需要数年或数十年培育才能成熟的捐赠关系。这些流失的潜在捐赠人可能会消失很长一段时间，之后他们会对其他机构产生兴趣并给予捐赠支持。

大卫·邓洛普（David Dunlop）引入了捐赠者培育的概念，在这个长期的过程中，维持与潜在捐赠者的良好关系优先于筹款本身。通过这种方法，捐赠者关系培育与发展可以长达数十年，甚至一生。随着关系的日益成熟，后续的捐赠也会水到渠成，对大学的支持也顺理成章，筹款人的筹款难度和工作量会大大降低。这一过程超越了某个单独的全方位筹款行动，其持续的时间也会更长。

当然，正如邓洛普所指出的，这种方法只能适用于少数的潜在捐赠人，也就是那些最有潜力成为巨额或变革性捐款的捐赠人（Dunlop，2002）。在激烈的筹款行动中，不可避免会发生校长、院长、理事、筹款人员和其他校园负责人的人事变动，但一些重要的潜在捐赠人必须得到持续的系统性关注，尽管他们的慈善捐赠可能不会对当前的筹款行动有所裨益。

这种关注长远关系的捐赠者培育方式，可能会与全方位筹款行动中常用的筹款方式背道而驰，不过校长有责任确保大学针对这部分重点捐赠者，建立一套完整的捐赠关系维护体系，构建一种超越捐赠本身的长期关系。

培养捐赠者关系

培养捐赠者关系是图6.1上半部分的第二步，它按照五个I模型逐步进行。从定义上来说，捐赠者培育工作是推动符合条件的潜在捐赠人，在捐赠图谱上从对大学或多或少，或显性或潜在的兴趣，逐步转移到实质性捐赠。如前所述，这一过程伴随着一系列的筹款项目与策划，基于筹款战略之下对每个捐赠人定制的筹款方案实施而成的。它们可能包括邓洛普所说的针对性方式和通用性方式两种。

通用性方式所涉及的参与机会，并不是针对某个具体的潜在捐赠人定制而成的。例如，邀请某人参与筹款活动，并提供一些他们相互之间建立联系的机会。针对性方式则更为具体，它是专为某个人定制的一些活动。

这可能包括校长或筹款人员的登门拜访、表彰捐赠者的答谢晚宴、授予某位捐赠者颁奖仪式，以及其他一些旨在提升与该潜在捐赠人关系的活动，换句话说，这些活动专属于这些潜在捐赠者，没有他们的参与，这些活动也不会举办（Dunlop，2002）。

然而，一些大学校长和筹款人员，包括我在内，不一定完全认可上述【120】筹款方式，认为这些处心积虑的筹款方式多少有些商业化的色彩。这些方法可能过于商业化，有点类似于商业化营销活动，不太符合高等教育的文化特点和价值观。有些人甚至觉得这有点过于投机，毕竟为了筹款而去刻意建立关系，看起来有点功利性。也有些人认为，少有人会把时间花在这个漫长的过程中，耐心地等待结果。不过，这和婚姻之前的求爱过程有些类似，需要用心付出，耐心等待。

共进晚餐，一起观看一场电影，或是约会时送花（如果还有人这样做的话）通常也是为了增进与对方的感情，不管是好友之间还是恋人之间都是如此。筹款过程中也是一样，双方都愿意参与到这个过程中来，并且结果往往也是互惠互利的。在生活当中，很少有人会对上述交际活动背后的动机感到不高兴，不过除此之外通常还需要一些耐心。

不习惯培育潜在捐赠人，可能反映出这样一种心态，给大学进行大额捐赠是一件日后容易反悔的坏事，筹集捐款就是从捐赠者身上榨取资源，给捐赠者带来负担。不过这种想法在实际当中并不属实。首先，当发展事务部工作人员或校长前来拜访时，潜在捐赠者们通常理解筹款的规矩，他们愿意参与到这一过程中来。

捐赠是一种自愿行为，大多数有能力捐赠的人都极富经验，在应对捐赠压力时也会显得十分老练。我从来没有听说过哪个捐赠者后悔做出大额捐赠，当然，不排除有一些捐赠者对捐款资金管理和使用不太满意的情况。对大多数人来说，看到自己慈善事业的成果是一种满足且愉快的体验。第七章将会回顾其中的一些要点。

从左到右接着再看上述捐赠关系图谱，五个I模型中的第二个模块是信息，通过提供更多的信息，潜在捐赠人的兴趣得以增强。当然，提供更多的信息不一定会直接促成捐赠，但这些信息为捐赠者广泛的参与奠定了基础。有些人会把这一过程称为捐赠者教育，尽管其他人会觉得这个词有点居高临下，高人一等。事实上，这一过程旨在向潜在捐赠人传递一些信息，如大学使命、发展目标及筹款项目等。但是信息本身并不能产生激励的效果，在潜在捐赠人准备好进行大额捐赠之前，个人与大学的关系通常需要进入下一个阶段，也就是参与阶段。

【121】　参与是捐赠者关系维护与筹款过程中最为关键的一步。参与的初级形式可能是学者所说的一些支持性行动，可能是个人参加一些社交或体育活动，在班级返校活动上发表致辞，或者以其他方式参与大学项目和其他的个性化活动。但是，通过实质性参与，个人开始对大学本身承担一些责任，这是一个关键的节点，可以产生前面所提到的主人翁精神。再用求爱的比喻来说，实质性的参与就像订婚一样，它包含某种承诺和责任。

　　潜在捐赠者可以通过多种方式实质性地参与大学事务，大学也可以创造许多这样的契机。例如，筹款行动前的规划环节可以让各种工作小组和咨询小组参与进来，增进个人对大学的了解和参与。例如，以捐赠人访谈和小组化形式开展的筹款行动可行性研究，既可以向潜在捐赠者介绍大学情况，又可以通过倾听他们对大学筹款的看法和意见，鼓励他们参与筹款过程。

　　但是参与过程也可能会有些微妙。当我在马里兰大学担任发展事务主任时，我意外地被委以重任，为一个研究中心的捐赠基金募集资金，该中心之前获得了一笔捐赠配比资金，因此一定要筹集到捐赠以落实这笔捐赠配比。在那个阶段（但肯定不是现在），研究中心的主任有权独自筹集捐赠，而不用事先获得学校发展事务部门的批准。研究中心的这位主任到办公室告诉我这一情况时，我们几乎没有时间按照通常的模式准备筹款活动，但这是一笔大额捐款配比资金，这也是我们不能错过一个重要机会。

　　我们初步的想法是遴选出一名筹款行动主席并组建一个筹款组织委员会，但事实证明我们的想法不太可行。之前并没有人向这个中心捐赠过，中心也没有潜在捐赠者基础。我们能够列出一份具有捐赠实力的人员名单，但这些人似乎关注更为广泛的领域。有些人与大学有过联系，但也有些人对大学完全陌生。他们能否对这个项目产生兴趣，这一点我们心里完全没底。

　　鉴于这一情况，我和中心主任，在校长和其他管理层的支持下，采取了替代策略。校长要求我们与上述那些潜在捐赠人会面，请他们为我们的筹款项目提供指导和建议。此后，我们会发送一份筹款方案草案，请他们仔细审阅并做出标记，再适时邀请他们参加座谈会，进一步讨论他们对草案的想法。我们会再次强调，我们并不想利用这个机会向在座各位筹款。会议的形式有点类似于项目务虚会或可行性论证会，主题是询问他们对筹款项目草案的看法，同时虚拟筹款场景来测试他们对捐赠项目的反应，我们会根据他们的建议，对筹款方案进行完善以便使其更具有吸引力。当然，我们也会向他们坦承遇到的挑战。

事实上，我们通常不会向他们直接筹款，但在此类会议中，他们自己【122】就会把主题转向筹款与捐赠问题，并提出捐赠意向，比如对某个捐赠项目表示出兴趣。通过这种方式，在修改筹款项目草案过程中，我们确实筹集到了一半左右的所需资金，一位捐赠者对我们所做出的努力十分认可，承诺捐赠另外一半资金以成功完成这项筹款任务。这是一种有些特殊的筹款方式，有时我也在思考，这种方式为什么能够取得成功。这一案例说明了，在向潜在捐赠人提供信息和引导他们充分参与之间，存在着很微妙但十分重要的区别。

上述筹款案例的那些潜在捐赠人，应该说他们并不是以正式的方式参与进来的，他们既不是筹款委员会主席，也不是筹款行动负责人。但我们针对捐赠方案寻求指导和建议的方式，确实使他们参与进来并开始帮助我们思考筹款项目。如果我们只是把一本印刷精美的宣传册定稿摆在他们面前，那么我们只是简单地向这些潜在捐赠者提供了一些信息，但如果把项目草案发给他们并寻求募捐意见，无论建议多么微不足道，这都是一种有效的参与方式。筹款方案一直处在修改与完善阶段，定稿之时也就是筹款完成之日。

我经常听到一句关于筹款的古老谚语，谚语的来源已无从追溯。筹款过程中，如果你向别人直接要钱，他们就会给你建议，如果你寻求建议，他们就会向你捐赠。作为一条大的原则，这可能过于简单，也并不一定总是有效。但是正如许多古老谚语一样，这句谚语有时似乎有一定道理。

当然，持续的参与能够在个人与大学之间建立一种心理上的联系。特定院系、中心或项目层面相对正式的咨询委员会和理事会，能够提供这样的契机，推动个人参与学校事务。

在过去十年里，高等教育领域当中大学咨询委员会和理事会的数量激增。虽然没有历史数据跟踪这一增长过程，但咨询委员会近年来获得了广泛的关注。因此，2007 年大学理事会协会（AGB）开展了相关的研究，研究成果在本书(Worth, 2008)前面部分有所提及。在私立大学和公立大学中，该项研究发现数以百计的此类委员会在发挥作用。

咨询委员会提供了一种变通的参与方式，加入咨询委员会的人们承诺对大学承担一定职责，但又不必经过成为大学理事或基金会理事所需的遴选程序。这样一个平台，能够让那些熟悉大学和教职员工的人们为大学提供有效帮助，而无须承担理事的法律职责。对于大学来说，咨询委员会可以成为一块试验田，能够从委员会挑选那些有兴趣、有才华、有能力的人，担任大学理事或基金会理事，或者是以筹款团队负责人身份直接服务于筹款行动。

【123】 为了有效地吸引关键人物，鼓励他们充分参与大学事务，应认真界定咨询委员会职能，管理其行事规则。

招募实力雄厚的成员，需要仔细界定和管理咨询委员会。极个别的高净值人士和具有号召力的人士，应被吸收到单纯以筹款为目的的专题委员会。与此同时，大学还应建立一些平行的非专业类咨询委员会，以便进一步引导潜在捐赠者和筹款志愿者参与大学筹款事务，否则只能通过个人层面获得咨询建议，或是从那些并不是潜在捐赠者的筹款专家那里获得建议。

AGB 于 2007 年进行的研究，罗列了咨询委员会的一些基本的工作描述，其中包括捐款和筹款等一系列职责的平衡，也包括一些其他的工作要求。如下所示，咨询委员会通常会体现以下职责：

·担任大学的代言者和形象大使，提高大学在咨询委员会成员自身所处社区、职业和行业中的知名度和形象。

·向校长、院长或项目负责人提供战略建议。一些委员会的确会就学术和课程问题提供建议，尤其是在商业、法律和工程等专业背景的学校，但也有的工作描述则明确，咨询委员会只就战略问题提出建议，课程问题则不在此范围内。

·为大学提供非捐赠类志愿服务，例如课堂客座讲师、为教师提供咨询服务、为学生就业提供联系与帮助等。

·参与校园中举办的各种活动。

·捐款和协助大学筹款。一些描述则更为微妙，例如"帮助大学发现获得财务支持的机会"。

将捐款和筹款整合为咨询委员会的职责之一，这对于实现咨询委员会的组织期望至关重要。但更广泛地界定理事会职责，有助于提高理事会成员的吸引力，也会让会员们以实质性方式参与进来，从而使其深度融入大学事务，并最终获得其资金捐赠。

一些人可能会认为，把咨询委员会职责设定得如此广泛，这些做法只是装点门面，创建咨询委员会的真正目的是培养潜在捐赠者和筹款志愿者。但事实上，AGB 的研究发现，校长和院长都很重视这个委员会在非筹款方面的作用。大多数校长和院长表示，咨询委员会最大的贡献在于，能够帮助大学与捐赠者以外的产业界和政府等相关各方建立良好关系。

校长将这一咨询委员会视为考察、遴选大学或基金会理事的一种重要 【124】方式，毕竟这个平台能够吸引那些愿意为学校做些事，又不愿意受到理事身份约束的那些大学支持者们。此外，许多院长们指出，咨询委员会在为学生争取工作和实习机会方面提供了帮助。他们还认为，强大的外部咨询委员会可能会为大学发展创造良好的外部环境。但总的来说，大多数校长和院长还是会认为咨询委员会最大的收获，还是在于能够引导更多愿意捐赠或协助筹款的人们参与到大学事务中（Worth，2008，p. 18）。

实际上，实质性参与可以推动支持者们对大学及其优先战略形成一种主人翁意识。数年前，我参加了一个东海岸地区大学院长工作会，并发表了主旨演讲，在我的演讲结束后，一所大学的大额捐赠者对我的发言内容进行了评论。我展示了类似于图 6.1 的内容，回答了几个问题，然后将话筒交给了这名捐赠者。

他首先表示，"这非常有趣，因为这准确地描述了我所经历的事情，现在从另一个角度再回顾它，这是一件非常有趣的事。"他接着解释道，他并非那所大学的校友，但家族多少和大学有一定关系，几年前他开始关注那所大学发展。直到有一天，校长致电并邀请他与其他几名商界人士参加一个座谈会，就正在规划的一个基建项目给大学提出建议。他参与了这次讨论并感到非常有趣，然后参与了一些后续会议，发现自己的热情不断高涨。最后，校长询问他是否愿意加入大学董事会，他愉快地接受了这一提议。

他解释道，大学董事会结束后的一天晚上，他发现自己在开车回家的路上，还在思考会议议题，会上着重讨论了大学所面临的一些财务困境。

当天晚上，他和妻子谈论了这件事情，她表示："没错，这似乎真的和你有关。也许我们需要做点什么。"他们捐赠了一笔大额捐赠，这也是后续众多捐款中的第一笔。正如他开车回家时的所思所想，以及他与妻子的谈话所反映的那样，他与大学已经休戚与共，大学的挑战和机会已经成为了他自己的挑战和机会。参与大学董事会，使他形成了某种归属感，大学的事在某种程度上成了他自己的事。作为一名成功的商人，他天生就是一个能够抓住机会并直面挑战的人，同时他有财务实力消除自己对大学发展困境的紧张。所以，他的慈善捐赠合乎情理，也是水到渠成。

在此要强调的是，捐赠本身就是一种深度参与的形式，体现为替大学发展承担一定的职责，因此正如前面所定义的，这是一种实质性参与形式。向大学捐赠各种资源的人士，事实上已经对大学的宗旨和目标体现出了浓厚的责任担当，后续通常会慢慢产生更强烈的兴趣和共同体意识。第一笔【125】捐赠开始之后，随着时间的推移，加之用心的捐赠管理，捐赠者的参与和捐赠会不断的深入和增长。因此，正如一句筹款格言所说的，最佳的潜在捐赠者就是过往的捐赠者。除非是遗嘱捐赠，否则很少会有捐赠者的捐赠会是最后一笔。

筹款行动的募捐策略

筹款是科学与艺术的结合。本节从科学视角出发，介绍了一些全方位筹款行动的宏观战略。下一章则会介绍一些与筹款技术相关的建议，包括捐赠人培育和拜访捐赠者等内容。

全方位筹款行动中的年度捐赠项目

年度捐赠项目整合到全方位筹款行动中后，总体的筹款目标也会包括在筹款行动开展期间年度捐赠项目的筹款金额。在大多数情况下，校长不会特别深度地参与年度捐赠计划，而是更多地采用邮件、电话、互联网和个人募捐相结合的方式，年度捐赠项目一般会充分利用志愿者团队。

在其他的筹款计划中，年度捐赠项目主要采用人员密集型筹款模式。筹款人员会多次拜访捐赠者，以募集领导力年度捐赠（Leadership annual gifts），按照不同的捐赠级别与定义，领导力年度捐赠一般是指每年1 000美元、5 000美元或以上金额的捐赠。虽然在筹款行动开展过程中可能会有一些人成为大额捐赠者，但年度捐赠项目的潜在捐赠者通常是还未做好捐赠准备，或是暂时不具有大额捐赠实力的那部分人士。如果年度捐赠筹款人员发现了这种潜力，则大学与该潜在捐赠者的关系将会提升到另外一个层面，在适当时候可能需要校长的参与，以推动这种转变。

年度捐赠的概念本身就体现了高等教育的核心特征。从历史上看，大学往往会要求其校友们每年捐赠资金支持大学当年支出，强调捐赠资金规模而非捐款频率。捐赠俱乐部、毕业班级之间的捐赠竞争、挑战捐赠和其他方法，会将年度捐赠者提升至更高层次的捐赠，这些捐赠者会在年度报告或捐赠者回馈名单中得到表彰与认可。当然，起初没有捐赠的潜在捐赠者会再次收到募捐倡议，使用的方法可能会略有不同，例如，未对筹款邮件回复的人可能会再接到新的电子邮件，或是会接到筹款人员的电话。不过一旦捐赠者做出捐款，直到次年的下一个年度捐赠筹款周期，这些方法才会被再次用来募捐。

这种方式与其他社会慈善机构的筹款方式多有不同。这些慈善机构每年会多次向其捐赠者募捐。事实上，每个向类似组织捐款的捐赠者都知道，在捐赠完成后会收到一封感谢信，信中同时也表达了希望自己再次捐赠的意思。那些以在线捐款形式向政治组织或慈善机构捐赠的人士，都会有一些捐赠心得与共识，那就是捐赠所用的电子邮箱要与接收日常业务或个人信息的邮箱分开，以免邮箱被海量的筹款邮件塞满。【126】

大学等高等教育机构的年度募捐方式反映了高校捐赠者的特点，这些捐赠者在短期和中期内都不会获得大量补充。校友、家长和其他与大学保持联系的那些人，与大学会是一种终身关系。过度的募捐容易导致捐赠者的反感，大学筹款应谨慎行事，毕竟新的潜在捐赠者来源渠道并不多。

另一方面，慈善组织和其他非营利机构则不同，他们能不断获得新的潜在捐赠人名单，不断地测试筹款项目的效果和吸引力，还会把确定不会捐赠的人员从名单中剔除。然而，一所大学的校友永远是校友，其数量与规模只会随着新班级的毕业而增长，不过，新近毕业校友大多数都比较年轻，还在创业阶段，远未到具有最大捐款能力的阶段。上述情况决定了，大学需要格外用心维护与校友的长期关系。

不过，近年来大学年度捐赠项目变得更加激进。一些大学在年度捐赠项目之外又增加了新的额外募捐。例如，可能会在春季向秋季已经捐赠过的校友们再次募捐，以谋求新的捐赠。不过，第二次年度捐赠倡议需要谨慎进行，应该首先向既有捐款致谢，同时为新的募捐提供充分的理由，并提供一些新的捐赠激励措施。

一些募捐倡议采取组合方式，比如在财政年度截止前（对于许多大学来说是 6 月 30 日），或是年度捐赠项目捐款者名单编制或公布之前，提供一些额外捐赠机会，以满足特定的挑战捐赠，或者是拓展奖学金支持等具体项目，从而获得提升捐赠俱乐部层级的机会。在某些情况下，第一次募捐体现的是对大学的非限定性捐赠，第二次募捐则会提高针对性，一般是特定单位或项目的限定性捐赠，反之亦然。

还有大学开始采用广义非营利机构常用的一些筹款方法，如捐款日筹款方式。例如 2013 年 11 月 12 日，穆伦堡学院发起了校园"捐款日"活动，利用社交媒体向其所有支持者进行广泛宣传。该活动在 24 小时内促成了 1 400 多名捐赠者回馈学校（Anderson and Prohask，2014）。捐款日已成为高校筹资的一个共同特征，但类似的尝试需要与大学整体的年度捐赠计划保持一致，以确保其不会取代原本就可能兑现的捐款，同时鼓励新捐赠者加入支持阵营，不断地持续捐赠以扩大年度捐赠基金规模。

【127】再次说明的是，校长通常不会深度参与年度筹款项目的系列活动，但他应对整个的募集计划，以及可能进行的二次募捐有所了解。

双重募捐和联合募捐

全方位筹款行动开展过程中，在争取大额捐赠为首要任务的大背景下，年度捐赠项目很容易被忽略，这种情况不利于整个筹资行动的开展。所存在的风险表现为，大额捐赠会取代捐赠者原本会做出的年度捐赠，其结果是将捐赠资金从大学的一个口袋转移至另一个口袋，非限定性资金则会相应成为限定性资金。

例如，如果一位校友每年以年度捐赠形式向大学支持 5 000 美元，而在筹款人员的建议下，现在为筹款行动捐赠 10 万美元，分五年每年支付 2 万美元。一般情况下，捐赠者会将这十万美元指定一些特定用途，如学生奖学金。然而，这十万美元捐赠基金中的 25 000 美元，实际上是由大学以补贴形式转移支付的，因为捐赠者的这种大额捐赠方式，抵减了其能在五年内收到的 25 000 美元年度捐赠。

避免此类情况的常见策略是双重募捐与联合募捐。尽管许多人往往会混用这两个概念，但这两种方法还是存在些许不同。在双重募捐策略下，上述示例中的捐赠者会被要求捐赠 10 万美元来建立奖学金捐赠基金，与此同时，通过不同的筹募渠道，他或她还将会通过年度捐赠项目另外支持大学发展。联合募捐则将两种形式的捐赠合并为一个筹款项目，例如一个为期五年的 125 000 美元的捐赠承诺，其中包括每年 5 000 美元的年度捐赠，以及 20 000 美元捐赠基金性质的奖学金支持，这一捐赠基金在五年后将达到 100 000 美元（不考虑投资收益在内）。

双重募捐的优势体现在，通过将捐赠基金项目与年度捐赠项目分开，它能为捐赠人在五年内提升或增加年度捐赠提供可能。即便在全方位筹款行动结束后，捐赠人由于年度捐赠形成的惯性，仍将持续支持学校事业发展。当然，双重募捐的劣势在于，捐赠者可能不一定完全理解，甚至会完全忽视年度捐赠项目。联合募捐的优点是简单明了，并可保证年度捐赠项目以相对固定的金额，在整个筹款行动期间逐年兑现。劣势在于，年度捐赠被限定在承诺期内，在此期间增加捐赠规模的机会也不多。当然，在总【128】体捐赠承诺中增加年度捐赠所占支付比例也是可能的，但操作过程中具有一定的复杂性，捐赠者们也不一定都能接受这种调整。

联合募捐是一种很好的筹款方式，但以本人的经验来看，有时会遇到一些问题。对于那些与大学有过多次捐赠往来的长期捐赠者而言，他们可能会理解并认可这种联合募捐，不过其他捐赠者可能会不太适应大学这种多元需求并行的筹款模式。他们也许会认为，只要力所能及地给大学捐款，捐赠周期和细节则不那么重要。但是，结合筹款活动的资金用途，可能设计一个改良的捐赠方案，既满足大学对资金的灵活需求，又能满足捐赠者将其资金用于大学优先事项的愿望。

例如，前文所述的 100 000 美元的捐赠者，他们希望建立一个捐赠基金用于奖学金发放。如果捐赠在五年内支付完毕，则大概需要等到第六年才能颁发全额奖学金（大概在 4 000 ~ 5 000 美元，取决于捐赠资金的支付率）。但是捐赠者可能期望奖学金发放得越快越好，以便他们的慈善支持第一时间用于学生身上。这种情况下，联合捐赠就是一个不错的提议，既能尽快地颁发奖学金，同时又能设立支持这些奖学金的永续捐赠基金。例如，这一计划可能如表 6.1 所示。

【129】 当然，表 6.1 所述的计划中，每年捐赠资金的用途并不像年度捐赠基金那样不受限制，但这对大学预算的影响并不大。此类捐赠资金会减少大学自身在学生资助方面的资金投入，类似于产生了额外的学费收入。通过谨慎的预算与会计处理，这部分置换出来的资金可以用来满足大学日常运营的需求。

表 6.1 联合捐赠： 奖学金捐赠 （总承诺 125 000 美元， 五年分期付款） 单位： 美元

年份	认捐付款总额	可用于当年奖学金奖励	添加到本金	年末资助本金总额	用于奖学金的资助收入
1	25 000	5 000	20 000	20 000	-0-
2	25 000	5 000	20 000	40 000	-0-
3	25 000	5 000	20 000	60 000	-0-
4	25 000	5 000	20 000	80 000	-0-
5	25 000	5 000	20 000	100 000	-0-
6	-0-	-0-	-0-	100 000	4 000 ~ 5 000

注：忽略支付期间本金的潜在增长。收入的支出规模取决于大学采用的支出政策。

关于年度捐赠项目的定义，很多大学有着不同的看法。一些大学遵循着非常严格的定义，只把大学层面获得的非限定性捐赠计算在内，也就是说，校长可以自由裁量决定这些资金的使用。其他大学的年度捐赠项目还包括限定在特定学术单位的捐赠，不过在使用方向上没有进一步限制，例如限定用于工程学院的捐赠资金，院长对此具有决定权。支持特定项目的捐赠可作为当年的预算支出，但通常不会被视为年度捐赠基金的一部分，因为此类资金不属于非限定性捐赠，并且通常并非由年度捐赠项目筹集而

来。其他的一些可支配性捐赠资金，例如那些指定用于奖学金或科研领域的捐赠，属于模棱两可的部分，有些大学将其算作年度捐赠项目捐赠，有些则不算。但是，需要说明的是，有些资金是可以替代或调整的，这种性质的捐赠会与年度捐赠基金一样，可以作为非限定性资金使用。

哪些捐赠应计入年度捐赠基金是一个重要的问题，这可能会影响年度捐赠基金筹款团队的激励效果，事实上，这可能也会影响大额捐赠项目筹款团队的工作积极性。如果表 6.1 所示的可用捐赠部分不算入年度捐赠基金总额以内，那么年度捐赠基金的筹款人员会认为这种安排不能体现他们的工作成果。随着时间的推移，这种制度安排可能会导致内部的恶性竞争、对潜在捐赠人信息的刻意隐瞒，以及其他一些筹款团队的不和谐因素。

筹款行动中的计划捐赠

计划捐赠（Planned Giving）是全方位筹款行动中的有机组成部分。正如第五章中所讨论的，各类计划捐赠是如何计入筹款目标的，计划捐赠在筹款行动中又是如何被界定的，这是筹款团队负责人在计划阶段需要明确的重要政策。根据 CASE 的指导方针，筹款的类别划分原则应明确区分直接认捐、不可撤销的计划捐赠（例如慈善信托和慈善年金）与可撤销的计划捐赠（例如保留捐赠者更改权的遗赠捐赠与慈善信托）。不过，这一指导方针应体现一定的灵活性，以便能够变通地处理筹款目标统计以及捐赠者认定等问题。

有些大额捐赠也会以直接捐赠与计划捐赠组合的形式出现。事实上，一些专家建议遵循下面所谓的"三重筹款策略"，即向潜在捐赠者提出一揽子捐赠方案，方案包括年度捐赠基金，针对基础设施建设等类似项目的跨年度捐赠，还包括非限定或限定性用途的计划捐赠。这一方法可能会使【130】捐赠者做出更大的总体捐赠承诺，也能为筹款行动造势，有助于为他人树立捐赠典范，最重要的是能在个人与大学之间建立长期关系，这有助于在今后几年或后续筹款行动中实现进一步捐款。

例如，表 6.1 中所示的联合捐赠可以进行适当扩展，以促成额外捐赠。筹款行动期间所形成的捐赠基金，其年度支出约在 4 000 ~ 5 000 美元（取决于实际支付率）之间，可能足以为一名学生支付 20% 的学费。也许捐赠者最终希望为五名学生提供类似支持，并希望以此冠名奖学金来纪念他或她的家庭成员。假设这位捐赠者在筹款行动期间尚没有能力一次性捐赠500 000美元，不过他可能会在五年内持续或是复制125 000美元的上述联合捐赠，并考虑最终以计划捐赠形式将捐赠基金规模增至500 000美元。

这笔资金最终可能足以支持四五个奖学金名额。根据捐赠者的资产配置与其他因素，计划捐赠可能包括不可撤销或可撤销的相应安排，或是这两种形式的组合。当然，500 000美元是以现值计算，计划捐赠汇入捐赠基金的时间仍不明确，因此捐赠协议或合作备忘录需要解决现值问题，并且说明逐渐增长的捐赠基金规模对未来不断变化的学费的长期影响。

第七章还将选取上述部分观点进行详述，原因在于完成一笔大额捐赠，一定要从捐赠者角度换位思考，这是人际关系与沟通的艺术，也是一门科学，涉及捐赠规划的专业知识。

挑战性捐赠

全方位筹款行动过程中，挑战性捐赠是一个屡试不爽的有效策略，同时适用于年度筹款项目与大额捐赠项目。一般的操作原则是，一个或多个捐赠者承诺向其他人的捐赠配比资金，配比比例事先会有约定，如1美元配比1美元或其他方案。挑战性捐赠的意义在于，它能够创造一种争相捐赠的氛围，并为其他捐赠者提供一种机会，这种机会能够将他们原有的捐赠放大，进而把捐赠影响放大。这意味着，挑战性配比资金会拨付至符合配比条件的捐赠项目，但如果配比挑战没有成功或不符合条件，捐赠配比则不会兑现。

除了为自己的捐赠倍增或加码的想法以外，这种捐赠配比还能够吸引那些关注母校发展的热情人士，他们不希望母校失去这样一个额外的捐赠机会。母校可能会因未能完成挑战而收不到配比捐赠，这种不确定性激励校友们以捐赠方式参与进来。因此，挑战捐赠是一种创造紧迫感的有效策略。

全方位筹款行动过程中适当地运用挑战捐赠是恰当的，但也要注意与其相关的道德与操作性问题。挑战性配比通常有时间限制（例如在某财政年度结束时）或金额上限（例如单笔捐赠配比最高不超过100 000美元）。

【131】

如果挑战已经实现或超过配比上限，则需对外披露。例如，如果一对一捐赠配比的上限为 100 000 美元，不过额外获得了一笔 120 000 美元的捐款，很明显地，部分捐赠不会得到捐赠配比。当然，如果最初的捐赠配比政策没有实现既定效果，那么要通过适当的方式来扩大或修改这一配比规则，以确保挑战性捐赠资金的最终兑现，但这同样也需要公开透明地进行。

此类的挑战性捐赠策略也可能会被过度使用，如果挑战配比已经成为了一种常态化制度安排，那就不再具有紧迫感。同时，挑战捐赠需要真实可信。有些捐赠配比资金来源不明，比如据说来自一位或一群匿名捐赠者，或者是来自大学理事会理事。我个人认为，这些说辞不够可信，有些好事者可能会怀疑这种说法纯属虚构。因此，与其匿名或是虚构一些捐赠配比出资人，还不如找到一些有血有肉的真实的捐赠者，这样的捐赠激励效果更加显著。

最简单的挑战性捐赠是 1 美元对 1 美元的配比，但有些配比项目设计了更为复杂的公式，例如出资 2 美元对新获得的 1 美元捐赠进行匹配。相关的学者们已进行了一些研究，研究结果值得借鉴。例如，经济学家迪安·卡兰和约翰·李斯特（Dean Karlan and John List）以邮件方式对一个非营利组织的 50 000 名捐赠者进行了募捐测试。他们发现，1:1 的捐赠配比可有效地提高平均捐款规模和回应率，但是 3:1 或是 2:1 这样更高的配比率，对后续捐赠的推动作用并不比 1:1 更为明显（Karlan and List，2007）。

众　筹

尽管全方位筹款行动强调大额捐赠的募集，同时个性化募捐仍然是筹集此类捐赠的最有效方式，但在线筹款已成为整个慈善事业的重要组成部分，许多大学已经将这一方式融入既有的全方位筹款行动中。在诸多的在线筹款方式中，众筹就是一种值得认真学习的筹款策略。

2015 年，史密森学会（Smithsonian）在 Kickstarter 上发起一项众筹活动，筹集 500 000 美元用于保护尼尔·阿姆斯特朗在月球上穿的宇航服，这引发了全国的关注。筹款活动开始仅五天，最初的目标就已经实现，到活动结束时共筹集了 720 000 美元（McGlone，2015）。

史密森学会（Smithsonian）的众筹活动当然不是第一个成功的众筹案 【132】

例。2012 年，Indiegogo 的一项活动筹集了 850 000 多美元，所筹集资金将用于把电学先驱尼古拉·特斯拉曾经使用过的实验室建成博物馆。ALS 冰桶挑战在 2014 年筹集了超过 1 亿美元，吸引了许多名人的参与，同时也获得了社交媒体与主流媒体的关注（Diamond，2014）。

在高等教育领域，众筹最初被学生和教职工用于筹集特定项目的经费，其后，大学逐步将这些项目进行统筹，加强校际的项目协调，以便更好地筹集资金（Carlozo，2016）。例如，UMD 众筹项目为马里兰大学的支持者们提供了支持特定项目的捐赠机会（University of Maryland，2014）。一般来说，众筹活动在短期内聚焦某个特定的项目，实践证明，在筹集纪念或是悼念基金过程中，众筹方式被认为是行之有效的，这些项目大多是为了纪念已故或退休教授，或者是建立年级返校基金（Carlozo，2016）。

网络众筹方式与过去的传统募款活动有许多共同的特征。虽然媒介不同，毕竟众筹是依托于互联网进行的，但众筹方式体现了传统筹款活动遵循的一些基本原则。捐赠者会尤其关注众筹项目的原因及特点，他们倾向于根据筹款目标给予一定比例的捐助。他们会受到他人捐赠的影响，这也是人与人对等性筹款的前提。有限的筹款日期会产生一种紧迫感，挑战捐赠方式通常也能在其中发挥预期作用。而且，正如冰桶挑战所展示的那样，知名人物像是筹款行动的核心志愿者一样，他们的参与能够对筹款项目进行背书，提高了项目的真实可信性，因此能够吸引更多的捐赠者。

众筹方式适合嵌入全方位筹款行动中，具体服务于某个筹款项目，除了募集资金本身以外，这可能还有一些长期效果。千禧年以后出生的捐赠者更喜欢在线捐助，众筹活动往往会吸引新的捐赠者，其中许多是年轻的校友（Carlozo，2016）。因此，众筹方式可能成为吸引年轻捐赠者关注大学的重要媒介，这些捐赠者可能会在未来的筹款活动中，通过更传统的筹款项目实现大额捐赠。

但是众筹过程中也有一些需要注意的地方。一些人可能认为其捐赠针对的是他们所支持的特定项目，而非大学本身。此外，众筹活动的捐赠可能会取代年度捐赠等常规项目所募集的款项。还有一些操作层面的问题，如捐赠回执和捐赠统计等（Carlozo，2016）。

在某些特定情况下，众筹方式可能会比其他筹款方式更为有效。伊洛娜·布雷（Ilona Bray，2013）在其著作《非营利组织的有效筹款》中描述了适合采用众筹方式的一些具体情况，包括：

·众筹的诉求需要具有一定的可扩散可传播性。只有当筹款项目特别令人激动，或是非常紧迫时，这种情况才会发生。

·如果大学已经形成了一个特定且明确的筹款目标，例如，一台新的【133】仪器设备、一座建筑或是一个展览。要么就可以参照这种挑战捐赠或配比捐赠的形式，设置一个明确的筹资期限，此时众筹就会大获成功。

·如果大学有办法以富含吸引力的方式展示自身想法，如通过照片、图像和视频来完成项目推介，那么众筹最有可能成功（pp. 104-105）。

无论是嵌入在全方位筹款行动过程中，还是单独发起的某个项目，众筹方式已经被高等教育筹款界广泛采用。但是，如果筹款目标是大额捐赠，随着时间的推移，潜在捐赠者培育，以及他们的实质性参与仍然是极其重要的，这一过程也应伴随着大学的成长与发展。总之，由合适的人，在合适的时间出于合适的目的发起个人募捐，这仍然是最有效的筹款方法。

募捐团队

第七章讨论了募捐的技巧，但是在战略层面上，筹款界对成功促成大额捐赠的方法已经达成共识，那就是像上面所说的，要由合适的人，在合适的时间向合适的人进行合适的募捐，特别是在筹集处在筹款次序表顶端的领导力项目或巨额捐赠时。因此，募捐团队的组成、筹款的数额和用途，以及筹款的时机都是在筹款开始前要深思熟虑的问题。

有些募捐或许是以一对一形式开展的，不过由两个人搭配组成的团队筹款通常会更有效，一般是由一位志愿团队负责人和校方代表（校长、院长或是首席筹资官）组成。正如在第三章所述的我自身的筹款经历所说明的，这样的组合在筹款过程中往往很实用，志愿团队负责人的出现能提升筹款项目可信度，同时，先前的捐赠也能起到以身作则的作用，大学的代表则能详细地介绍筹款行动和筹款项目。

一个经常容易引起困惑的问题是，校长应该在什么时间节点参与到潜在捐赠者培育或是直接募捐过程当中。我认识一些校长，他们认为他们的宝贵时间应该主要放在筹款行将结束时，也就是说，在筹款工作人员把前期工作处理妥当，潜在捐赠人做好捐赠准备后，校长才愿意出面拜访该潜在捐赠人。校长会利用这一机会提出募捐诉求，并确保潜在捐赠者对此做出肯定的答复。但是，事实并非总是如此，真实的筹款实践可能会反其道而行之。

一些重要的潜在捐赠人可能不乐意过多地与普通工作人员接触，而是更愿意与校长或院长直接对话。在这种情况下，最好由校长或院长先去拜访潜在捐赠人，之后由首席筹资官或其他专业筹款人员再与其讨论后续细节。如果校长能让专业筹款人员也参加初次拜访，这将会大大促进后续拜访与细节讨论。这相当于在潜在捐赠人和筹款人员之间建立了个人联系，并授权筹款人员作为校长和大学的代理人处理后续事务，后续他可以代表校长与潜在捐赠人洽商具体事宜。援引第三章橄榄球的比喻，在后一种情况下，校长就像一个开路者，他会用身体为同伴创造机会，得分手可以通过这个裂口向前推进，并获得得分机会。

组建募捐团队需要客观评估与分析，进而决定哪种人力组合对潜在捐赠人最有效。这其中应尽可能地避免受到内部纷争和个人因素的影响。这在大学校园中并不容易做到，有些人会认为自己与捐赠者的关系属于私人事务，他们担心如果其他人介入与潜在捐赠人的讨论，可能会偏离自己的特定项目。老实说，也可能会出现这样的情况，个别大学管理层或教职工也希望通过争取到捐赠资金而获得认可，因此他们十分希望成为募捐团队的一员。如果一味迁就这些诉求，可能会导致筹款团队与潜在捐赠人不相匹配，也会造成团队过于庞大。

在我的职业生涯早期，作为马里兰大学帕克分校的筹款负责人，为募集到一笔大额捐赠，我准备组建一支筹款团队去拜访一位重要捐赠人。因为我刚接手这份工作，而且那时我也刚刚开始专业筹款生涯，经验相对不足，我邀请了五个人加入到筹款团队中，他们包括大学校长、大学系统校长、大学发展事务副校长、寻求捐赠的项目负责人，以及项目所在学院的院长，加上我，这个团队人数多达六位！这比篮球队队员还多，但幸运的是比橄榄球队队员要少。

我印象中上述五人并没有与会的强烈愿望，这并不涉及内部纷争和个人因素，而是源于我的过度热心，希望每个相关的关键人物都参与到这次重要拜访中来。我认为我已经用心筹备了此次会见，我也相信当天那位潜在捐赠人充分感受到了我们大学方面的重视程度，一定会留下深刻的印象。

当我们蜂拥至他的办公室时，我能看到他脸上的惊讶之情。为了确保【135】每个人都能坐下，还需要从等候区搬椅子进来，将桌子移到一边才能围坐在一起开会。座谈本身进行得很顺利，捐赠人最后说，他会仔细考虑我们的捐赠建议。几天后，他打电话给我，说他已经决定向学校捐赠。你帮我把这个消息告知其他人吧，他笑着说，最后他补充到，但是我真不需要你们那么多人一起过来登门感谢我。

筹款行动管理指标

大学管理层必须实时监控全方位筹款行动的全过程，以确保在重要时间节点完成既定目标，并针对筹款效果不佳的项目，及时识别出存在的问题并相应调整筹款方案。不同的大学及不同的筹款行动中，这一指标体系也会不同，但一些关键性指标要体现出来，包括但不限于：

· 与总体筹款目标相比，目前已经实现的捐赠承诺占比多少；

· 针对特定筹款项目或学术单位的筹款子目标进展如何；

· 各个捐赠层级实现的进度，这应与筹款次序表相一致；

· 按捐赠类型分类，即当前和延期、可撤销和不可撤销捐赠的实现情况；

· 按来源划分的捐赠情况，即来源于校友、个人、公司、基金会等不同渠道捐赠的情况；

· 捐赠资金流入的记录与后续预测，包括年度基金、捐赠承诺、计划捐赠等；

· 筹款行动的财务绩效和后续财务预算。

除了实时关注财务信息之外，校长可能还希望复核有关筹款行动的定期报告，包括筹款行动工作人员的绩效等内容。发展事务部一般工作人员的个人绩效应由首席筹资官负责，校长和筹款委员会应负责监控以下若干指标：

· 业已完成的捐赠人培育、募捐、跟进和拜访的次数；

· 所培育的处在不同阶段的潜在捐赠人数量；

·提交给已有捐赠意向的基金会和公司的捐赠建议的数量；

·年度捐赠筹募过程中的校友参与率；

·资源拓展工作的定期报告，例如已经完成的研究报告、详尽的数据库记录、捐赠致谢等。

【136】　　再次强调，对筹款具体工作人员个人绩效的评估，应授权给首席筹资官或筹款行动负责人，但是校长要参与绩效衡量指标的确定，以及后续激励措施的制定过程。

对发展事务部及其他筹款工作人员，尤其是那些大额捐赠筹资人员绩效的评定，是一个值得讨论的话题，不过这显然超出了本书的范围，但是需要考虑几个关键原则。

首先，衡量筹款绩效不应该仅仅关注其所筹集到的资金。捐赠和捐赠承诺当然是所有资源拓展和筹款活动的终极目标，大多数筹款人员的考核体系至少部分体现了资金目标，但是仅仅用这个标准来衡量筹款绩效就会引发几个问题。一般情况下，很难将某个捐赠完全归功于一个人的努力，事实上许多人可能已经从多个角度与捐赠者产生关联，参与到筹募工作中来，并最终促成捐赠的实现。因此，将筹款成果归于一名工作人员的做法，有可能会破坏团队合作和沟通，造成团队关系紧张与失衡，从而不利于整个全方位筹款行动的开展。

将资金筹募规模作为衡量筹款人员绩效的唯一方法，还可能会产生另外一个问题，就是推动筹款人员过于看重眼前的捐赠，而不是从大学的长远利益出发考虑捐赠者关系维护等问题。同时，仅仅为了完成筹款目标而去募捐，特别是当筹款人的薪酬待遇直接与筹款水平挂钩时，筹款伦理问题就可能会产生，例如误导捐赠者或是以不恰当方式表述大学情况。

其次，绩效考核需要反映筹款工作人员的工作描述。那些负责大额筹款的工作人员有时还会担任行政、管理或沟通角色，这将占用他们的部分时间，其他人则没有这种职能。绩效考核体系需要根据这些情况做出相应调整。

第三，工作绩效需要根据筹款人员管理的捐赠群体规模来衡量。例如，负责年度捐赠项目的筹款人员，通常会比那些大额筹款项目同事完成更多的捐赠者拜访工作，因为后者的工作更多地体现为捐赠者培育活动。外部基金会筹款团队的考核指标，不应关注拜访次数与频率，毕竟基金会工作人员很少愿意用这种方式沟通，对他们绩效的衡量应关注于往来的沟通邮件、项目建议书和报告的数量，在内部学术项目和大学科研成果方面的时间投入，也应计入绩效考核体系。

　　大学大多有着各自的标准来考核评价他们的资源拓展与筹款人员，【137】这一标准的动态发展与适用性问题，也是业内人士讨论的热点。印第安纳大学基金会负责筹款事务的执行副总裁理查德·杜普利（Richard K. Dupree）勾勒了一个模型（如表6.2所示）。这一模型是为美国公共广播公司设计的，但一些高等教育机构和非营利组织也采用了该模型中的某些版本。

　　这一模型包括了五个绩效指标，总分100分。筹款目标的达成占25分，包括现金和捐赠承诺在内，但是筹款金额并不是衡量募捐人员绩效的唯一标准。其他的分值可通过另外的资源拓展与筹募活动获得，如筹款建议的提出、潜在捐赠人联系等，还设置了五个子项来全面地衡量工作成果。这些差异化的衡量标准，希望让筹款人员重视识别与培育新的捐赠者，引导他们参与大学事务，并且鼓励大学筹资人员吸收大学教职工参与筹款工作。如果指标的权重分布适当，则可以避免不合适的激励措施。

　　例如，如果筹款总额是唯一的衡量标准，筹款人员可能就会把全部业务用到募捐当中，而会忽略识别和培育新的潜在捐赠者，而这是大学获得后续捐赠的重要基础。或者，筹款人员可能会在年初幸运地筹集到一笔大额捐赠，然后在其他时间悠闲度日。但是，按照杜普利（Dupree）的这一模型，即使有这样意外的一笔大额捐赠，他或她仍然需要积极地实现其他目标，联络捐赠人、提交筹款建议等。另一方面，如果筹款人员在联系捐赠者时表现得特别活跃，但在筹款金额达不到预期目标的情况下，他或她的绩效表现仍然不会太高。

表 6.2 杜普利 （**Dupree**） 的筹款人员评定标准

	分数
资金目标（现金和认捐）	25
提交建议书	25
联系	25
工作质量	25
A. 联络工作覆盖率	5
B. 潜在捐赠者品质	5
C. 捐赠者培育	5
D. 捐赠管理	5
E. 预算管理	5
总计	100

资料来源：美国公共广播公司（2012）。衡量绩效：管理人员考核筹款人员指南。http://majorgivingnow. org/downloads/pdf/dupree.pdf（2016 年 1 月 25 日访问）

【138】　　这就要求筹款人员要关注那些已经做好捐赠准备的捐赠人群，而不仅仅是与那些不具有大额捐赠能力，或是近期内不太可能捐赠的人群频繁接触。

　　杜普利（Dupree）认为一位大额筹款人员至少应获得 75 分才是比较理想的。因此，如果他获得的分数少于 75 分，应对其进行警告，分数更低的话也可能会撤职。如果筹款人员获得 80 分以上，他或她应得到奖金等形式的额外奖励。关于发展事务部工作人员的筹款绩效奖金发放，众说纷纭。激励性薪酬政策并不应按所筹集资金的一定比例兑现，也不能仅把奖金单一与筹款规模对应，只有这样，这一政策才是符合筹款伦理的。CASE（www.case.org）曾经进行过的一项薪资调查可供参考，其中包括了一些合理考核筹款人员并发放薪酬激励的内容。

　　再次强调，校长不应直接参与对发展事务部和其他筹款工作人员的绩效评定，但校长应参与到绩效评定标准的讨论中来，并应确保这一政策符合常理且符合所在大学的实际情况。校长和筹款委员会也可以实时关注筹款过程中工作人员的整体绩效表现，但具体工作人员的绩效仍应由首席筹资官负责。

参考文献

Anderson, Kim and Prohaska, Stacey (2014). "The 8 Steps Muhlenberg College Took to Exceed 910 Donors on 11-12-13" [electronic version]. *Currents, October*. https://www.case.org/Publications_and_Products/2014/October_2014/The_8_ Steps_Muhlenberg_College_Took_to_Exceed_910_Donors_on_11-12-13.html (accessed February 8, 2016).

Bray, Ilona (2013). *Effective Fundraising for Nonprofits* (4th edition). Berkeley, CA: Nolo.

Carlozo, Louis (2016). "Crowd Control" [electronic version]. Currents (January/ February). http://www/case.org (accessed February 17, 2016).

Corporation for Public Broadcasting (2012). *Measuring Performance: A Station Manager's Guide to Evaluating Major Gift Officers*. http://majorgivingnow.org/ downloads/pdf/dupree.pdf (accessed January 25, 2016).

Diamond, Dan (2014). "The ALS Ice Bucket Challenge Has Raised $100 Million -- And Counting" [electronic version]. *Forbes*, August 29. http://www.forbes.com/ sites/dandiamond/2014/08/29/the-als-ice-bucket-challenge-has-raised-100m-but- its-finally-cooling-off/#2715e4857a0b501de25a5593 (accessed February 8, 2016).

Dunlop, David R. (2002). "Major Gift Programs." In Michael J. Worth (Ed.), *New Strategies for Educational Fund Raising*. Westport, CT: American Council on Education and Praeger, pp. 89–104.

Karlan, Dean, and John A. List (2007). "Does Price Matter in Charitable Giving? Evidence from a Large-Scale Natural Field Experiment" [electronic version]. *American Economic Review* 97, no. 5 (December), pp. 1774–1793. www.aeaweb. org/articles.php?doi=10.1257/aer.97.5.1774 (accessed July 10, 2009).

McCrea, Jennifer, and Jeffrey C. Walker (2014). "Outlook: Rethinking the Ask" [elec- tronic version]. *Currents*, February. www.case.org (accessed February 20, 2016). McGlone, Peggy (2015). "The Money Has Landed: Kickstarter for Armstrong's Spacesuit Is Successful" [electronic version]. *Washington Post*, July 24. https:// www.washingtonpost.com/ entertainment/ museums/ the- money- has- landed- kickstarter-for-armstrongs-spacesuit-is- successful/2015/07/24/d88a02d8-321c- 11e5-8f36-18d1d501920d_story.html (accessed February 8, 2016).

Rosso, Henry A. (2003). In Eugene R. Tempel (Ed.). *Achieving Excellence in Fundraising*. 2nd edition. San Francisco: Jossey-Bass.

Seiler, Timothy L. (2016). "Individuals as a Constituency for Fundraising." In Eugene R. Tempel, Timothy L. Seiler, and Dwight F. Burlingame (Eds.), *Achieving Excellence in Fundraising* (4th edition). Hoboken, NJ: Wiley, pp. 49–58.

Smith, G. T. (1977). "The Development Program." In A.W. Rowland (Ed.), *Handbook of Institutional Advancement*. San Francisco: Jossey-Bass, pp. 142–151.

Tempel, Eugene R., Timothy L. Seiler, and Dwight F. Burlingame (2016). *Achieving Excellence in Fundraising* (4th edition). Hoboken, NJ: Wiley.

University of Maryland (2014). *Launch UMD*. https://www.launch.umd. edu/ (accessed February 8, 2016).

Worth, Michael J. (2008). *Sounding Boards: Advisory Councils in Higher Education*. Washington, DC: Association of Governing Boards of Universities and Colleges.

第七章　筹款的艺术

本章为校长、院长、发展事务官员和其他筹款团队成员提供了一些实用的原则和建议，以帮助他们与捐赠者建立关系并募集捐赠资金。本章名为"筹款的艺术"，因为它涉及筹款中洞察力、直觉和判断力等方面。本章首先阐明了不同类型的捐赠，以及在追求每一种捐赠的过程中不同筹款实践的情境，然后讨论了大额捐赠者的动机和吸引他们捐赠的策略。最后，为成功的筹款提出了若干建议。

本章包括了来自不同作者的见解，还包括根据我自己的经验和观察得出的建议。当然，有些人可能会不同意我的建议，倾向于以不同的方式来处理这个问题。那当然很好。不会有一种完全正确的艺术创作方法。

捐赠类型与捐赠的不同情境

在不同情况下筹款模式是不同的，如何进行筹款取决于所寻求的捐赠类型，以及这种捐赠如何符合捐赠者的总体捐赠模式。大卫·邓洛普（David

Dunlop，2002）确定了个人捐赠的三种模式，以及与每种捐赠相关的筹资方式。这些区别对于探讨捐赠者培育与筹款工作至关重要，每种方法都有不同的侧重点。

邓洛普指出，大多数人会定期向与他们有联系或有亲密关系的特定公益事业和机构提供捐赠，包括学院或大学、教堂、为社区服务的慈善组织，以及那些社会公益事业组织，如环境保护组织。

【142】　这些捐赠人可能每年或更频繁地捐赠，通常是从捐赠者的可支配收入中列支的。在高等教育领域中，这种捐赠通常被称为年度捐赠。邓洛普将募集定期（或年度）筹款的方式确定为"无差别式筹款"。这并不意味着风险，而是一种强调规模与数量的方式，其中包括许多在筹款前端很少或根本没有培育关系的募捐活动，仅基于一定比例的潜在捐赠人一定会捐赠的假设。

大学和大学校长通常很少参与这类筹款活动。它通常通过年度捐赠筹款项目，使用邮件、电话、互联网和其他方法，由志愿者或外包筹款人员进行。校长在全方位筹款行动时，也可能偶然会采用这种筹款方式，他们推测自己的筹款宣讲会得到一定比例的认可与积极反馈。但是一般来说，校长通常不以这种方式参与筹款活动。

邓洛普（Dunlop，2002）将第二种捐赠称为"特别捐赠"。顾名思义，特别捐赠是为了满足大学的某些特殊需要，例如在全方位筹款行动当中的某个具体项目。捐赠本身不仅仅是为了给筹款行动添彩，而是为了具体落实大学的优先事项和战略发展规划。特别捐赠通常是大额的捐赠，它们的捐赠规模比年度基金大很多，通常在数年内支付。尽管并非总是如此，但通常此类捐赠是由捐助者的资产而不是收入来兑现的。

用邓洛普的话来说，相关的筹款方法是"行动式筹款或项目式筹款"。在这种筹款方式中，邓洛普估计，大约有一半的时间用于与捐赠者培养特殊的关系，另一半的时间用于募捐。换言之，必须花时间发展与潜在捐赠的关系，并要构思一个筹款方案与这些捐赠人沟通，但在筹款行动中，也要直截了当地表达筹款意愿，尽快落实捐赠协议并兑现资金。

本书前面提到的第三种捐赠就是邓洛普所说的"终极捐赠"。这是捐赠者有能力提供的最大的捐赠，通常是由捐赠者的资产，如房产实现的，一般会以捐赠基金的形式转至大学。尽管并非总是如此，但通常这种类型的捐赠是在一个人的老年或是过世后实现的。邓洛普建议，针对此类捐赠最适当的筹款方式是用心培养感情，建立长期联系，这可能要花费很长一段时间，占用超过90%的精力，在此基础上你只用10%或更少的精力去构思筹款就能取得实效。确实，正如邓洛普（Dunlop，2002）所观察到的，这类捐赠实际上永远不可能通过简单的筹款募集到。相反，这种大额捐赠是从大学与捐助者之间的终身关系演变而来的。

尽管邓洛普（Dunlop，2002）将第二种特别筹款方式称为行动式筹款，但今天的全方位筹款行动实际上是同时在三种模式下运作的。年度捐赠项【143】目持续运作，规模化募捐的筹款方式仍是这一项目的通用模式，但技术的进步也使得大学能够为更多的此类项目提供更为个性化的服务，基金管理也能够更加彰显特色。实际上，市场营销理论和通信技术的应用，使这一领域的筹资实践与营销有机地融合。

正如第六章和本书其他部分所讨论的那样，全方位筹款行动这种方式确实会给如期完成筹款目标带来压力，但这并不是不可以用些心思，与少数潜在捐赠者培育感情并建立长期联系。此外，大多数筹款行动持续时间很长，而且非常频繁，许多大学都在不断地与捐助者建立关系，其中一些人可能会为响应今天的筹款行动而做出大额捐赠，而有些人可能会在随后的筹款行动中做出捐赠。对遗产等计划性捐赠的关注，确实能够推动大学与潜在捐赠者建立长期且连续性的关系。

募集大额捐赠

大多数筹款行动的重点仍然是大额或特别捐赠。筹款行动的目标和截止日期推动了这一进程，并需要在捐赠者关系培育和筹款努力之间取得平衡。本章讨论的正是这种筹款模式，在这一模式下，筹款的主要目标是在筹款行动的时间周期内识别、培养和吸引潜在捐赠者，本章还从技术层面提出了一些有效达成筹款目标的建议。

如第三章所述，筹款行动的有效开展，需要志愿者负责人、校长和其他学术官员，以及发展事务人员的广泛协同参与。志愿者参与的重要性及他们在筹款过程中所能做出的独特贡献，已经在本书的其他章节进行了讨论和强调。但许多筹款行动的现实是，校长、院长和其他校领导可能需要带头进行大量的面对面的筹款活动。

为实现筹款目标，要进行必要的外部联络，特别是在筹款次序表中间层次以上人群的联络，这可能需要校长及首席筹款官在捐赠者培育与筹款过程中亲力亲为，融入筹款团队协同开展活动。让筹款志愿团队负责人参与每一个类似活动的主观意愿是好的，但并非总是可行的。这一节主要是针对校长自身的筹款活动，而不是针对筹款志愿团队的。不过，尽管志愿者们与潜在捐赠者的关系不同于学校管理层，但有些观点可能也是同样适用的。

【144】 树立正确的心态

筹款准备的第一步始于筹款人自己的头脑中。要树立正确的心态，就要把筹款和慈善活动理解为积极而崇高的活动，而不是消极或功利性的活动，要把筹款者和潜在捐赠人之间的关系建立起来，还要理解大额捐赠者的动机所在，也就是从捐赠者的角度来换位思考。以下各节讨论这三个方面的要求。有些内容借鉴了筹款文献中的观点，但也有一些是基于我自己的观察和经验得出的见解和观点。

筹款和捐赠的性质

我曾与一些校长和院长合作过，他们天生就是很好的筹款者。他们以热情的态度轻松地对待这项任务，并享受与潜在捐赠人沟通的过程，珍视筹款的机会，进而按照发展战略实现大学愿景和目标。同样，我也认识一些大学领导，他们觉得筹款过程是不太愉悦的经历。

后者是可以理解的。尽管有越来越多的校长担任过大学首席筹款官，或者来自高等教育以外的领域，但大多数校长仍然是学者出身，至少思考方式是学者思维，长期受到学术文化的熏陶。对于大多数人来说，筹款并不是在上学期间做出的职业选择。他们中的大多数人进入高等教育领域是基于价值观的影响，走上学校领导岗位也是为了更好地实现教育目标。他们打交道的对象主要是学生或同事，人际关系相对简单，且通常包括人才培养、鼓励学生和支持团队发展，而不是出于私心去索取个人利益。为了筹款与潜在捐赠者会面，可能与学生讨论学术论文和职业目标，或与同事讨论研究成果存在很大的不同。不过，也会有许多校长、院长和其他学术负责人喜欢筹款，尤其是在具有一定成功经验的基础上，但总体来看，有相当一部分人认为筹款总是有种不自然的感觉，至少在最初是这样的。

这里的讨论主要涉及与个人捐赠者的关系。许多人很乐意向基金会或公司寻求捐赠支持，因为基金会或公司的捐赠是制度化的，对方的相关负责人往往也是专业人士。毕竟，这不是他们个人的钱，并且募捐行为不会给捐赠者带来任何负担。但在与个人捐赠者沟通过程中，在情感上更为复杂，细节尤为重要。这可能看起来像是要求某人牺牲一些东西，即使这些东西在他的财富中所占比率并不高。与社会类基金会或公司捐赠不同，个 【145】人捐赠形成的资金可能被用于使其他个人或家庭受益。因此，向个人筹款首先要突破一些心理上的隔阂与障碍。

有些募捐者会认为与潜在捐赠者培养关系是有预谋的，或者说筹资是一种交易行为。在这种游戏中，筹款人是猎手，而潜在的捐赠人是猎物，如果这样的话，那么任何一个正常人在面对筹款人时都会犹豫，这是可以理解的。有时候筹款过程中的一些专用术语的确会让人产生这样的误解。例如，衡量大额筹款官员的表现，相当一部分是关注他们的"命中率"，虽然这只是某种行业俚语，但它可能更适合于战争或足球竞赛，而不太适用于慈善事业情境中。

但是，对筹款本身的负面理解也并不能反映出捐赠者的真实想法。没有慈善意愿或是不希望被打扰的人，会拒绝预约或表示对此不感兴趣，从而在早期阶段表达自己的主观意愿。因此，从这个角度来说，与校长或其他筹款人进行频繁互动的潜在捐赠者，通常会对筹款事务有着积极的看法并愿意参与其中。而且，正如我在第六章中所写的，我从来没有见过一个大额捐赠者对捐赠决定后悔，也少有人没有从捐赠过程中获得满足感。

对于许多捐助者而言，与一所知名且令人钦佩的高等教育机构建立联系，这是他们一生中最有意义，也是最充实的经历之一。当我们邀请他们参与学校事业发展时，我们并不是要让他们做出痛苦的抉择，而是要为他们提供一个能够获得诸多回报的机会。正如康奈尔大学前校长弗兰克·H. T. 罗德斯（Frank H.T.Rhodes）所说，

> 大学是人类文明的伟大荣耀之一。（为他们）募集资金并不是像乞丐一般寻求可有可无的怜悯。恰恰相反，能有机会携手共同分享知识创造的过程，这是一种无限荣光，是对人类发展的巨大贡献，我们现在的生存和未来的幸福，取决于这种协作与共建的成果。（Rhodes，1997，p. xxiv）

构建与捐赠者的长期关系

校长和其他校园筹款官员，应致力于发展并维持与大额捐赠者的良好关系，也包括在筹款活动中与他们一起并肩工作的志愿者团队。人际关系的培养是大额筹款活动的核心环节，而校长往往是捐赠者关系维护的主要参与者，但值得注意的是，需要培养和维持的应是大学与捐赠者之间的关系，而不是个人之间的关系。

与捐赠者互动的大学代表应被视为大学的代表，他们与捐赠者的互动旨在拓展大学资源，而这种拓展周期会涵盖甚至超过大学校长自身的任期。

【146】这并不是说捐赠者与大学的关系应被定位为功利性的，大学不仅仅看重捐赠者资源与利益，而且应建立一种伙伴关系导向的、充满热情、能够回归初心的捐赠者关系模式。事实上很多大学筹款者与捐赠人成为了真正的朋友，发展出纯真的友谊。但是，这种友情应服务于大学筹资的整体背景，大学的资源拓展必须是首要考虑的因素，我认为有必要对此保持着清醒的认识。

大多数情况下，个人之间的友情会超越其他一切关系。如果不划定某种界限，维持个人关系的愿望会混淆大学与捐赠者的关系，进而可能会牺牲大学利益。此外，维持个人友谊的愿望，也可能使大学筹资偏离方向，筹款工作缺乏成效。

在大学筹资领域，个人友谊的另一个特点是不容易转移。大多数校长不会为他们现在所在的大学服务终身。事实上，在筹款行动期间，学校领导层也可能会发生变化。但许多捐赠者确实与他们的母校保持着终身关系，

并在历次筹款行动中连续着这种关系。很少有捐赠者追随校长或发展事务官员到另外的大学，从中就能看出捐赠者是如何看待这种关系的了。

因此，至关重要的是，在大学与捐赠者沟通过程中，要引导包括校园工作人员、理事和其他志愿者在内的多方参与，这样即便负责捐赠者沟通工作的大学现有员工发生了工作调整，两者关系仍然能够保持一定的连续性。

捐 赠 动 机

要想以正确的心态进行筹款，就需要对捐赠人的动机有所了解。目前有大量文献在研究捐赠者动机问题，其中包括几十年来筹款从业者的反思，以及近年来逐渐增多的学术研究。某些研究的方法存在一些问题，在一定程度上影响了调查结果，例如直接询问人们为什么捐赠，这很可能不会得到适当的答案。一些研究关注的是更为广泛的慈善事业筹款，但与一般的非营利组织相比，大学等高等教育机构的捐赠又具有一些独特之处。

尽管如此，在实务从业者和研究文献中还是出现了一些有价值的观点，能为一线的大学筹款者提供重要的参考。对相关主题的文献进行全面的回顾，这远远超出了本书的范围，但以下几段进行了简短的讨论，借鉴了其中的一些观点，以及我自己的观察和思考。

慈善领域的七张面孔　【147】

鲁斯·普林斯（Russ Prince）和克伦·菲莱（Karen File）进行了一项有意思的实证研究，并发表在了《慈善的七张面孔》一书中。尽管这项研究已有 20 多年的历史，并且有人批评作者所用的研究方法，但这些结论仍具有相当的参考价值，并且与我多年来的一些观察结果相吻合。其他从事筹款活动的同行告诉我，书中的观点对他们来说也是确实如此。因此，我继续推荐它提供的分类方法，作为思考大学捐赠者动机的分析框架。

普林斯和菲莱根据需求、动机和从捐赠中所获收益的不同，将大额捐赠者分为七种不同的类型。他们认为纯粹的捐助者很少，也就是说，大多数捐助者是具有复合动机的。但是许多捐赠者主要遵循一种或另外一种方法，这种方法会在特定组织或机构捐赠过程中占据主导地位（他们的研究不限于高等教育捐赠者）。

普林斯和菲莱（Prince and File，1994）研究的捐赠者中，约有 26% 的人被称为"社群主义者"，这些人受到社区公民责任的激励，他们可能是当地医院、社区非营利组织、当地联合之路和其他事业的主要捐赠者，如果高等教育机构对当地社区和经济有着明显的推动作用，那么大学也可能会赢得他们的支持。

例如，通常属于这类捐赠者的中小企业主们，可能会像支持当地基督教青年会或青年俱乐部一样，为当地社区大学提供支持。但是，显而易见的是，主要是出于这一目的的捐助者，可能不太倾向于支持一流的精英大学，或是远离家乡本土的高等教育机构。

普林斯和菲莱确定的第二类捐赠者是"宗教信徒"，约占研究对象的 21%。顾名思义，这些人的捐赠行为体现了他们的宗教信仰。他们支持教会、犹太教堂或者清真寺，以及其他基于信仰的非营利组织，他们也可能支持与宗教派别相关的教会类教育机构。再次强调，上述这些类别都不是相互排斥的，所以虔诚的"宗教信徒"类捐赠者可能也会支持世俗机构。但这一类捐赠者，最常见的还是倾向于向宗教组织、教会和其他相关组织捐赠。

【148】　普林斯和菲莱研究的捐赠者中有 15% 是"投资者"。在普林斯和菲莱的描述中，投资者是将捐赠作为某种交易的捐赠者。例如，他们可能会要求大学提供有关捐赠资金使用方式、捐赠回馈形式、能够享受何种税收优惠等详细信息，以及捐赠的其他细节。他们非常重视捐赠的税收优惠，并会试图将捐赠效果最大化。他们有点类似于我们今天所说的企业家捐赠者，但又不完全相同。自 20 世纪 90 年代末以来（普林斯和菲莱研究之后），企业家捐赠者对慈善事业的影响逐渐显现。今天，企业家捐赠者所占的比重远远超过了 20 世纪 90 年代中期，它们对高等教育提出了一些挑战，下文将进一步讨论。

在这项研究中，"社交人士"约占捐赠者的 11%。这个词听起来有些贬义，但本意并非如此。他们的捐赠行为往往与社会活动和人际关系联系在一起。他们在艺术筹款活动中尤为突出，通常会在表演和其他活动场合捐赠。在其他类型的非营利组织中，豪华晚宴、慈善拍卖和类似的活动会作为主要的筹款方式。这些捐赠者希望通过捐赠，提高自己在社区中的社会地位和声望。

在普林斯和菲莱的分类目录中还有一些其他类型的捐赠者，如"利他主义者"（约9%）和"继承者"（约8%）。前者之所以给予捐助，是因为他们认为这是在"做正确的事"，并且往往支持社会和政治事业；后者大多捐赠给以家庭传统为基础的机构，并可能青睐具有悠久传统的大学。

普林斯和菲莱发现，在支持高等教育机构和医院方面，尤其引人注目的一种捐赠者是"回报者"，代表着他们所研究的10%以上的捐赠者。这些人会支持那些给自己或家庭中提供过重要帮助的机构，他们感到回报的责任，他们通过捐赠来实现这种回报。

如前所述，我发现普林斯和菲莱的捐赠者分类法是一个值得铭记在心的实用模型。同样，没有一个人只属于一个或另一个类别，同时捐赠者类型也可能并不详尽，但根据我的经验，很多人都有这样或那样的倾向。无论是作为一名大学发展事务官员，还是作为一名在筹款行动计划策划阶段采访过若干捐赠者的顾问，我有时会通过思考普林斯和菲莱的七张面孔来了解一个人的捐赠方式，其中一些人比另外一些人更自然地倾向于支持高等教育领域，同时，大学的筹款模式也可以进行优化与改良，进而被引导到更契合某位大额捐赠者的筹款模式上。

在我担任马里兰大学筹款事务主管时，我发现很多捐赠者属于回报捐 【149】赠类型。校友们经常告诉我，他们是家里第一个上大学的人。他们对州立大学为他们提供的机会表示感谢，否则他们无法负担接受高等教育的高额费用，也无法获得一个成功的职业生涯。许多校友表示希望回馈他们所获得的这种机会，或是针对大学或是针对现在的在校大学生。这并不奇怪，因为历史上州立大学一直是本州年轻公民实现人生梦想的起点，培养了许多白手起家的成功人士。

但是，我在马里兰州遇到的其他捐赠者，他们属于普林斯和菲莱（Prince and File，1994）所述的另一种捐赠者。一些商人，不管是不是校友，他们会接近于社群捐赠者。他们将大学视为国家和地区经济发展的重要推动力量，并据此支持大学建设。当然，也有其他人以投资者或继承者的方式进行捐赠，他们的捐赠是为了延续一个传统，这也许始自他们的父亲或祖父。

作为乔治华盛顿大学的副校长，我同样遇到了许多回报型捐赠者。乔治华盛顿大学是一所城市大学，位于华盛顿特区的市中心，在建校早期，学校针对在职人员开设了一些夜大学等特殊课程，这为许多在联邦政府机构工作的学生提供了机会。一个广为流传的故事说道："我在二战后来到华盛顿并找到了一份为政府工作的机会。我每天晚上下班后搭乘电车到乔治华盛顿大学，作为一名兼职学生完成我的法律或商科硕士学位。我之所以能取得今天的成绩，首先要感谢乔治华盛顿大学这一项目的灵活性，还要感谢在那几年里教授们给我提供的帮助。我应该向大学表示点什么，以报答它曾经的培育之情。"

乔治华盛顿大学一位捐赠者表达了回报母校的愿望，这给我留下了特别深刻的印象。他向我们筹款行动的一个项目进行了捐赠，即修复校园中心的一个广场。我和他谈了各种方式，希望能够以冠名方式感谢他对学校的支持。大学准备在通往广场的路上新建一个大门，我们建议以他的名字命名。"不，"他说，"是否以我的名字冠名并不重要，但我有个主意。"

他解释说，他小时候随父母从古巴来到美国，接受了高等教育并取得了巨大的成功。"对我来说，"他说，"门的概念有着特殊的意义。来到美**【150】** 国并能进入大学学习是通往家庭生活更加美好的成功之门。让我们称之为'美国之门'，以此提醒人们，教育对这个国家来说意味着什么。"

我被这个想法深深地感动了，至今印象深刻。我们写了一些纪念的话刻在大门旁的一根立柱上，刻画了他想表达的情感。在美国出生和长大的我，发现他的经验和言语使我对国家的价值观又有了更深刻的思考。此后，每当我走过这个美国之门时，都会引发我深深的思考。

在乔治华盛顿大学，我还听到过大学医疗中心以前患者表达的感激之情，他们感到有义务回馈大学和医疗团队，以此感谢大学给他们或他们家庭成员的良好照顾。

回报者在大学及其医疗中心的捐赠者中很常见，对此我能罗列出许多案例。但是也有捐赠者属于普林斯和菲莱（Prince and File，1994）所说的其他类型捐赠者，因此可以进行相应的讨论与捐赠方案设计。当然，永远不宜误导或欺骗潜在捐赠者。但是，突出那些可能特别会引起捐赠者共鸣的内容是完全恰当的，同时规避那些可能与他或她的意愿不符的项目也是值得考虑的。

例如，在马里兰大学或乔治华盛顿大学，当我遇到想表达回馈意愿的捐赠人时，我会强化这些回报价值观。我可能会谈到，对于今天正在求学的学生来说，提供奖学金能对他们产生深远影响。当面对捐赠者时，如果他特别重视资助学生发展项目，我可能不会花太多时间吹嘘大学研究项目在全国排名的上升，或是本科招生时精英学生人数的增加（尽管在我服务的这几年里，马里兰大学和乔治华盛顿大学的这两项指标都有显著提升）。这些对于回报型捐助者而言不是特别重要的主题，甚至可能引发一个严重的问题，即大学是否偏离了捐助者最看重的方向。

另一方面，我也遇到过很多捐赠者，他们在慈善事业领域的做法有点像投资者。他们的问题清楚地表明，他们关心的是捐赠成果，以及他们的捐赠可能产生的影响。他们有时从商业角度看待大学，会问到大学在某一领域的战略规划或竞争力。在这种情况下，提高研究排名和提高学生素质可能正是捐赠者所关注的领域。这将使捐赠者确信，大学正在取得可衡量的进步，并且他或她的捐赠将获得可靠的投资回报。

在与社群主义类型捐赠者对话过程中，我可能倾向于讨论马里兰大学对经济和社区的影响，以及它对马里兰州经济增长和商业繁荣的重要性。而在乔治华盛顿大学，就应凸显大学作为哥伦比亚特区最大的私人雇主和最大的医疗服务提供者之一的地位。因此，对大学的投资将是对社区和大学所在地区的双重投资。【151】

当然，筹款过程中，面对居住在其他地区的社群主义者时，情况会有些不同。与他们的对话可能会转向其所在社区公益机构的需求，这可能是他们慈善捐赠的最高优先事项。面对这一问题，我的方法是承认他们关注当地和本地捐赠的重要性，同时也在探索如何增加他们对你所在大学的兴趣。在某些情况下，尝试运用创造性的方法，同时解决他们在当地的关注点和大学的优先事项。例如，向大学提供奖学金支持来自捐赠者家乡的学生，可能会同时达到这两个目的。

与利他型的捐助者一起，我可能会讨论科学研究和高等教育之于人类和社会进步的重要意义，以及大学作为高等教育机构的重要性。与继承者一起沟通时，强调传统的重要性可能会使对话深入。普林斯和菲莱（Prince and File，1994）认为捐助者是社交型时，会给大学筹资带来挑战，不同于其他慈善机构，高等教育筹款活动不是活动驱动的，不过可以尝试将筹款与大学艺术项目产生关联，或者捐赠者可能会发现大学的捐赠俱乐部或特定会员参与的社交活动是值得参加的。

需再次强调的是，对捐赠者不应形成固有的刻板印象，不能把捐赠者简单地按照普林斯和菲莱（Prince and File，1994）的七张面孔分类模型分类，大多数人在捐赠方面都会表现得非常复杂。我不认为这些类型在展现捐赠者方面是详尽无遗的。但是，这七张面孔的确提供了一些重要参考，并且可以作为一组研究框架，用于初步了解捐赠者的动机，然后将对话引导至可能与潜在捐赠者同频的要点上来。

劝说与捐赠人意愿

波士顿学院财富与慈善中心主任、社会学家保罗·舍维什（Paul Schervish）是研究大额捐赠者动机成果丰硕的学者之一，他于 2015 年从该职位退休。舍维什的研究大部分是与他的同事约翰·哈文斯（John Havens）一起进行的，后者也于 2015 年退休，他们专注于高净值人群的慈善动机。舍维什的研究不仅提供了对捐赠者（他称之为"供给方"）的洞察，而且为筹款者（称之为"需求方"）提供了一种筹款方法。舍维什和哈文斯（Schervish and Havens，2002）确定了高净值捐赠者的六大动机，【152】包括超能力、认同、关联、避税、死亡和感恩。超能力是富有个人创造历史的能力，也就是说，他们"增强的能力……控制他们和其他人生活的条件"，换句话说，就是改变世界的能力（p. 225）。

在舍维什和哈文斯眼中"认同"一词的含义，与"五个 I"（第六章讨论）中的含义有所不同。他们指的是捐赠者对他人需求的心理认同，并认为这种认同源于与人的交往。这加强了参与的重要性，它也是之前讨论过的"五个 I"之一，因为参与可以增强对筹款机构及其服务对象需求的认同。在对"五个 I"的一些修改中，我将这类认同作为第六个"I"包括在内，紧随其后并由参与行为产生。

感恩作为一种动机，与普林斯和菲莱（Prince and File，1994）分析的回报者概念是一致的。避税和死亡（或其后果）可能会影响捐赠的规模、结构和时机，而不仅仅是推动捐赠的潜在动机之一。因此，虽然舍维什和哈文斯为理解捐赠者动机做出了贡献，但他们这些发现并没有从根本上偏离其他学者的研究。

他们的工作创新之处在于对传统筹款活动的批判，以及对捐赠者关系维护和筹款不同方法的建议，这与本章前面关于筹款者心态的讨论有关。

他们认为，传统募捐有时采取"诱导"的方式。在这种方式中，筹款者首先假定要说服捐助者慷慨解囊，筹款者在这一假设下，提出需求，唤起捐赠人的责任感，在心理上诱导捐赠者，进而激发这些潜在捐赠者提供资金支持的责任（Schervish and Havens，2002，p. 223）。作者认为，这种方法在实践中"只是在某些情况下才会得到运用……而且在对捐赠者意愿与捐赠倾向充分调查前，一般也不会采用这种方式"（p. 223）。尽管如此，他们认为，这种"诱导"模式是基于对捐赠者动机的错误假设。

高净值人群倾向于慈善事业捐赠，舍维什和哈文斯提出了一种承认并充分利用这一现实的筹资方式。这种以捐赠者为中心的方式，他们称之为"意愿模式"（pp. 224-231）。他们写道，这种方式更像是公益营销而非销售，筹款者引导潜在捐赠者考虑四个问题：

1. 你想用你的财富做点什么吗？

2. 这满足了别人的需求吗？

3. 与政府或商业企业相比，你可以做得更有效率且更富成效吗？

4. 这能让你表达感激之情，并与被帮助的人感同身受，从而扩大你的个人幸福感吗？（Schervish and Havens，2002p. 225）

根据舍维什和哈文斯（Schervish and Havens，2002）的说法，筹款者要在捐赠者对有效性和重要性的关注，以及筹资机构战略发展之间寻找结合点（p. 231），换言之，这是一种使捐赠者诉求与筹款机构需要和优先事项相匹配的方法。

这并不完全是一个新的筹款理念，这反映在我之前对普林斯和菲莱（Prince and File，1994）捐赠者类型的讨论中。但是，采用以捐赠人为中心的筹款方法和沟通方式，多听少说，以一种积极的心态看待潜在捐赠者的慷慨和高尚，这一切无疑是正确的。这对于当今社会越来越复杂的捐助者而言尤其如此，不仅如此，这种方法适合于慈善事业竞争日趋激烈的环境，并符合大学自身的价值观。如第一章所述，以捐助者为中心的方法已成为近年来筹款活动重要的特征之一。

【153】

以捐赠者为中心的筹款方法

实际上，在拜访潜在捐赠者过程中出现的问题，可能并不与舍维什和哈文斯（Schervish and Havens，2002）所说的完全一致，而富有经验的筹款人则会通过提出大家共同关心的话题，有效地引导潜在捐赠者。

例如，在拜访潜在捐赠人期间，募捐者可能会在一段适当的闲聊之后，通过询问"当时您为什么决定在母校就读？回顾过去，你认为这是一个正确的选择吗？"，以此类主题来启动谈话进程。对方的回答可能会揭示出一些重要信息，如他或她是否有回报意愿或其他对大学感受的重要见解。稍后，募捐者可能会通过后续询问来引导谈话更接近目标，"那么，你的志愿服务和慈善兴趣会是什么？"这个问题假设每个人都有一些志愿精神与公益理念，事实上大多数人都会有些，因此它往往会引起进一步的思考，一个有效的后续跟进策略可能是，"为什么这些公益方向或是公益组织对你很重要？"这一方法最终可能会将话题引入核心主题，"你认为大学工作的哪些方面可能最接近你的慈善目标？"

需要说明的是，有效沟通的前提是假设存在双方合作的可能，希望潜【154】在捐赠者至少可以确定一个感兴趣的领域，双方能够从中找到交汇点。本章将在下面环节再次讨论培养捐赠者关系和筹款交流的一些技术性问题，但首先，关于捐赠者的动机，还需要探讨其他一些要点。

平衡捐赠者意愿和大学的战略优先事项

舍维什的超能力概念和以捐赠者为中心的方法给高等教育筹款者提出了挑战，如果捐赠者的诉求与高等教育机构自身的优先事项不一致怎么办？如果捐赠者所提议的捐赠建议，与大学战略大相径庭怎么办？如果他们的捐赠所附加条件，让校方很难接受怎么办？这些问题对于以结果为导向、高度参与且具有企业家精神的捐赠人而言尤其重要。

21 世纪初，慈善词汇中出现了许多新的术语和概念，包括战略慈善、风险慈善、催化式慈善和结果导向慈善，尽管许多人倾向于交替使用这些术语和概念，但每个术语和概念的定义都有所不同。

这些方法有两个共同点：一是捐赠者是以结果为导向的，在这种慈善模式下，"捐赠者期望实现明确界定的目标，为了实现这些目标，他们和他们所支持的组织采用务实的策略，由双方监督项目成果，同时动态评估项目实施绩效"（Brest，2012，p.42）。另一个共同点是高度参与，这意味着这些捐赠者通常不希望仅仅只是捐赠，他们往往希望在重塑他们所支持的机构或项目方面发挥积极作用。

企业家捐赠者是参与型捐赠者中的一种，他们不仅想参与其中，而且还经常带着自己关于如何解决问题的想法来讨论问题。他们会用心寻找最能贯彻他们意图的公益机构进行捐赠。他们其中的一些人，更愿意支持变革性项目，而不是拘泥于某个特定机构。与其他捐赠者相比，他们只与对那些同样提出变革项目或想法的高等教育机构合作。他们会与现有的大学合作，资助大学按照他们的想法行事，也有人倾向于新设某个机构，毕竟这样能够施加更多的个人影响。

这些类型的捐赠者可能会对传统机构和组织（如学院和大学）中的筹款人提出挑战。在全方位筹款行动中，这种挑战表现得尤其明显。筹款行动是大学自身结合发展战略，经过认真考虑发起的筹款项目，可能不会给创新想法留下太多机会，这就限制了与此类捐赠人合作的空间。

与企业家捐赠者合作时出现的一些问题并不新鲜，总会有捐赠者提供 【155】给大学一些无法或不愿接受的捐赠。例如，有一位捐赠者向医学院提供了一笔捐赠，以支持绿茶和癌症的研究，但该大学拒绝了这一捐赠（Stuart，2011）。

部分捐赠之所以受到批评，是因为捐赠人似乎是通过捐赠向大学施加了影响，捐赠者可能干预了教职人员任命，或是要求课程设置上安排特定的经济或政治哲学内容等（Stuart，2011）。在这种情况下问题通常会相当明显，教职工或一般公众都会觉得这种安排不太妥当。但很多情况下这样明显不妥当的捐赠并不常见。相反，问题可能是捐赠者优先考虑那些尚未提上大学议事日程的事项。

许多以结果为导向的捐赠者关注某个社会领域，或是致力于解决某个社会问题，而不仅仅是关注某个具体的机构，进而支持可能会解决某个社会问题的公益慈善机构。他们更喜欢支持推动社会变革的新想法或计划，而不是传统的捐赠基金和大学筹款行动优先事项。他们希望获得可衡量的影响，并会支持那些能够形成里程碑性变革的组织。

知识的创造和传播是高等教育的使命，但这并不像许多非营利组织那样直接解决社会问题。相比计算参加课外辅导项目年轻人的高中毕业率，衡量高等教育绩效指标要复杂得多。

投入高等教育的好处是长期的，所以对于企业家类型的捐赠者来说，很难确切地评估由于他或她的支持而产生的影响。就大学基础研究而言，可能没有预先确定的结果，事实上，由好奇心驱动的研究导致了历史上一些最重要的科学研究突破。由于这些原因，许多企业家捐助者更愿意建立自己的基金会或支持直接解决自己热衷问题的组织。

作为一名大学筹资人员，我曾经见过很多位企业家捐赠者，同时作为筹款顾问，在筹款行动计划前期环节，我也访谈过很多类似的非营利组织捐赠者。作为某个非营利组织研究项目的一部分，我曾与一位风险投资家长谈，对话内容令我记忆犹新，我将其称为"歌剧"以保留这一组织的匿名性（这不是歌剧，但它的确是传统的表演艺术组织）。

他的观点和捐赠理念是我见过的捐赠人当中典型的一类，他坦率地说："我对歌剧或其他传统机构不太感兴趣。"但他对那些为低收入儿童提供机会的组织很感兴趣。他解释说："我的父母支持歌剧院和大学，他们目睹了二战期间欧洲各个类似组织的破坏，对他们来说，歌剧院、图书馆、大学校园，像这样的机构是亟待弥补的人类文明的象征，所以他们的慈善事业大多针对这些组织，确保这些机构将继续作为人类文明社会的基础而存在。"

【156】

"对我这一代人来说，"他接着说，"划时代的事件是 1965 年在洛杉矶发生的瓦茨骚乱，我正是在那个时期成长起来的，这塑造了我对社会和慈善的思考方式，我不怀疑传统机构的重要性，但它们已经具有大量的资源。对我来说，最核心的议题是确保出生在贫困线的年轻人有机会走出去，而实现这个目标的具体措施就是资金捐赠。"

当然，很容易理解他的经历是如何影响他的思维方式的，也很难说他的优先关注点存在什么问题。但是，对于歌剧院，以及他可能与之有联系的任何大学来说，他都不是一个特别好的潜在捐赠者。也许有人会说，奖学金可能会对他所关心的贫困学生生活产生影响，能够使他们接受大学教育。但他的兴趣集中在这些孩子早年的生活方面，在这种情况下，相对于其他类型非营利组织来说，大学等高等教育机构能够发挥的作用并不是特别明显。

关于捐助者高度参与筹款事务的问题，有人会问，"这有什么新鲜的吗？"当然，参与度高的捐助者并不是一个全新的群体，许多大额捐助者一直以来都是非营利组织支持者中参与度最高的成员之一。许多捐助者是机构理事会的成员，在确定其优先事项和政策方面确实具有发言权。

慈善家在高等教育中的影响源远流长。有人指出，利兰德·斯坦福和他的妻子密切参与了这所以他们名字命名大学的建设和师资聘用的各个细节。约翰·D.洛克菲勒也在斯佩尔曼学院的建设中发挥了实际作用，甚至是校园景观的设计（Allen，2002）。当然，当时的不同之处在于，那些的确是新创立的大学。现在的大多数学院和大学都已经有着悠久的历史，并且自己未来的战略规划业已成熟，从这个角度来说，筹款过程中能为捐赠者在核心事务上提供类似的实质性参与的机会也越来越少。

那么，大学是否还有必要在这里探讨针对这种类型捐赠者的筹款问题，还是应该让他们转向于其他类型的非营利组织，使其更符合他们的诉求，或者更能实现他们高度参与的意愿？部分大学在吸引创业型捐赠者方面进行了一些探索，并获得了一些成功的经验。

路易莎·博韦里尼（Luisa Boverini）在获奖论文《当风险慈善家叩响【157】象牙塔之门》的一篇文章中，讲述了生活在巴尔的摩的风险慈善家简·布朗的故事，以及她通过捐赠参与母校马里兰大学发展的案例。作为大学基金会的理事，布朗与该大学合作创制了巴尔的摩奖励计划，这是一个马里兰大学的奖学金项目，该计划最初是为来自马里兰州的九所城市中学的学生提供奖学金（Boverini，2006，p.96）。该项目随后扩展到马里兰州的其他社区（University of Maryland，2016）。该计划成功地将捐助者对自己所在社区的兴趣，与大学优先向州内学生提供资助机会的初衷进行了匹配。

其他大学通过邀请风险投资领域的慈善家走进校园，充分发挥其专业知识，同时拓展与他们的互动与联络。例如，加州大学洛杉矶分校设立了风险投资基金，定向投资于校友、学生、家长和大学的其他成员新创企业

（UCLA VC Fund，2015）。其他大学，包括纽约大学、伊利诺伊大学和斯坦福大学也都发起了类似的项目，为学生或校友创办的企业提供资金支持（Cline，2014）。一些类似的基金是作为独立的企业实体运作的，但大学在其中具有较高的参与度。其他大学也让校友参与捐赠基金投资的咨询事宜，其中一些与风险投资基金投资策略有关。

有意思的是，在高校与企业家型捐赠者共同实施的创新战略中，许多确实体现了一些传统的筹款理念和原则，在博韦里尼报道的简·布朗案例中，该大学帮助巴尔的摩学生和研究减贫的方案符合捐赠者的慈善理念，将她的捐赠资金聚焦于这些方向，进而提高了捐赠者满意度。

但是，博韦里尼（Boverini，2006）解释说，布朗与校长和负责大学公共关系的副校长之间的关系也很重要。布朗对校长手写的感谢信表示感谢，信中感谢她所做的工作，副校长与她会定期沟通，倾听并向她介绍可能令她感兴趣的新的大学项目（p. 95）。而那些向学生或校友新创企业投资的大学，可能会考虑将来其中的成功者最终成为回报者，本章前面已经讨论过这种类型。

有些人认为舍维什的辨别模型就是要求大学调整战略方向，以迎合捐赠者的优先发展事项，但是舍维什也强调了在捐赠者利益和大学战略优先事项之间找到共同点的重要性。对于一些企业家型捐赠者来说，在一个特定的筹款活动中，这种诉求的交汇至少在短期内可能不会发生。

博韦里尼（Boverini，2006）建议大学筹款官员（当然也适用于校长）倾听并仔细考虑这些捐赠者的想法，成为"想法处理者"而不是"想法产生者"，并尝试"制定解决方案"，以满足风险投资慈善家的需求（p. 98）。但是她承认，大学可能并不总是能够获得那些注重成果和创新的捐赠者的兴趣，也不一定能够适应他们的做法，她写道，"毕竟此类捐赠者对引人注目的近期成果更有兴趣，这可能超过一些大学所能处理或实际需要处理的范围"（p. 104）。

【158】

然而，事实证明，大多数公益捐赠者可能会以组合形式进行公益慈善事业，一部分捐赠者会将资金中的一部分继续遵循高度参与、结果导向的捐赠模式，而另一部分会采用更传统的捐赠模式。就像许多股票交易者的多元投资组合，一部分投资倾向于某一领域，而另一部分投资于其他领域。因此，他们那部分传统的捐赠模式，就与大学的诉求有了合作空间。的确，一些著名的企业家捐助者，包括比尔盖茨，除了通过自己的基金会开展项目以外，还同时在支持大学及其他高等教育机构。

一些捐赠者的兴趣和爱好，也可能随着他们在事业和个人生活中所处阶段的不同而发生变化。在乔治华盛顿大学工作期间，我希望能够获得一位年轻企业型慈善家校友的捐赠，以设立一个讲席教授，他告诉我，"我七十五岁的时候你再来找我，我可能会考虑这样的项目。"这引发了我的许多思考。不过，他随后给大学的一个新设项目捐赠了一笔大额捐赠，这个项目所涉领域更符合他的兴趣。他还不到七十五岁，等他到了那个年龄，我已经八十五岁了，我打算把这个情况告诉那时担任大学首席筹资官的人！

开启募捐进程

本章的最后这一部分内容，将介绍筹款的核心内容：大学筹款的募捐经验。对一些长期从事筹款工作，在募捐方面经验丰富的人来说，筹款是自然而然的事情，他们可能会觉得我的介绍太过于基础了。但对其他人来说，这些内容可以提供一种结构与方法，让我们思考募捐过程中的一系列重要步骤。因为筹款是一门艺术，所以最好的募捐方式并不是所有专家都认可的那种解决方案。至少对我和我共事过的校长和其他筹款人员来说，下面讨论的原则都是有效的，不过有些人可能认为其中部分内容是错误的，他们有可能是正确的。

筹款原则

筹款原则的第一条也是最重要的一条原则是，筹款必须真正开展起来。如果没有明确的募捐要求，人们往往是不会捐赠的，这可以说是一条金科玉律，但我见过许多情况，在这种情况下人际关系得到良好的培养，大学只是等待捐赠者送上门来。或者，在这种情况下，校长、发展官员或者其 【159】

他人拜访了潜在客户，进行了一次很好的交谈，却没有直接提出筹款诉求就离开了。事实上，研究者发现，被要求给以资金支持，是捐赠者说他们之所以捐赠的最重要原因之一。那些没有捐赠的人，最经常说的原因就是他们从来没有被要求捐赠过。

确保捐赠者已经做好了捐赠准备是至关重要的，必须有理由判断他或她已经准备好了捐赠。比如，之前已经有过多次的联系与拜访，或者他或她以前就有过捐赠历史。因此，大学筹款的核心，也就是张口提出捐赠要求环节，不能在拜访时进行，也不能混同于捐赠人关系培养。这种培养已经发生，且与捐赠者关系已经发展到了下一个阶段，可以期待捐赠者进行积极的回应。

成功筹款源于指派合适的人，在恰当的时间向合适的人筹募恰当的捐赠。因此，确定筹款团队的组成是一项重要的决定，需要进行思考和讨论。这一话题已经在前面讨论过，这里不再详细说明。

募捐者需要在筹款前决定如何引出筹款话题，如何有节奏地展开筹款话题。在筹款行动开展过程中，面向潜在捐赠者筹款时，应确保募捐金额与他们的经济能力相吻合，并尽可能满足捐赠人的诉求，但同时也有一些其他办法来实现筹款目标。

例如，在某种情况下，筹款对象可能已经深度参与了筹款行动计划环节，也许已经成为了筹款委员会的成员。他或她非常熟悉筹款行动的捐赠次序表，并且可能已经考虑过他或她在这个范围表中的位置。在这种情况下，最好直言不讳进行沟通："鲍勃，正如你所知，我们必须筹募到两笔500万美元的捐赠才能使这场筹款行动成功，只有少数人有能力提供这种关键性的捐赠。我们希望你能够在这个级别上做出实质性贡献"。

但是在其他情况下，潜在捐赠者可能不太了解筹款行动相关的数字模型，因此最好先沟通好筹款目标与用途，然后再回到所需金额上，而不是直接从金钱入手。例如，对比这两种（虽然比较极端）方法："鲍勃，我们希望您能为这项筹款活动捐款500万美元，我相信我们能找到一些你会感兴趣的东西。"或者，"鲍勃，大学最优先考虑的事情之一是创造更多的杰出讲席教授职位，这对于吸引和保留一流的师资，维持我们在学术界的卓越地位至关重要。您可以考虑在这方面支持一下学校吗？"

除非鲍勃非常不了解捐赠行情，这种情况比较少见，一般来说他至少会理解你所建议项目所需的大概捐赠额度。你已经通过大学使命和优先事项的宣讲，避免后续交谈落入金钱交易式的俗套当中。前述问题可能会导【160】致鲍伯问一些关于讲席教授如何发挥作用，大学现有多少席位等问题，或许还会对大学的学术计划提出更深入的问题。这种讨论让他参与到实质性的大学核心事务中，而不仅仅是一笔财务交易。在某个时候，他可能会问："这个项目需要多少钱？"当然，答案是"设立 500 万美元的捐赠基金"。当然，鲍勃可能会通过各种方式提供这笔捐赠资金，这一点可以在随后的讨论中加以探讨。

传统的观点是筹款目标定得高一点，即先向捐赠人提出一个初步金额试探一下他们的捐赠上限。这种方法是明智的，尤其是在募捐者对潜在捐赠人经济实力和公益倾向具有良好认知的情况下。如果初期的筹款金额过高，后续还可以提出一些更适度的建议。但是根据我的经验，在对潜在捐赠者了解可能不完整的情况下，这种方法也存在一定的风险。

筹款过程中，如果诉求明显超出潜在捐赠人所能承受的金额，可能使他或她感到极为尴尬。更糟的是，提出如此不切实际的建议，可能会使募捐者显得很不专业。讨价还价式的筹款有时会显得很尴尬，例如，"好吧，鲍勃，如果你不能捐赠 500 万美元，那 200 万怎么样？好吧，100 万呢？"因此，应更多地从需求出发去筹款，而不是简单地为了筹款而筹款，其中的好处之一是，这样做不会因为捐赠金额的变动让你觉得失望。例如，如果鲍勃对一个杰出教授席位项目不感兴趣，那还会有许多迫切需要支持的捐赠项目供他选择，如青年教师职位，以及研究生和本科生奖学金等。

对于是否应在筹款拜访前准备书面材料，各方观点不一，例如，长期从事大学筹款工作，后来担任阿肯色大学校长的筹款咨询专家大卫·格哈特（David Gearhart）强烈建议，"筹款金额应事先确定，并由工作人员提供具体的书面方案"（Gearhart，2006，p.198）。

在拜访捐赠人前准备一份书面方案是没有坏处的，这样做可能有助于阐明募捐者的想法，并使团队保持一致。但是，在我看来，在谈话过程中，这一方案应该放在公文包里不用拿出来。如果谈话按照方案预期的方式进行，那么它可能会被束之高阁；如果谈话以不同的方式发展，方案则会被带回到公文包里进一步修改。根据我的经验，与捐赠人的讨论经常会带来一些新的信息，捐赠者的想法也会更加开放多元。因此，我倾向于在拜访捐赠人后,再撰写筹款方案并将其用作后续跟进的工具。

【161】　　拜访捐赠人的地点,以及哪些人应该参与见面,这是需要事先仔细考虑的问题。理想的地点因人而异,但家庭或办公室通常比餐厅或其他公众场所好一些。餐厅里有太多的干扰因素,公众场合通常也不适合讨论诸如捐赠之类的私人问题,我经常听到一位募捐者开始问:"好吧,贝蒂,我们希望你能考虑……",此时对话却被服务生打断,"您需要点甜点吗?"在这样的间歇之后,很难恢复谈话的节奏。

　　有些潜在捐赠者会喜欢在他或她的办公室举行正式的沟通,但也可能有其他人(例如退休人员)更愿意在家里见面。会谈是应该与潜在捐赠人单独会面,还是包括他或她的配偶,这是一个需要根据对家庭的了解来决定的问题,也就是说,要提前搞清家庭中的捐赠决策是谁来决定的。决定谁应该参与到会晤当中,也会在一定程度上影响见面地点的选择。

　　无论会晤地点在哪里,拜访都应该提前在日程上安排妥当,并且与其他活动分开。利用体育比赛的机会,在接待室的角落里或在高尔夫球场上进行谈话,几乎从来都不是一种获得重要捐赠的适当或有效方式。

　　筹款团队需要做好准备。在拜访捐赠者过程中,长期合作的团队可能会轻车熟路,但也并不能掉以轻心。有些人可能会发现彩排拜访捐赠人过程是有用的,可能会让了解潜在捐赠者的工作人员扮演捐赠者,但也有人可能会认为这种彩排过于做作且无益。不过,团队需要为拜访进行一次路演,并且筹款团队至少应就拜访计划进行一次内部讨论。需要明确谁将发起与捐赠人的对话,谁将负责将对话过渡到筹款环节,谁将决定结束讨论的时机,以及谁将提出下一次沟通的计划等。

筹款拜访分析

　　我再次强调,筹款过程中存在太多变数,情况多有不同,因此拜访捐赠人过程中没有一个可以借鉴的通用模板。但筹款过程的确存在可识别的不同阶段性特征,这些阶段之间也会存在过渡与转换,以下段落将对此进行描述。

预 约

对于由谁来预约拜访，存在一些不同的意见，比如是由募捐者直接致电，还是由助手或工作人员致电。我认为，就校长而言，通常不应该直接 【162】 与潜在捐赠人电话预约，可以由他的助手或筹款办公室工作人员代为进行，通常也会与捐赠方对等层级的工作人员先行交流。在某些情况下，校长认为有必要亲自与捐赠人进行电话沟通，商定见面时机，但是在这种情况下，可能需要一些沟通技巧，避免在电话沟通中涉及筹款相关问题。

如何成功地预约见面有着多种策略，对此的详述超出了本章的范围。但至关重要的是，会晤要在潜在捐赠者方便的情况下举行，而且校长愿意根据需要更改其日程安排。我认识一些大学筹款官员，他们会与校长就日程达成一致，在每年固定的日期拜访捐赠人，或者预留一些固定的时间段，比如一周一天。在这些情况下，校长能够做到这种倾力配合是令人钦佩的，但这种方法往往效果不佳。毕竟潜在捐赠者的时间安排存在很多变数，最重要的捐赠者可能恰好在校长预留时间以外的时间有空，而那些与校长时间表吻合的捐赠者，往往又不是最具捐赠实力的人。矛盾的是，每当那些巨额捐助者出现时间空当时，校长都需要及时调整日程与其会晤。

当然，在尝试安排拜访时，也应注意策略与方式方法。如果捐赠者的助手问"校长什么时候有空"，最好的回答不是"随时随地，看你们老板时间"。最好给出一个更具体的回答，然后再将问题反转过来，例如，"嗯，他的日程安排非常繁忙，但也有一定的灵活性——琼斯先生什么时间方便？"

开场闲聊

拜访最好以闲聊方式开始。大多数捐赠者的办公室会摆放一些纪念品，比如书柜上的全家福或书桌上的帆船模型可能会为开场提供话题。天气和新闻也是好的由头，但它不应该持续太久，也不应该陷入可能耗费太多时间，或是容易导致争议的实质性议题。

话题过渡

如果闲聊时间太长，将会占用宝贵的拜访时间，也会造成筹款和随后的讨论过于匆忙。掌握好进入主题的节奏，将交流及时引向关键议题，实现从闲聊到正式商谈筹款本身的过渡是一门艺术。这一时间节点应适当明确，通常在闲聊结束时，通过某个简短的停顿开始。

【163】许多话题可以被用来表示过渡的意思。"比尔，我们很感谢你今天与我们见面，就学院筹款行动相关话题进行沟通。""汤姆，让我解释一下我们来这里的原因。""玛丽，正如你所知，我们来这里是为了与你谈谈学院及其未来。"

一旦过渡完成，可能还会有一个简短的总结，类似于短时间内阐述核心观点的电梯对话，以总结筹款行动的优先事项和筹款目标。"哈利和贝丝，正如你们所知，这所大学的规模和声誉都在增长，但我们现在正在开始一项我们认为对未来至关重要的战略计划，大学理事们正在发起一场全方位筹款行动……"

筹 款

与捐赠人的会晤应在实质性筹款提出后结束。作为一名发展事务官员，我曾与一位刚刚从教授职位上被任命为院长的同仁一起去拜访捐赠人，他一点也不害羞，在交谈过程中会向捐赠者详细讲解其所在学院的战略发展前景。但在我们最初几次一起访问时，他说得太久且时间过长。潜在捐赠者总是仔细倾听，同时对学院发展表示钦佩，但拜访时间不知不觉地就结束了。潜在捐赠者会说，"谢谢你的光临"，我们就离开了。院长事后对我说，"我认为拜访计划进展顺利"，实际上，在某种程度上也确是如此。但由于我们压根就没有提出筹款事项，所以后续捐赠也不会实现。在几次拜访重蹈覆辙之后，我对他说："是的，进展很好，但您从未向潜在捐赠者提出筹款问题。"院长自己也承认这一点，他发现很难跨越从讲述捐赠项目到开口募捐的界限。所以，我们为下一次拜访捐赠人制定了一个更为明确的计划。

在这次访谈过程当中，起初他照旧进行项目本身的介绍，然后我向他使了一个眼色。根据这一暗示，他随即转换了议题，"我们正在进行一项筹款行动，迈克会告诉您更多有关此事的信息。"我接过谈话，然后正式开始关于募捐方面的交流。一旦这种过渡顺利完成，筹款议题就会摆在桌子上，其后院长又接手谈话，引导讨论结束。此后，他在筹款过程中变得非常娴熟，并且熟练地提出募捐要求，并在随后的几年中取得了巨大的成功。

暂停并倾听

一旦提出筹款诉求，募捐者就应该停止谈话，认真听取捐赠者的反应。通常，回答往往不会是确定的"绝不可能"。如果出现这种情况，对潜在捐赠者的评估和筹资战略方面就出现了严重的问题。回应可能是热情而无条件的"是"，但更多时候还会存在一些细微差别。

潜在捐赠人可能会提出问题，募捐者应对此做出简短答复，而不是回过头来再介绍筹款项目本身。潜在捐赠人可能会提出营销领域所谓的"异议"，即反对捐赠的理由。有时，这可能是潜在捐赠人思维过程的口头表现，因为他或她可能会遇到说"是"的障碍。募捐者必须准备好对这些不 **【164】** 同意见的答复，或是可能的解决办法，这并不是说募捐者应该成为辩论者，而是建议筹款者应对这些潜在捐赠者的诉求给予恰当的回应。

经验丰富的大学筹款者，对典型的不愿捐赠的想法十分熟悉。事实上，我在乔治华盛顿大学工作的时候，有一个幽默的同事曾经建议，可以通过制定潜在捐赠者异议清单，以此提高沟通效率。清单中可能包括"我的事业前途未卜""已经对其他公益组织承诺了大额捐赠""现在有三个孩子在上大学"等，以及潜在捐赠者提到的其他方面的关切。当然，大多数意见都是合理的且应该予以尊重。有些问题可以通过捐赠的结构化方案来解决，但有些则需要耐心和捐赠人服务来实现。有些则可能需要对项目本身进行深度讲解、策划，及时跟进后续进展。

后续跟进

在拜访工作结束前，应根据潜在捐赠者的反应，对后续工作有个统筹规划。如果回答不太积极，请保持乐观的心态，并建议保持长期的友好关系，因为情况可能会发生变化。如果回答是完全肯定的，则可能仍需要制定一份谅解备忘录（MOU）、捐赠协议或其他一些文件，以使捐赠承诺落在纸面上。这些材料应该尽快准备好，并立即将其交付给捐助者。

如果捐赠者的态度犹豫不决，也就是说捐赠意愿不太坚定，但整体回应还算积极，那么可以采取一些行动来最终促成捐赠。下一步可能是再次访问潜在捐赠者办公室，或是请他参观校园，安排包括潜在捐赠人配偶或财务顾问在内的第二次会面。应提出这一建议，并尽可能在访问结束之前提前安排妥当。可能需要安排专业的计划捐赠人员及时跟进，他们可以根据捐赠者的财务状况，以恰当的方式帮助他们实现捐赠。

有时后续环节是书面形式的捐赠建议，应在拜访结束后准备好，并尽快发送给潜在捐赠者。拜访结束时，募捐者可能会说："杰克，我们感谢你对这个捐赠项目的兴趣。让我们准备一份书面建议，以解决您提出的一些问题，并总结我们今天所讨论的内容。我们将在本周末前把它交给你。下周我们能再见面讨论一下你看完后可能遇到的任何问题吗？"至关重要的是，募捐者必须保留对下一步的控制权，而不仅仅是依靠潜在捐赠者泛泛地说，我会"与您联系"。

【165】大多数大额捐赠都需要谅解备忘录或捐赠协议，特别是如果捐赠用途是大学永续捐赠基金情况下。通常，这是在捐赠者承诺捐赠后准备的，目的是使条款正式化，并为基金的未来管理制定指南。但我有时也将谅解备忘录用作筹款阶段的工具。如果拜访过程中，捐赠者对项目感兴趣但不是特别坚定，我可能会跳过捐赠方案这一步，而直接进入谅解备忘录签署环节。我可能会说："伊莲，我认为以你父母名字冠名的奖学金，对你来说很有意义，同时对大学和学生来说也很重要。让我们试着起草一份备忘录，说说它的大概情况，请你放心这只是一份草案。你可以仔细看一下，根据需要对其进行标记，然后让我们再次讨论其中的有些细节"。

在这种情况下，谅解备忘录草案可能比捐赠方案本身更合适，因为它具有一定的互动性。它使潜在捐赠者不是仅仅考虑是否做出捐赠的问题，而是考虑如何设计并实现捐赠。当这些潜在捐赠者标记备忘录草案时，可能会在这里或那里提出新的建议，他或她正在考虑这样的问题：应该捐赠设置一个还是两个奖学金？应该为父母单独命名，还是以父母双方名义共同冠名？诸如此类。这一思考过程本身就假定会进行捐赠，这增加了筹款成功的可能性。但是，这一策略必须谨慎使用，以免潜在捐赠者感到仓促，或认为这是过早地在法律文件上签字。

本章首先阐述了募捐是一门艺术，它需要一定的洞察力、直觉和判断力，倾听和观察潜在捐赠者对募捐的反应，评估他或她的真实想法和愿望，并以此判断什么时候采取哪些相应的策略，这些都是成功筹款者的基本技能。

计划捐赠

本书没有详细讨论计划捐赠项目。事实上，这是一个复杂的问题，它本身包括了大量内容，不过校长和大多数筹款官员都不需要了解太多相关的基本知识。他们只需要对最常见的工具有足够的了解即可，例如，遗赠、慈善捐赠年金、慈善信托，并且知道这些工具可以成为捐赠者实现捐赠愿望的工具。计划捐赠专业人员可以与捐赠者或捐赠者顾问一起制定细节。

在确定计划捐赠场景时，三个变量最为相关：捐赠者资产的性质、捐赠者对财富的整体态度，以及捐赠者家庭和生活状况。例如，拥有股票或房地产等高溢价资产的捐赠者，通过一定的捐赠方法，在一定程度上可能会规避部分资本收益税。

有些捐赠者可能拥有的非流动资产较多，但对现金等表现出谨慎的态度。他们可能不愿意接受慈善剩余信托的风险，但可能会愿意接受捐赠年金的定期收入返还。计划捐赠也可能为那些担心配偶、家庭成员或合作伙伴经济安全的人提供解决方案，但方案之间会存在差异，其中一些担忧可能会使潜在捐赠人提出停止捐赠。募捐者需要充分熟悉计划捐赠的若干工具，以便根据情况，引导后续筹款行动朝着这个方向发展，这在今天的大学全方位筹款行动中很常见。

【166】

参考文献

Allen, Kent (2002). "The Mechanics of Venture Philanthropy" [electronic version]. *Currents*, November/December. www.case.org (accessed July 21, 2009).

Boverini, Luisa (2006). "When Venture Philanthropy Rocks the Ivory Tower." *International Journal of Educational Advancement* 6, no. 2 (February), pp. 84–106.

Brest, P. (2012). "A Decade of Outcome-Oriented Philanthropy." *Stanford Social Innovation Review*, 10, no. 2 (spring), pp. 42–47.

Cline, Josh (2014). "Keep Your Alumni Engaged: Create a VC Fund for Them!" [electronic version.] *HuffPost Business*, November 17. http://www. huffington- post.com/josh-cline/keep-your-alumni-engaged-_1_b_5823082.html (accessed February 14, 2016).

Dunlop, David R. (2002). "Major Gift Programs." In Michael J. Worth (Ed.), *New Strategies for Educational Fund Raising*. Westport, CT: American Council on Education and Praeger, pp. 89–104.

Gearhart, G. David (2006). *Philanthropy, Fundraising, and the Capital Campaign: A Practical Guide*. Washington, DC: National Association of College and University Business Officers.

Prince, Russ A., and Karen M. File (1994). *The Seven Faces of Philanthropy*. San Francisco: Jossey-Bass.

Rhodes, Frank H. T. (Ed.). (1997). *Successful Fund Raising for Higher Education*. Phoenix: American Council on Education and the Oryx Press.

Schervish, Paul G., and John J. Havens (2002). "The New Physics of Philanthropy: The Supply-Side Vectors of Charitable Giving. Part II: The Spiritual Side of the Supply Side." *CASE International Journal of Educational Advancement* 2, no. 3 (March), pp. 221–241.

Stuart, Reginald (2011). "Out of Focus" [electronic version]. *Currents*, October. www.case.org (accessed February 13, 2016).

UCLA VC Fund (2015). *About Us*. http://www.venturecapital.ucla.edu/

(accessed February 14, 2016).

University of Maryland (2016). *University of Maryland Incentive Award Program*. http://www.umincentiveawards.umd.edu/about/index.cfm (accessed February 13, 2016).

第八章　后期评估、规划和捐赠管理

　　全方位筹款行动以某种形式的庆功活动宣告收官。与启动阶段一样，这种庆功活动通常是一场大型活动，需要广泛地宣传让所有的大学支持者们知晓，从而将筹款行动的圆满完成及其对大学的深远影响广而告之。

　　筹款庆功及相关宣传活动的重要内容，应是感谢大额捐赠者和筹款活动志愿者，也包括这些重要捐赠给大学带来的深远影响，如设立的教授讲席、授予的学生奖学金，或是新建或修缮的校园设施。在讲述此类捐赠影响过程中，最有效的传播方式是讲述有血有肉的人物故事，而不仅仅是罗列一些枯燥的捐赠财务数据。这些故事可以是新设讲席教授所开展的研究或教学创新，也可以是因获得奖学金而完成学业的学子，或是大学校园空间的扩充与改善。对捐赠者的感恩也可以通过故事的讲述来表达，包括讲述捐赠者与大学的关系，以及捐赠背后的故事。

　　全方位筹款行动的圆满收官离不开大家的共同努力，对这一群体应该不遗余力地表彰，他们包括筹款委员会的志愿者团队和其他人员，这种致谢其实并不费成本，但这是认可他们付出的一种必要形式，这样做也是为了鼓励他们在未来的筹款行动中再接再厉。

　　为庆祝全方位筹款行动的圆满收官，大学一般会举办某种形式的答谢活动，其中的亮点是对某些代表性捐赠者的表彰环节。答谢活动形式各样，可以是捐赠者夫妇在以他们名字冠名的大楼里宴请亲朋好友，或者是以午餐会形式，邀请捐赠人与奖学金获得者或冠名讲席教授会面。在某些情况下，对于捐赠者而言，比起出席教职工云集的那种一般性校园活动，他们更倾向于参加在家庭社区举办的答谢活动，这样他们的亲朋好友更方便出席。大多数捐赠者均可从这种规模不大但个性化的活动中获得极大的精神【168】满足和情感愉悦，也会让捐赠者感受到由他们的捐赠带来的积极影响。

筹款行动后期评估和规划

多数大学都会发布一份全方位筹款行动报告，报告以纸质或电子版形式罗列出所有活动志愿者和捐赠者，同时附上大额捐赠项目的介绍。此外，许多大学还对活动开展详细的分析和评估，有些大学甚至聘请外部筹资顾问来进行分析和评估。筹款行动后期评估的范围之广，使其可与筹款前期的可行性研究等量齐观。评估可针对以下方面进行分析：

·按捐赠等级对筹款贡献度进行分类，并将之与筹款计划环节所预期的筹款次序表进行比较，这可突显筹款表现欠佳或表现极佳的领域，并为未来的筹款努力方向提供借鉴；

·按来源（个人、公司和基金会）对筹款贡献进行分类，与筹款启动时的预测分析进行比较；

·按影响对筹款的贡献度进行分类，即当期兑现和递延支付的捐赠，分别对大学发展产生的重要影响；

·筹款期间年度捐赠项目取得的成果，如筹款金额，或是捐赠参与率指标；

·那些优先事项筹款目标的达成情况；

·筹款期间识别与培育的新捐赠者；

·对筹款行动中的遗嘱等计划捐赠进行分析，同时对未来数年中这部分捐赠收入进行预测；

· 整个全方位筹款行动及每个筹款项目的成本效益分析；

· 对筹款工作人员和志愿者筹款团队进行整体评价。

此外，还应该分析筹款行动过程中的一些定性指标，例如：

· 筹款行动对大学知名度和声誉的影响；

· 筹款行动对校友、教职工、在校生等大学成员之间慈善文化的影响；

· 筹款行动对校园筹款氛围，包括院系负责人、教职工及其他人的影响等。

无论是出自外部筹款顾问，还是由大学内部发展事务部工作人员撰写，全方位筹款行动结束后的分析报告都会产生重要作用。这种分析报告记录了大学筹款活动的点点滴滴，为下次筹款行动的组织者提供参考，是内部沟通的有效工具，并且可能从中发现一些潜在的增量捐赠者，作为后续募**【169】**资计划中筹款努力的重点。此类捐赠者包括但不限于：在筹款活动前期未准备捐赠，但后来其财务状况发生了积极变化，新近产生捐赠意向的捐赠者，以及已经兑现了捐赠承诺，但又有了新的额外捐赠意向的捐赠者。

筹款行动结束后的筹款规划

筹款行动结束后的分析报告可为制定后续募资计划奠定基础。该计划应当反映每所大学的优先事项和战略需求，其中包括：

· 提高对年度捐赠基金和校友关系项目的重视程度；

· 强化进行中的大额捐赠和计划捐赠项目；

· 针对尚未实现的筹款子目标，或在筹款行动期间出现的新的优先事项，开展更具针对性的筹款行动；

· 重组筹款团队，充实专业筹资人员；

· 重新定义发展委员会或资源拓展委员会的职责与角色；

· 加强捐赠项目、捐赠者关系维护等相关项目的管理工作。

如前所述，一般而言，全方位筹款行动会在某些方面超出预期，但又在其他方面不尽如人意。尚未达成的目标可以通过定制化筹款计划来实现，例如，为某个基础设施建设项目展开新一轮募资，或者是提高某个特定学术单位、科研领域的捐赠基金规模，或者是针对筹款行动后期才出现的优先事项设计新的项目。

扩大用于奖学金的捐赠基金规模，通常是筹款行动的主要目标之一，同时也是筹款行动后期大额筹款的优先事项。奖学金需求具有一定的持续性，且能吸引那些并不认可筹款行动这种募捐方式的捐赠者。这种捐赠用途也非常契合计划捐赠的特点，捐赠者可以不受截止日期的约束，根据自身情况做出捐赠安排。学生奖学金金额相对固定，这意味着各个层次的捐赠项目可操作更强且更方便管理。

例如，2014 年俄亥俄大学提前一年达成了 4.5 亿美元的全方位筹款行动目标，但奖学金筹款目标仍未达到。因此，在筹款行动的最后一年中，俄亥俄大学将筹款精力集中放在奖学金项目上，通过设立配比资金来鼓励额外的奖学金捐赠（Tilk，2014）。内布拉斯加大学于 2014 年底圆满完成 【170】了 18 亿美元的全方位筹款行动，不过在 2015 年，内布拉斯加大学推出了"我们的学生，我们的未来"这一为期两年的专题筹款项目，为学生资助项目额外募集 2 亿美元（University of Nebraska，2015）。此类募捐倡议并不是一项整体性的筹款行动，与传统的筹款行动后期筹款方式也有些不同。

如果大学的部分学术项目或战略计划没有涵盖在原有全方位筹款行动之内，那么针对这些优先事项的筹款计划，将会为后续若干年的筹款行动提供指引。大学的战略发展会实时更新，优先事项将层出不穷，筹款工作也会获得许多新的关注。最关键的是，这种延伸性筹款项目，不会让大学筹款随着全方位筹款行动收官而结束。大学需要抓住下一个筹款行动前可能出现的任何空档期，扩展潜在捐赠者基础，组建志愿筹款领导层，并满足大学发展过程中持续的资金需求。有时，筹款工作人员、志愿者和捐赠者会疲惫不堪，对筹款主题也提不起兴趣，因此要抓住筹款行动收尾的时机，由校长出面重申学校发展的宏伟愿景，通过上述项目再次开展大学的品牌推广，以及具体的项目筹款工作。

发展事务部门的高管们可能会在全方位筹款行动后发生变化，尽管这种人员调整并不是一种普遍现象，毕竟有些大学的首席筹资官长期在同一大学供职，参与多次全方位筹款行动。然而，更多的中低层级的一般员工会在筹款行动结束后跳槽到其他岗位，这倒是十分常见的。全方位筹款行动会很磨练人，是培养优秀的大学职业筹款人的良好契机，在筹款活动中工作卓有成效的人士，往往会具有大量新的就业机会，能够在其他大学的筹款行动中谋求到更高职位，继续其职业生涯。

专业的大学筹款人就业市场因经济而异，但近年来需求一直较大，特别是对那些在组织全方位筹款行动方面经验丰富的人士，相对较高的工作转换率反映了上述情况。2013 年的一项研究发现，52% 的首席筹资官在职时间仅 12 至 24 个月（Linde，2015）。这种模式对捐赠者与大学的关系有着明显的负面影响。一些大学为此甚至设立了特别奖金，希望借此在一个全方位筹款行动周期内留住员工。但是，如果想在全方位筹款行动结束后留住这些筹款人员，需要的可能不仅仅是物质奖励，还应包括持续的职业发展路径，以及参与筹款行动后期规划的机会等。

全方位筹款行动的结束，并不意味着校长职位的更迭，但是，正如本书第一章所述，全方位筹款行动的平均时间与校长的平均任期大致一致，2011 年的调查发现这一任期约为 7 年（American Council on Education，2012）。圆满完成全方位筹款行动的大学校长，可能确实会引起校长招聘猎头顾问们的关注，在这种情况下，这些猎头顾问会向校长们提供新的发展机遇。企业通常从内部任命继任的首席执行官，但大学的情况与企业不同，校长和首席筹资官通常从外部招聘以填补空缺。

【171】　　不过，这些人事调整不利于捐赠者与大学关系的良好维护，至少在短期内会是如此。因此，即便校长没有立即离任的打算，他也有责任制定一个工作移交计划，该计划应要确保捐赠者与大学董事会成员或其他校内人士建立多重关系。此外，他还要确保大学建立了筹款档案，完整记录筹资历程，以及有关大学与捐赠者关系的详细历史等信息。对过往筹款行动经验与教训的总结也应在其中体现，从而为后续筹款行动提供重要参考。

捐赠管理义务与捐赠服务

捐赠管理与捐赠服务并非是全方位筹款行动的特定附加事项，相反，它们是第六章所描述的大额筹款周期中不可或缺的部分。一场全方位筹款行动会为大学带来新的捐赠者及捐赠资源，这同时也增加了捐赠项目、系统和人力等方面的管理需求，对已经设立捐赠基金的大学来说更是如此。

捐赠管理工作包括对捐赠者持续的关系管理，也包括一定的捐赠管理责任，以确保捐赠者资金能够产生预期的影响力。因此，这不仅是发展事务办公室工作人员的责任，也是整个大学的责任，需要财务和投资人员、学生管理人员、教务管理人员等教职员工，以及筹款专业人士的共同参与。发展事务办公室与大学其他行政单位之间的交流和沟通存在一定的障碍，这是一个历史问题，尚没有达成共识。诚然，发展事务办公室在维护与捐赠者关系方面负有主要职责，但其他办公室有时会发现，为了使捐赠者充分了解情况，他们需要配合筹资人员进行一些额外工作，这些工作与他们的本职工作看起来并无直接联系。许多大学通过引入新的信息与报告机制来改善校内协调问题，但是沟通有时仍不顺畅，部门间的紧张关系也时有发生。

捐赠管理的核心是对捐赠基金进行审慎管理，同时确保捐赠资金按照捐赠者意愿使用。在私立大学，捐赠基金管理通常由发展事务办公室之外的部门或机构负责，但是公立院校的大学基金会，则以一体化方式统筹募捐与捐赠资金管理职能。大学校长需要与基金会负责人及大学理事会保持密切联系，以确保捐赠基金投资和捐赠关系维护等事务得以顺利开展。

捐赠基金管理受各州法律管辖，并且在许多州，相关法律也多次发生【172】变化。多年前，《机构基金管理条例》(Uniform Management of Institutional Funds Act) 就为大多数州的捐赠基金管理设定了标准，其中一项规定，当捐赠基金净值低于初始货币价值（一般来说是最初的捐赠规模）时，大学不得从捐赠基金池中支取资金。21世纪初，这项规定让许多大学面临挑战，在互联网泡沫破产和9·11事件之后，随着股市的大幅下跌，许多新设立的捐赠基金低于初始资金水平，这意味着从法律上说，不能使用捐赠基金来支持奖学金、学术研究或其他大学项目。对于希望看到立竿见影效果的捐赠者来说，这种规定显然造成了大学与捐赠者之间的沟通障碍。

2006年，《机构基金谨慎管理条例》（Uniform Prudent Management of Institutional Funds Act ）这一新法案被大多数州所采纳。该法案规定，即便在捐赠基金净值低于初始捐赠规模的情况下，大学也可从中支取资金用于学校事业发展，但前提是要求大学董事会成员或大学基金会负责人，要确保在类似情况下，假设处在同样职位的负责人，也会以同样谨慎的态度采取同样的措施（National Association of College and University Business Officers，2016 年）。这种制度安排提供了更大的灵活性，但是针对那些自己的捐赠基金并非实现预期增长的捐赠人，上述新规并没有减少大学与这部分捐赠者的沟通责任，仍须尽到详细、公开的报告义务。

捐赠者关系和沟通

在过去十年中，许多大学加大了人力资源方面的投入，以加强与捐赠者的沟通和关系维护。这反映出大学管理层愈发感觉到，目前的这些捐赠者正是大学未来筹款的最佳潜在对象。与此同时，捐赠者关系维护与沟通机制也显得越来越重要。大多数大学会向捐赠者提交一份年度报告，报告会体现这些捐赠者捐赠基金的使用情况。这些报告与投资公司发布的报告或养老金计划类似，体现期初本金、追加捐赠和年内支出、投资损益、期末本金和其他相关的财务数据。

财务报告可随附一份简要说明，用以说明捐赠基金在过去一年中的开支情况，例如学生奖学金发放情况，或者是荣获讲席教授职位的教授当年研究的开展情况。一些大学开通了网上信息查询系统，让捐赠者能够自行获取有关捐赠的信息，也可跟踪其所创建捐赠基金的投资情况。例如，通过路易斯维尔大学的门户网站，捐赠者可以查看捐赠基金的账面价值和市场价值，以及捐赠和支出等主要信息，这类似于银行网站允许个人查看其账户状态（University of Louisville，2014）。当然，一些捐赠者可能还没有完全适应电子媒体形式，仍然需要通过更传统的方法与他们沟通。

【173】　　一些大学还会设计印制一些捐赠手册，或是纸质或是电子版的，手册会列出所有的捐赠基金和基金用途，也会包含捐赠者的介绍。这些手册可以成为有效的工具，不仅可以表彰捐赠者，而且可以激励其他的潜在捐赠者群体，比如捐赠者的家人，他们可能希望增加现有捐赠基金规模来扩大影响力，以此延续家族传统。

人与人之间的互动交流仍然无可替代，而且可能永远也不会被替代。大额捐赠者往往倾向于与他们的资助对象见面交流，安排此类的沟通会收到较好的效果，但也会存在一些风险。我认识一位长期在华盛顿邮报担任高管的捐赠者，曾向乔治华盛顿大学捐助过本科生奖学金，而她自己在多年前曾依赖学校奖学金最终完成了学业，如第七章所述，她是典型的回报型捐赠者。

在准备不够充分的情况下，我邀请了该奖学金的第一位获得者，一名大一新生与我一起和捐赠者在教师俱乐部共进午餐。刚开始时进展顺利，这位学生是一位极善言辞的年轻女性。不过在谈论到捐赠者职业时，情况发生了微妙变化，当然这也与我之前的建议有关，我曾经认为这会拉近两者距离。这位学生变得有些咄咄逼人，对华盛顿邮报的调查性报道提出异议，进而大谈新闻媒体的价值观和可信度问题。可想而知，场面一度十分尴尬。

午餐后，当学生离开后，我把捐赠者带到一旁向她道歉。她面带微笑说，"嗯，这种事情我司空见惯了。她看起来是个聪明的年轻女性。"所幸的是，她在未来几年继续增加奖学金捐赠规模，其后我也陆续安排其他奖学金获得者与她会面。不过，有了这次的前车之鉴，每次在安排午餐会面之前，我们的工作人员都会对这些奖学金获得者做些必要的说明。

我认识的另一位捐赠者也是一位知名的女士。她先生过世后她独自生活，而且膝下无儿无女，也没有亲近的家庭成员。她设立了奖学金，我们将她介绍给该奖学金的第一位获得者。由于进展顺利，她继续捐款以扩大奖学金规模，在随后几年中，又有许多学生获得该奖学金。她慢慢开始谈论之前的那些奖学金获得者，很明显她一直在关注他们的发展动态。有时她会打电话询问他们其中某个人的地址，而且我们了解到，有些奖学金获得者也会利用出差机会顺路拜访她。

这位捐赠者不会使用计算机，但是，我们创建了一套 $3×5$ 索引卡片档案，其中包含所有获得这位捐赠者所设奖学金的学生的姓名和地址。发展事务部工作人员每年开车到她家中，挑出卡片文件，更新最新信息，再归还给她。她很高兴，并利用这些卡片文件，与她曾资助过的许多学生保持着联系。【174】

回到我之前在本书中提到的一个观点，对于许多捐赠者来说，一笔大额捐款的回报有许多种体现方式，这些回报让他们觉得，捐赠是他们所做出的最好的决定之一。从这个案例来看，终其一生，这位捐赠者通过捐赠奖学金这种方式，构建了一个温馨的大家庭，丰富了她自己的生活，也改变了那些加入这个大家庭的年轻人们的生活。

人们的捐赠最终是指向人的。捐赠者们可能不会刻意寻求他人的感谢，但普遍都会认可某种形式的捐赠鸣谢。他们可能不会要求别人感激他们，但是会欣然接受这些感激。捐赠，使他们有机会与更大的朋友圈建立联系，并帮助他人改善生活。大学，这一高等教育机构提供了衔接几代人的可能，并对个人生活和未来社会产生了积极影响。从本质上讲，人们会持续那些能带给他们满足感的行为，但是，如果他们的捐赠被视为理所当然或被滥用，捐赠者们会愤愤不平，持续的捐赠更不可能。因此，良好的捐赠管理，诚然需要付出系统和专业的努力，但捐赠管理之所以重要的原因则是浅显易懂的。

参考文献

American Council on Education (2012). *Leading Demographic Portrait of College Presidents Reveals Ongoing Challenges in Diversity, Aging.* http://www. acenet. edu/news-room/Pages/ACPS-Release-2012.aspx (accessed January 6, 2016).

Linde, Nicholas (2015). "Office Space: The Upside of Turnover" [electronic version].*Currents*, April. www.case.org (accessed February 14, 2016).

National Association of College and University Business Officers (2016). *Uniform Prudent Management of Institutional Funds Act.* http://www.nacubo. org/Business_ and_Policy_Areas/Endowment_Management/UPMIFA_ Resources/UPMIFA_ Summary.html (accessed February 14, 2016).

Tilk, Merle (2014). "OU Reaches $450 Million 'Promise' Fundraising Goal A Year Early" [electronic version]. *WOUB Digital*, April 29. http://woub. org/2014/04/29/ ou-reaches-450-million-promise-fundraising-goal-year-early/ (accessed February 15, 2016).

University of Louisville (2014). *Office of Donor Relations.* http://www.fundforuofl. org/s/1157/site2014/indexFund3col. aspx?sid=1157&gid=1&pgid=2321 (accessed February 15, 2016).

University of Nebraska (2015). "Our Students, Our Future" Fundraising Campaign (September 24). http://nebraska.edu/president/speeches-and-communications / students-future.html (accessed February 15, 2016.)

第九章　宣传和行动策划

这本书的第一章就明确了一个概念，就是筹款行动的目标不仅仅是捐赠资金本身，通常还包括与大学形象、知名度和品牌相关的一系列工作。当然，大学传播和营销是本书范围之外的主题。但本章简要地罗列了与筹款行动相关的一些要点，包括筹款计划的制定、筹款主题和信息、重要的筹款宣传材料、线下与线上筹款行动组织等。

为了从一场全方位筹款行动中获得最大的优势，一所大学必须整合其与外界和媒体互动的所有沟通渠道，同时，相应的筹款宣传要能够反映这所大学的核心战略方向。对一些学校来说，实现这种整合可能比其他学校更容易，总之，这是一个值得校长花时间和精力去思考的重要问题。

在中小规模的学校，其负责发展事务的副校长，其职责会同时包括媒体沟通和大学营销、校友关系和筹款。然而，规模较大的大学会设置专门的副校长来负责筹款和筹款行动相关事宜，同时设置另一位副校长专司传播和营销。虽然通过规划可以在一定程度上实现职能和信息的整合，但对资源、时间和注意力的需求总是相互竞争的。因此，这可能需要在发展办公室或筹款办公室内设立专职工作人员，在学校的整体统筹下专门关注与筹款相关的沟通事宜。

随着筹款行动的推进，筹款相关的宣传与公关也在同步进行，宣传费用可能会占到筹款行动预算的很大一部分。沟通与宣传计划将与筹款的若干阶段同步，并在酝酿阶段、启动阶段、公开阶段、庆祝阶段和后续筹款阶段体现出不同的特点。例如，在酝酿阶段之前的宣传与公关可能更侧重于学校规划、新的筹款优先事项和对未来的展望。

【176】

在筹款酝酿阶段，筹款的最终目标还没有最终明确，但已经开始营造一种氛围，蓄势待发。凝聚业已收到的捐赠，留待一并公布可能会获得最大的影响，但有些捐赠可能需要在酝酿阶段宣布。捐赠者可能不想等待，有关捐赠的消息可能会通过非正式渠道传播，特别是有些捐赠性质特殊，很难控制信息披露的捐赠项目。

全方位筹款行动启动时的宣传是密集的，可能包括第三章筹款行动启动本身描述的许多行动，如与捐赠、志愿者领导和筹款优先事项相关的文章和线上内容发布等。公开阶段包括定期和持续地沟通，及时公布筹款目标的进展情况，以及战略性捐赠的接收情况。筹款行动结束与庆祝阶段需要一系列密集的行动和媒体宣传，然后明确筹款行动结束之后，哪些项目需要持续性的捐赠支持。

为筹款行动命名

为筹款行动命名是一项重要的工作，因为这一名称将在数年内伴随着大学战略发展。它可能会占用发展事务部门和公共关系联络部门工作人员、学校筹款团队负责人相当长的时间用以讨论并加以明确。名称的选择应该基于学校的传统、历史和发展方向，以及前期进行的捐赠市场及潜在捐赠者研究，而不仅仅是某个特定个人的聪明想法。

许多全方位筹款行动采取一种简单的方式，例如"筹款为了'学校名称'"。这是一种较为实用的筹款冠名策略，但它可能不会引起公众及潜在捐赠者的兴奋感，也不会体现任何关于这所大学优势或优先事项的信息。其他的筹款名称包含了更崇高的词句，有时还会有些幽默的色彩。1979年，北查尔斯街设计机构（North Charles Street Design Organization）的创始人伯妮斯·蒂布洛特（Bernice Thieblot）开发了一个有趣的列表，可以从中组合筹款行动名称。它非常受欢迎，已经被多次转载，最新的一次再版是在 2004 年（Thieblot，2004）。

　　表 9.1 为行动名称表，包含了从较长列表中摘录的一部分，其中的主要内容是，只要从 A 列中选择任何的动词，与 B 列中的任何短语组合，然后从 C 列中添加一个名词，就会拥有一个与以前那些名称看起来不一样的筹款行动名称。这些词一般都是鼓舞人心的，但在传达特定学校的战略或学术目标方面作用有限，对大学品牌和整体传播目标也贡献甚微。

表 9.1 行动名称表单

A 列	B 列	C 列
向	更伟大的	捐赠
给予……的光荣	传统	学习
探索	承诺	品质
……的时间	遗产	丰富
支持	充实	领导力
庆祝	百年	服务
机会	更大的	目标
创造	更完美的	智慧
分享	古老的	礼物
擦亮	标志	传统
维持	著名的	不同
延续	信号	存在
寻求	强大的	历史
履行	盛大的	约定
资源	浩瀚的	大厦
产生	元素	卓越

A 列	B 列	C 列
使…高贵	能力	投资
加强	慷慨的	扩大
革新	高塔	真实
保护	可行的	选项

来　源：Excerpted from Thieblot, Bernice. (2004). "Name That Campaign III: New Choice for the New Millennium" [electronic version]. Currents, March. www.case.org (accessed February 15, 2016). A longer version of this list is also available at the website of the North Charles Street Design Organization, http:// www. ncsdo.com/, accessed February 15, 2016

【177】　很难说哪个大学筹款行动的名称参照了上述表单，但我认为上述表格中的某些思路提供了一种特别实用的参考范式。也就是说，这些大学筹款行动的名称源于大学的使命、优势、传统和优先事项，同时将筹款宣言充分浓缩，以精华的形式尽可能准确地将其传达给外界。例如，芝加哥大学（university of Chicago）45 亿美元的筹款行动以"获取新知与影响"（inquiry and impact）命名，这与该校作为历史悠久的顶尖研究型大学的地位是一致的。这与我们许多人对这所大学的印象高度吻合（芝加哥大学，2016 年）。

　　2006 年宣布的康奈尔大学的全方位筹款行动，最初被命名为"远远高于：康奈尔筹款行动"，后来改称为"康奈尔现在"，这一项目于 2015 年结束，共筹集了 63.6 亿美元（Cornell University，2016）。最初的行动名称将惯用的"为……而进行的行动"，与具有双关含义的短语组合在一起。当然，这来源于康奈尔大学的校训——"远远高于卡尤加的水域"，因此可能会唤起毕业生的母校情结，这也符合康奈尔大学作为高等教育领

【178】域知名学府的地位。修改后的名字"康奈尔现在"比最初的名称精简了一些，同时也能够契合即将到来的康奈尔大学一百五十年校庆氛围（Cornell University，2016）。

　　乔治华盛顿大学在 2015 年宣布了其总额为 10 亿美元的筹款行动，其名称为"创造历史"（George Washington University，2016）。该筹款行动的名字包含着更深刻的蕴意，它会使人联想到与大学同名的人物乔

治·华盛顿，以及包括政府官员在内的杰出校友们。伦敦国王学院（King's College London）在 2010 年发起了一项筹款行动，并提前实现了 5 亿英镑的目标。该筹款行动的名称为"世界问题与国王的答案"，非常契合筹款的主题，这涉及学校外部的领域（如第 4 章讨论），包括神经科学和心理健康，领导力和社会治理，癌症，儿童健康和全球治理体系等（伦敦大学国王学院，2016）。

当大学的战略优先事项与筹款行动名称能够明确界定，并且筹款主题又能够与大学的整体营销手段高度融合时，协同效应就会产生，这既有利于筹资，也有利于整体的大学品牌建设。营销传播公司 Lipman Hearne 的总裁兼首席执行官罗伯特·摩尔（Robert Moore）认为，筹款行动是定义大学品牌、推介大学使命，以及提升校园品牌的良机，并提出了这样的问题：是大学品牌率先出现，为推广筹款行动品牌提供帮助，还是筹款行动品牌优先，以新的、令人兴奋的方式推动大学品牌向前发展？他的结论是，这两种情况都有可能发生，取决于时机，但在理想情况下，大学品牌和筹款行动品牌是协同工作的（Moore，2007）。摩尔说："人们不会给全方位筹款行动本身捐赠，而是给大学捐赠。"

因此，大学品牌体现为人们对大学的认知与感受，也包括人们对大学的整体评价，这些都是筹款行动品牌的基础。但是正如摩尔所说，大学品牌本身可能不足以推动筹款行动顺利开展，需要注入新的品牌活力。因此，筹款品牌必须与大学品牌产生共鸣，并能够使大学品牌不断焕发出新的活力，因为没有人会愿意捐赠巨额资金来维持现状。筹款行动品牌不应仅仅关注当前的资金筹集，在学校实现其筹款行动目标后，还要致力于推动大学变革，进而发挥捐赠的持续性影响，当然，在这一过程中，还要注重维持大学的传统品牌价值与初心使命（Moore，2007）。

因此，最有效的筹款行动名称和主题，是那些挖掘大学的真实特质，反映其深思熟虑的战略方向和优先事项，并能与大学整体品牌策划相一致的名称和主题。当这样的整合得以实现时，这项筹款行动实际上得到的不仅仅是物质的财富，它可以提供一个更为全面的战略构想，来推进学院或大学的可持续发展。

筹款行动资料

　　就像马克吐温说他的死亡报告被大大夸大一样，对无纸化世界的预言也为时过早，至少到目前为止是这样。鉴于潜在捐助者的范围很广，筹款宣传仍然需要印刷材料，但也需要大量使用电子媒体。换言之，有必要对受众进行细分，采取多渠道的方式。

　　仍有不少捐赠者愿意阅读纸质版的筹款行动宣传材料，印刷材料仍有一些优势存在。纸质材料会有一定的质感，这可能有助于使筹款更加真实可触。印刷材料的寿命长，可以在书桌或咖啡桌上存放很长时间，能够吸引捐赠者的眼球，并能在多个场合引发他们的关注。总之，这种传统媒介可能比电脑屏幕更能引起人们的深思，也许这也是为什么纸质书仍然畅销的原因之一。

　　毋庸置疑，印刷品无疑在减少。例如，麦克吉尔大学在 2012 年称，它曾经每年出版发行 30 种印刷时事通讯，但现在却下降到大约十几个，并与电子格式同时出版（Grenzebach Glier 和 Associates，2012）。另一方面，一些电子通信手段，如电子邮件，可能被过度使用，造成收件箱里垃圾邮件过多。这使得一些观察家认为，偶尔一个老式的印刷品，比如一封信，反而可能会引起捐赠者的额外注意（Grenzebach-Glier and Associates，2012）。

　　一套基本筹款材料，可能会同时以印刷和电子两种形式制作，主要包括以下类型。

筹款手册（筹款项目说明）

　　第四章对项目筹款理由、内部筹款案例陈述和外部筹款陈述（或筹款手册）进行了区分。然而，在实际操作中，许多人只是简单地把筹款小册子称为"筹款理由陈述"，但事实上，它通常是一个图文并茂的宣传品，详细阐述了筹款行动的重点、宗旨和具体目标，同时也会以图片形式展现校园风光和师生风采。

　　互联网时代，制作纸质出版物并不是为了广泛分发，只是在拜访捐赠人过程中与书面筹款建议一起使用。开发和制作筹款陈述需要大量资金投入。电子出版物的趋势虽然降低了与纸张和印刷相关的成本，但筹款相关 【180】材料的文字和版面设计仍然需要投入大量的资金。

有一些创造性的方法可以解决筹款材料的时效性问题。模块化的筹款陈述可以包括基本和相对固定的关于大学及筹款行动的信息，在此基础上增加一些灵活性，或是追加一些新的大学发展需求，或是体现特定捐赠者所关注的个性化问题。在 2012 年的一次演讲中，筹款顾问埃德卡隆和马西特威特（Ed Caron and Marcy Twete）用"套件式零件"来描述这种方法，他们建议最好将各种筹款元素设计为独立使用或结合其他项目使用的小模块，这比适合所有情况的万能筹款材料更实用，也能够应对每个不同的受众群体（Caron and Twete，2012）。

一些专家建议，不应在筹款行动启动后就大量设计并制作宣传材料，而是要随着筹款行动的逐步推进，分步骤分阶段制作更具时效性的材料，包括宣传册和视频。其他人则建议，应将常规筹款材料制作预算转移到网络资源上，充分利用网站、博客和社交媒体，以提高筹款行动在网上的知名度与传播力（Jarrell，2013）。不过，目前来看，还是需要多个渠道同时联动来宣传筹款行动，从而使筹款效果最大化。

简化版小册子（筹款项目介绍）

考虑到印刷版宣传手册的成本，适当的做法是限量制作，以供大额潜在捐赠者使用，同时提供电子版供更广泛的人群使用。通常会建议打印一份精华版的筹款宣传手册，侧重于概要性内容即可，这可能更适合于邮寄或在大型筹款行动中分发。

筹款行动新闻

筹款进展和重要捐赠消息，需要定期通过出版物（通常是通信）向外部的大学支持者通报，通信可以是印刷形式，也可以是电子版。筹款行动也可以通过现有的通信渠道，例如校园杂志或校报进行报道。但是，正如任何编辑都会看到的那样，这本杂志不可能变成一本筹款刊物。它需要保持它本身的质量和完整性，这样就不会损害与读者的关系。它可以报道正在进行的全方位筹款行动，但如果过分强调这一主题，读者可能会认为这本杂志只是另一篇筹款宣传文案，从长远来看，这将不符合杂志或是筹款行动本身的最佳利益（Gray，2014）。因此，筹款事务办公室需要单独出版发行一份完全集中于筹款行动的出版物。

【181】　内部筹款行动通讯

必须向包括教职员工和筹款志愿者在内的内部人士及时告知筹款进展。这可能需要一个单独的渠道，或是印刷品或是电子版，或两者兼而有之，这需要与发送给校外受众的刊物有着不同的基调和重点。这可能需要一个专门针对内部人员的即时信息平台，或是其他传播工具。

视频

一个筹款视频不能代替传统的捐赠人沟通手段，但它可以传达强烈的形象和情感信息。它经常在全方位筹款行动启动仪式上亮相，并有效地运用于其他筹款场景。筹款视频通常可以在筹款网站和 YouTube 上看到。一些筹款人员在筹款行动中，或在拜访捐赠人过程中，也会通过平板电脑进行展示。

年度捐赠相关资料

当然，年度捐赠基金的材料是按年度筹款周期制作的。在筹款行动期间，年度捐赠筹款项目团队也会经常结合筹款行动的形象标识和整体设计元素，将其融入整体的筹款行动中来。

定制化宣传手册

筹款宣传过程中，应提前预测一系列宣传材料的需求，同样包括印刷或电子材料。例如，要针对核心筹款项目（可能是教授讲席、奖学金、基础设施项目）或学术单位（例如法学院、商学院、艺术和科学学院）设计单独小册子。计划捐赠则需要收集跨学科、跨学院的一系列资料。在筹款行动策划阶段，可能已经考虑到了一些具体筹款项目在宣传材料方面的需求，但最好还是预留一些预算，能够随着新项目的出现，在筹款计划开展过程中及时更新相关筹款材料。

筹款行动的网络筹款实践

在社交媒体和社交网络时代，筹款网站仍然是全方位筹款行动线上行动的基础。其他的宣传媒介往往是为了把人们吸引到筹款网站上去，在那里他们可以详细了解筹款行动并进行捐赠。美国大学有许多成功的筹款网站案例，本书也从中借鉴了许多内容。2008 年，威斯康星州诺斯兰学 【182】 院（Northland College）年度捐赠筹款主管、威斯康星州大学（University of Wisconsin–s Superior）传播艺术硕士研究生克劳迪娅·布朗曼（Claudia Broman）进行了一项研究，以识别最佳筹款网站的特征。她们列举了相互关联的三个有效特征：

1. 距离所在大学的主页不超过两次点击。

2. 关注的是人，而不是建筑物。

3. 筹款行动品牌与网站的其他部分内容高度吻合，同时与大学自身紧密相连（Broman，2009）。

通过采访获得过 CASE 奖励的大学筹款人，布朗曼（Broman）还确定了使筹款行动网站取得成功的其他因素。在这些因素中，他们认为最好的网站要具有动态灵活性，包括内容和结构的频繁更新与优化。他们强调信息的传递而不仅仅是关注筹款金额本身，特别是聚焦捐赠者和受惠者的照片和故事。他们简化了在线捐赠的过程，只需点击几下，就可以得到简单的捐赠表格。网站还包括校长的一封信，描述了这场全方位筹款行动带来的深远影响（Broman，2009，pp. 30–31 页）。

当然，在线交流不仅仅只是网站这一个渠道。本书第六章讨论了众筹方式的使用。2015 年的一项调查显示，各个大学利用社交媒体筹款的趋势业已显现，它们会利用这一平台支持筹款行动和其他优先事项，开展校友关系维护，甚至进行学生志愿者招聘。CASE 等机构对此进行了相关研究，得出的一些重要结论包括：

·网站应使用更少的文本，更多地运用图像和视频。文字从 2012 年的 65% 下降到 2015 年的 43%，而图像从 2012 年的 30% 上升到 2015 年的 45%，视频使用从 2012 年的 6% 上升到 2015 年的 12%。

·虽然近 60% 的受访者使用社交媒体从捐赠者那里筹集资金，但近 85% 的受访者表示，基于社交媒体的募捐行动只占他们机构募捐总额的 5% 或更少。

·22% 的学校使用社交媒体大使（通常是校友）帮助推广社交媒体筹款行动。

·26% 的受访者认为他们使用社交媒体非常成功。这些受访者在筹款行动开展过程中更有可能科学地制定筹款方案，明确筹款目标并衡量结果。

【183】 ·受访者将注意力集中在 Facebook、Twitter 和嵌入社交媒体的学校网站上。

·34% 的受访者计算过校友及捐赠者的参与度得分，并表示他们正在通过构建复杂的参与度衡量方法，来更为准确地测算参与程度（CASE，2015）。

举办筹款活动

筹款活动是必不可少的，也是值得纪念的时刻。筹款行动的启动和结束后的胜利庆典，用一顿晚宴或午餐来表彰捐赠俱乐部新成员，通过命名一栋建筑来纪念一份重要捐赠，这些都是建立情感纽带并让人们受到鼓舞的机会。但在高等教育系统中，此类活动适合于培养捐赠意识、认可捐赠人和筹款策划，而不应只是为了筹集资金。

不可避免的是，会有志愿者，也许还有一些学校的管理层认为，以每盘 500 美元或类似的价格举行一次晚宴，既能为学校带来利益，又能与参加晚宴的人建立新的关系。一般来说，这是个糟糕的主意。我必须补充一点，在一个学校当中，可能有一些特定项目或单位可以从此类筹款行动中受益，例如医疗中心的临床中心，或者是体育、艺术院系的一些项目。但总的来说，这不是一种对大学来说能够借鉴的有效的筹款方式。

提出举办此类筹款活动的建议可能出于两方面原因。首先，一些志愿者具有在其他非营利组织进行成功筹款活动的经验，并熟悉这种方法。他们对成功的估计通常被夸大，因为他们只知道这样一个活动的总收益，而看不到筹备此类活动的直接和间接成本，例如员工时间和机会成本。

其次，他们假设，那些参加此类慈善活动的人确实会成为组织的固定捐赠者，大学也需要以同样的方式吸引新的捐赠者。事实上，许多慈善活动并没有产生多少净收入，而那些参加活动的人往往是应朋友的邀请而参加一次。那些真正关心慈善组织的人，往往会在没有社交活动的情况捐赠。即使这样的活动对一些慈善机构来说是成功的，大学也有不同的情况。他们很可能会发现，吸引大量没有任何关系的捐赠者效果并不好；换言之，大学在情感上的吸引力不如那些解决社会问题的慈善机构。大学有着自己【184】的特殊群体，这些校友有兴趣与母校或其他校友建立长期的关系，这就有可能形成后续的捐赠行为。学校举办的活动能在这一过程中发挥作用，但活动本身并不能产生募捐的效果。

参考文献

Broman, Claudia (2009). "Weaving the Web into Your Campaign" [electronic ver- sion]. *Currents*, April, pp. 28–31.

Caron, Ed, and Twete, Marcy (2012). *Stating Your Case: Using Communications to Enhance Knowledge and Increase Gifts* (webinar presentation). http://www.gren- zebachglier.com/assets/files/webinars/ GG+A%20Webinar%20-%20Stating%20 Your%20Case%20-%20Using%20 Communications%20to%20Enhance%20 Knowledge%20and%20Increase%20

Gifts.pdf (accessed February 16, 2016).

Cornell University (2016). *NYC Event Celebrates Goal-Shattering Success of Campaign.* http://news.cornell.edu/stories/2016/02/nyc-event-celebrates-goal-shattering-success-campaign (accessed February 16, 2016).

Council for Advancement and Support of Education (2015). "More Educational Institutions Using Social Media to Fundraise, Measure Outcomes" (press release, April 30). http://www.case.org/About_CASE/Newsroom/Press_Release_Archive/ More_Educational_Institutions_Using_Social_Media_to_Fundraise_Measure_ Outcomes.html (accessed February 18, 2016).

George Washington University (2016). *Making History: The Campaign for GW.* http://campaign.gwu.edu/ (accessed February 16, 2016).

Gray, Suzanne (2014). "The Editor's Dilemma: How Should You Cover Campaigns?" [electronic version]. *Currents*, April. https://www.case.org/Publications_and_ Products/2014/April_2014/The_Editor's_Dilemma.html (accessed February 16, 2016).

Grenzebach Glier and Associates (2012). "Integrated Communications Are Key to Successful Fundraising Programs" [electronic version]. *GG+A Quarterly Review*, summer. http://www.grenzebachglier.com/assets/files/documents/2012-summer- quarterly-review.pdf (accessed February 16, 2016).

Jarrell, Andrea (2013). "Making Strides" [electronic version]. *Currents*, January. http://www.case.org (accessed February 18, 2016).

King's College London (2016). *About the Campaign.* http://www.kcl.ac.uk/kingsan- swers/about/index.aspx (accessed February 16, 2016).

Moore, Robert M. (2007). "Brand Opening" [electronic version]. *Currents*, April. www.case.org (accessed July 29, 2009).

Thieblot, Bernice (2004). "Name That Campaign III: New Choices for the New Millennium" [electronic version]. *Currents*, March. www.case.org (accessed July 29, 2009).

University of Chicago (2016). *About the Campaign.* http://campaign.uchicago.edu/ about/ (accessed February 16, 2016).

结　　论

正如约吉·贝拉 (Yogi Berra) 所说，预测总是很困难的一件事，特别是在预测事物未来走向的时候。但我在这本书的各个章节中，都尝试提出一些有关大学筹款的预测。

首先，全方位筹款行动可能会继续成为大学拓展外部资源的有力工具与重要战略。这种筹款方式根植于人类内心世界，此外，今天的筹款行动不仅仅是为了筹集捐赠资金，更是为了提高大学知名度与社会认知度，塑造大学品牌，在未来高等教育领域激烈竞争的几十年间，这些因素对大学的重要性将愈发凸显。

不过，筹款活动需要不断地调整模式，以适应不断变化的现实，比如具有企业家精神的捐助者越来越多，习惯于通过社交媒体和其他虚拟形式进行交流的下一代捐助者也越来越多，经济形势也在不断变化。校友群体年度捐赠参与率的长期下降是一个令人严重关切的问题，它反映了学生与其母校之间的关系发生了微妙变化，毕竟在美国接受高等教育需要承担巨额的学费债务负担。竞争与筹款压力还来自高等教育领域以外的社会慈善组织，这些组织更关心那些紧迫性的社会问题。这些社会慈善组织的筹款理由会更加引人关注，同时网络募捐方式也更加便利，与之相比大学筹款项目显得不是那么容易让人心动，吸引力略显不足，至少目前的情况是这样的。

这些现实问题表明，大学等高等教育机构需要加倍努力，与捐赠者建立和维持良好关系。大学也必须适应技术革命的挑战，不断学习并采用新的沟通技术，建立新的沟通渠道。但同时大学也不能抛弃与校友沟通联络的传统方法，以此加强长期联系，其中包括个人接触和实质性的志愿参与。

预测经济走势不太现实，但长期从事筹款实务的一个好处在于，经验可能会是一个重要参考。在这本书的导言中，我讲述了 1972 年在自然灾害条件下，我是如何进入高等教育筹款领域的故事。对所有高等教育机构来说，那个时期确实是一个压力丛生和充满不确定性的年代，战后婴儿潮一代同步到达了本科学习阶段，但人口统计预测表明，未来大学入学人数将急剧下降。

【186】

某一天，同事给了我一本 1971 年最畅销的名为《高等教育新萧条》（*The New Depression in Higher Education*）的书，这本书的作者是厄尔·费特（Earl F.Cheit）。书的主体内容是卡内基委员会发起的一项研究报告，书中预测许多高等教育机构即将消亡，尤其是像我当时受雇的私立大学那样的机构。这一观点引发了我很长时间的思考，但幸运的是，我并没有按照书中的预测重新选择职业，而是继续从事高等教育事业。

如今，人们对私立大学的未来再次感到担忧。2015 年，弗吉尼亚州斯威特布莱尔学院宣布即将关闭，校友们得知这一决定后，通过努力拯救了学校。但斯威特·布里亚尔学院（Sweet Briar College）的濒临关闭还是引起了强烈反响，引了大学管理层的担忧。

20 世纪 80 年代初，当我离开马里兰大学（University of Maryland）成为乔治华盛顿大学副校长时，我聆听了一位公司首席执行官在华盛顿特区的演讲。他对未来做出了悲观的评价。日本这个经济巨头将在十年内接管美国，美国充其量会停滞不前，也许会成为一个衰落的国家。离开会场后我忧心忡忡，再次思考是不是要重新规划职业发展路径，不过好在我依旧坚持了下来。

当然，那位演讲者没有预料到的是，在接下来的 20 年里，个人电脑、互联网、智能手机、全球定位系统、心脏旁路手术等医疗技术的开发和发展，还有许多其他的创新——所有这些都是在美国发明或创造的。新的产业得以创造，前所未有的新财富得以积累，慈善事业的发展也随之达到了历史最高水平。此外，不管是在美国或是世界其他各地，慈善事业的优良传统和成功人士回馈他人的期望，都依然是人类社会越来越自主和强大的信条。

1987 年 10 月 19 日下午，我与筹款行动委员会主席在办公室见面。他计划给一些已有捐赠意向，但尚未做出最后决定的潜在捐赠对象打电话。在他打电话的过程中，我站在旁边为他提供可能需要的必要信息。事实证明，我们打电话的时机不太理想，当天下午华尔街收盘时，股市暴跌，市值缩水约 23%，人们称之为"黑色星期一"，不用说，电话交谈变得越来越冷淡，几次之后我们就放弃了。我们对此非常气馁。但是，股市在接下来的二十四个月中完全恢复了。 【187】

20 世纪 90 年代初，我和华盛顿特区一位著名的房地产开发商共进午餐，他也是乔治华盛顿大学的重要捐赠者。我们正处于储蓄和贷款危机之中，商业地产的价值直线下降，事实上，在许多城市已经崩溃。"这是一场大萧条，"他告诉我，"20 世纪 80 年代地产经济形成了一个泡沫，现在它已经破裂了，我们的城市和国家正在处在衰退的边缘。"不过，不到十年时间，商业地产项目就又得以复苏，一些新兴的科技产业在华盛顿郊区发展起来，城市里中产阶级人群的增加，使华盛顿的许多社区成为美国最热门的住宅市场。

2001 年 9 月 11 日上午，我在弗吉尼亚州北部的一家电视演播室里帮助制作一个关于筹款的培训视频。休息时，一位年轻女同事告诉我们，一架飞机撞上了世贸中心。我们很难过，但又到演播室开始录制第二辑，以为撞机只不过是意外。不过，她回来告诉我们另一架飞机又出事了，我立刻知道恐怖袭击发生了。在随后的几天、几周和几个月里，股市暴跌，美国人民对未来的乐观情绪也随之消退。但在此后的几年里，我们再次看到了美国经济活力得以恢复，又看到了美国人民乐观向上的精神。情感创伤开始慢慢愈合，市场创下新高，当然，在 2007 年大衰退开始时又暴跌。

这本书的第一版写于 2009 年，当时正值大衰退的最严重时期。一些大学推迟了全方位筹款行动的开展，其他大学则在延长前几年发起的筹款行动周期，对他们来说前途似乎暗淡无光。这本修订版成稿于 2016 年，股市正处于历史高点附近，美国失业率已降至 5% 以下。各所大学相继开启并成功地完成了目标宏大的筹款行动，捐赠人的协议捐赠额也屡创历史新高。

当然，当这本书到达读者手中的时候，不可能预测当时的经济形势如何。但整体来说，我有信心预测未来会更好。相比现在，历史上没有哪一年是最好的，所有曲折最终都带来了更好的时代。现在我们大多数人想象不到的创新，将在未来几十年里改变我们的生活。新产业将会诞生，会带来新的财富。人类回馈社会，建设美好未来、改善他人生活的冲动将推动这些财富进入慈善领域。大多数大学将继续存在，并成为学生、校友及社会其他支持者们的精神家园。大学的全方位筹款行动将设定并实现更高的【188】目标。校长及大学领导团队的决策水平和决断力将继续是这些活动成功的关键。

参考文献

Cheit, Earl F. (1971). *The New Depression in Higher Education: A Study of Financial Aid Conditions at 41 Colleges and Universities*. New York: McGraw-Hill.

索　引

作者简介

迈克尔·J.沃思现为乔治·华盛顿大学特伦斯堡公共政策与公共管理学院（Trachtenberg School of Public Policy and Public Administration）非营利组织管理专业教授，讲授筹款、治理及非营利组织管理方面的研究生课程。他同时也是总部位于华盛顿特区的迈克尔·J.沃思联合筹款咨询公司的创始人与主要咨询顾问，该公司为各类学院、大学、协会与其他非营利组织提供咨询管理服务。

沃思先生在高等教育与慈善资源拓展领域具有超过四十年的管理经验。他曾在乔治·华盛顿大学（George Washington University）担任专司筹款的发展与校友事务副校长长达18年，此前他还在马里兰大学（University of Maryland）担任筹资主管。他曾策划并主导了两次全方位筹款行动。在他职业生涯早期，他在德萨尔斯大学（DeSales University）担任发展与公共公关主任，还曾担任威尔克斯大学（Wilkes University）校长特别助理。

沃思先生曾撰写、组织编写过若干教科书及实务手册，包括《教育筹款：原则与实践》（1993）、《教育筹款战略》（2002）、《非营利组织管理：原则与实践》（第四版，2016）、《筹款：原则与实践》（2016）等。

他在威尔克斯大学获得经济学学士学位，在美利坚大学（American University）获得经济学硕士学位，在马里兰大学帕克分校获得高等教育博士学位。